安重根の平和思想と人文学的想像力

東洋平和論の遺産と現代

李洙任・趙晟桓［編］

明石書店

編者のことば

「安重根、韓国と日本をつなぐ」

龍谷大学（社会科学研究所付属）安重根《アン・ジュングン》東洋平和研究センターは、東アジアの平和と安定の実現を目指し、戦後補償問題や歴史認識から生じる複雑な問題の解決の糸口を探るため、市民活動と連携した研究活動を目的として、2013年5月に龍谷大学社会科学研究所に設立された。センターの名称には、安重根が旅順監獄で処刑前に執筆した「東洋平和論」の歴史的・現代的考察を社会に発信するという趣旨が込められている。

伊藤博文を狙撃した安重根の真意が「東洋平和の実現」にあったことは、日本ではほとんど知られていない。裁判で彼が朝鮮の独立を侵害する日本の侵略を批判し、東洋平和のためには日中韓三国がそれぞれ対等な立場で相互協力する必要があると訴えたことは重要な意味を持つ。歴史認識から生じる諸問題の解決の糸口を模索している今こそ、日中韓の政府関係者を含め、市民と研究者が積極的な対話を推進し、安重根の東洋平和に関する研究を介して相互理解を深めることをセンターの目標としてきた。

圓光大学韓中関係研究院傘下の北東アジア人文社会研究所は、安重根東洋平和研究センターの固有の価値と歴史的意味を深く認識し、2022年から交流を開始した。このような交流こそ「北東アジア共同繁栄のためのディメンション（NEAD）の基盤構築」という研究所のアジェンダに最も合致すると考えたからだ。

龍谷大学安重根東洋平和研究センターと圓光大学北東アジア文化社会研究所とは2022年5月頃から交流を開始し、2023年4月には学術協定（MOU）を締結した。その後、2023年5月に共同研究会を開催し、2024年2月20日には龍谷大学で学術大会を開催した。この日の学術大会には約45名の日韓研究者が集まり、安重根当時の東アジア情勢をはじめ、近年の政治・経済的変化にも視野を置きながら、東洋平和論研究の新たな方向性を考えるきっかけとなった。また、戦争の時代と激変の文明を生きる今日、時代と世界の問題を苦悩し、北東アジアの平和と世界の未来を願う出会いの場ともなった。そしてその成果を教育者として教育現場に還元することを約束した。

学術大会終了後、総合討論の座長を務めた京都大学教授小倉紀蔵教授は李洙任（安重根東洋平和研究センター長、現センター事務局長）に学術大会で発表した原稿をまとめて本にしようという提案をし、これがきっかけとなり、李洙任と趙晟桓（圓光大学副教授）が編者として本格的に本を企画することになった。ハングル版『安重根の平和思想と人文学的想像力』が本著の前に刊行されている

龍谷大学では龍谷大学教養科目講座「東アジアの未来・龍谷大学で東アジアの未来を構想する」という教養科目が開設されており、この講義を通じて、学生たちは龍谷大学に安重根の遺墨が保管されていることを知ることになる。この貴重な歴史資料を通して、学生たちは言葉では言い表せないような強い印象を受け、学問が自分の人生と密接に関わり、将来に大きな影響を与える要因となることを実感することができる。本著はその講座で補助教材として使われる予定である。

本講座はユーラシア財団（元ワンアジア財団）から助成を受けてきた。一方、圓光大学北東アジア文化社会研究所は２０１７年に韓国研究財団が支援する人文韓国事業（HK+）に採択され、２０２４年まで「北東アジアの共同繁栄のための北東アジアディメンション（NEAD）基盤構築：歴史、文化、そして都市」というアジェンダで集団研究を行った。両機関に感謝の意を表したい。

今日、東アジア地域の緊張感は不必要に高まっている。一方で、日本の視点から見ると、「インバウンド消費」はますます活性化している。２０２４年1月~5月の間に日本を訪れた韓国人観光客の数は３６９万人に達し、5月1か月間に73万人の韓国人が日本を訪れた（日本政府観光局 JNTO）。韓国では、日本は長い間、最も人気のある旅行先となり、観光交流が活発化している。また逆に日本では韓流ドラマとK-POPが老若男女を魅了し、日本で韓国は「近くて遠い国」から「文化的に最も近い国」に変わった。このような観光交流が大きな歴史認識の転換をもたらすわけではないが、人々の固定観念を和らげ、新しい視点を持つきっかけにもなる。

若い世代に期待したいことは、安重根と伊藤博文を取り巻く政治的、経済的、社会的要因を冷静かつ客観的に判断し、和解に向けた関係性を構築するためのヒントを自分たちで見つけてほしい。安重根は、韓国の独立だけでなく、中国と日本、そしてアジア諸国がそれぞれの独立性を維持しながら共に繁栄を図る東洋平和の構築を生涯の事業と信じていた人物である。今日の若い世代が担うべき事業でもある。本書は、多様な専門分野の研究者たちの思いを、読者に想像力豊かに投げかける試みとなっている。しかし、構成面ではやや無理が生じた可能性もあり、その点については編者としてお詫びしたい。

最後に、出版業界が厳しい状況に置かれる中で、三冊目の安重根東洋平和研究を世に出して下さった明石書店の大江道雅社長と編集を担当していただいた黒田貴史氏に感謝申し上げる。

龍谷大学名誉教授 **李洙任**
圓光大学副教授 **趙晟桓**

安重根の平和思想と人文学的想像力◎目次

第1章　文明激変の時代、安重根の東アジア平和探求と文明史的含意

金正鉉《キム・ジョンヒョン》

1　はじめに

現代の世界は、紛争や緊張が蔓延し、多極化や新冷戦の構図が顕在化している時代である。ロシア・ウクライナ戦争やパレスチナ地域でのイスラエル・ハマス戦争、米中間の覇権争い、中国の台湾統一問題、北東アジアおよび韓半島の軍事的緊張の高まりなど、国際社会では複雑な問題が同時に進行している。また、アメリカの国際的影響力の低下と、中国の経済問題や人権問題が重なり、脱多国間主義と自国中心主義が進行しつつある。このような状況下、21世紀の国際秩序は不確実性を増し、政治・経済・安全保障の分野で新たな対立構造が生まれている。

こうした状況の中で、韓半島を軸にした北東アジアの平和問題は、世界平和および地球文明の未来と密接に結びついている。本稿は、19世紀から20世紀初頭における東アジアと世界の歴史的文脈を踏

まえつつ、安重根が提起した「東洋平和論」の思想的意義と現代的な意味を考察するものである。安重根は、伊藤博文を植民地主義と帝国主義の象徴とみなし、韓国の独立を阻害し、東アジアの平和を脅かした人物として批判した。彼のハルビンでの義挙は、個人的な怨恨ではなく、帝国主義に立ち向かうための象徴的な行為であった。

本稿ではまず、安重根の思想を中心に、彼が批判した西洋の近代物質文明や帝国主義の流れ、そしてそれを模倣した日本の動向について分析する。安重根の思想は、西洋帝国主義が東アジアを侵略し、植民地化を進めたことへの批判的な視点を持ち、さらに日本が日清戦争や日露戦争を通じて帝国主義的膨張を試みたことへの強い警鐘を鳴らしていた。彼の「東洋平和論」は、単なる反帝国主義にとどまらず、道徳的精神文明を通じた東アジアの平和構築を目指したものである。

2では、安重根自身の著述やハルビン事件に対する東アジアの知識人たちの評価をもとに、彼の義挙が持つ世界史的意義を考察する。3では、日本の帝国主義形成過程を、伊藤博文とビスマルクの関係や福沢諭吉の思想を通じて論じる。4では、近代物質文明が軍国主義・帝国主義として暴力化する過程を批判したニーチェや幸徳秋水の思想と安重根の思想を比較し、彼の行動と思想が同時代の文明批判と一致していたことを示す。5では、安重根の物質文明と帝国主義批判を思想史的視点から検討し、彼の道徳的精神文明と平和思想が持つ普遍的な意義を議論する。

2　東アジアにおける安重根に対する同時代的評価

安重根のハルビン義挙とそれに対する評価は、東アジアのどこにおいても極めて大きかった。安重根も旅順監獄に収監された後、自分の義挙の動機の説明を続けて、いつか自分の行為と思想が東アジアの現在と未来に大きな影響を及ぼし、歴史的に評価されると考えていた。特に、旅順監獄に収監された1909年12月13日から書き始め、1910年3月15日に脱稿した自叙伝的性格の手記である『安応七歴史』に彼は「日本の四千万民族が安重根を大きく叫ぶ日も遠くないだろう」[1]と記している。当時の日本帝国の象徴たる伊藤を自ら殺したが、いつか日本でもその義挙の真意が理解されるとみていたのである。

しかし、未来のいつか自分の己の義挙の意味が日本でも評価される日が来るだろう、という安重根の予想とは違って、その当時の日本にもすでに安重根の義挙の意味を把握して高く評価する者がいた。社会主義運動を行い、無政府主義に傾倒して活動した幸徳秋水は、安重根義挙の世界史的意味をよく分かっていた。彼は明治天皇の暗殺を計画したという「大逆事件」に連座して逮捕され、1911年に死刑宣告を受けて処刑されたが、押収された彼のかばんの中から安重根の写真ハガキが出てきた。このハガキの上段に、秋水は自筆で「舎（捨）生取義、殺身成仁、安君一擧、天地皆振」（命を捨てて義を取り、己の身を殺して仁を成した。安重根の義挙一つに天地がみな震動する）と記して、安重根の義挙の意味を刻みつけた。彼は『孟子』「告子上」の「舎（捨）生取義」と『論語』「衛霊公」の「殺身成仁」という句によって安重根の行為を規定し[2]、「安重根の義挙が世界に轟いた」と歴史的に意味づけた。

安重根の義挙の世界史的意味のみならず、平和を考える彼の識見が世界史的地平の上に立脚しているととらえた者は、大韓民国臨時政府の第2代大統領の朴殷植だった。滄海老紡室というペンネームで1914年に上海大同編集局で刊行した冊子『安重根伝』の「緒言」で彼は安重根を次のように評する。「安重根は歴史（行跡）に基づいて国を救った志士といえるし、また韓国のために復讐した怨侠（義烈の士）とも言える。しかし、私はこれでは安重根を説明するには不十分だと思う。安重根は世界的な眼光（識見）を持って平和の代表となった人である」[3]。安重根は単なる歴史的な義挙を行った義士としてのみ評価されてはならず、世界的な視点から平和を実践した知行合一の思想家といわねばならないという。

中国では梁啓超をはじめ袁世凱・孫文・陳独秀らが安重根に関心を持ち、その歴史的意味を評価した。梁啓超は1910年2月7日から14日まで、日本帝国関東都督府傘下の旅順地方裁判所で開かれた裁判に記者として参加し、梁啓超は「秋風断藤曲」（秋風が藤を断つ）という題の詩と、安重根に対する数編の文を残した。この詩の題が示唆するところは、ハルビンの秋風（安重根の義挙）が固い藤、すなわち伊藤を切った（除去した）ということである[4]。彼は時代の混濁と人々の恨みの波の音が高まりつつあるのを阻止するために、安重根が撃ったハルビン駅の銃声が世界に鳴り響き、震撼したと描写して、その大事を成した安重根を永遠に歴史に輝く立派な英雄とみた。

中国共産党創建の主役だった陳独秀も、安重根を新しい時代の世界観を代弁する思想家であり実践家だと考えた。彼によると、現代の新しい未来世代である青年たちには、安重根のような進取的な考えを持って実践する人が必要だということだ。彼は「敬告青年」という一文で、「願わくは、青年たちにはトルストイやタゴールよりは、コロンブスや安重根になってもらいたい！」[5]と語る。ここで彼は独立心と勇気を与えるニーチェの主人道徳と、謙遜と服従を強調する奴隷道徳を紹介して、青年たちは主人道徳を持って目覚めていなければならないと強調する。彼は、未来の新しい青年たちが持つべき世界観に言及して「これは自主的であるべきであって、奴隷的であってはならず、進歩的であるべきであって保守的であってはならず、進取的であるべきであって退嬰的であってはならず、世界的であるべきであって鎖国的であってはならず、実利的であるべきであって虚飾的であってはならず、科学的であるべきであって空想的であってはならない」といった六点の世界観を披瀝する。彼にとって、このような世界観を持ち、勇気を持って進取的な行為を実行に移した人こそまさに安重根だった。彼にとって安重根は、単に伊藤を殺した一人の義侠ではなく、帝国主義に抵抗し、進取的かつ未来的な世界観を持って東洋と世界の平和のために実践に移した思想家だった。

本稿では、日本において帝国主義がどのように形成されたのか、その帝国主義に対して安重根がどのような批判的問題意識を持っていたのか、すなわち朴殷植が言った安重根の世界史的識見とは何だったのか、そしてさらに一歩を進めて、平和を代表する彼の思想と行為が含蓄するところは何だったのかを中心に議論を進めたい。ここではまず、日本が近代化して帝国主義が形成される過程についての歴史的・思想的背景をまず簡略に見ていくことにする。

3　日本の近代化と帝国主義の形成

安重根が射殺した伊藤博文は、日本帝国主義の象徴であった。帝国主義とは「経済的・政治的・軍事的な力を戦略的に利用して相手の主権を侵害する行為、またはそれを意図する理念」[6]であり、19世紀の世界文明の流れの中に入っていた歴史的な力の一つであった。「19世紀はヨーロッパで発生した自由主義と民族主義が世界的に広まった時期であったが、同時に帝国主義が最高潮に達した時期」[7]でもあったため、西洋文明を受容して明治維新に成功した日本は、西洋の侵略から日本の独立を図るだけでなく、政治的・経済的・軍事的な力によって隣国を征服し、アジアの盟主として西洋文明の一員になろうとした。大日本帝国は帝国主義的・軍国主義的な拡張政策に基づいて日本が世界文明へと進出する企画であり、新しい時代を準備する文明のビジョンであった。この日本文明のビジョンと設計の最前線にいた政治家こそ、まさに伊藤博文だった。安重根が伊藤を殺したのは、日本の国家建設および文明化の方向、すなわち帝国主義に対する批判的な問題提起であり、新しい平和文明に対する代案を提示するためだった。ハルビン義挙は、誤った方向に進んでいる西洋と日本の帝国主義に対する安重根の時代的告発であり、歴史の最前線で起きた正面からの抵抗運動だった。

　日本帝国建設の土台作りをした伊藤博文の生涯において最も重要な事件の一つは、西洋文明の経験だった。彼は１８７１年から73年まで岩倉使節団に所属し、アメリカやヨーロッパ（イギリス・フランス・ベルギー・オランダ・ドイツ・ロシア・デンマーク・スウェーデン・イタリア・オーストリア・スイス）などの12か国だけでなく、ヨーロッパ諸国の植民地（セイロン・シンガポール・サイゴン・香港・上海）を訪問したが、ここでの経験は彼のそれ以後の政治過程において重要な役割を果たすことになる。吉田松陰の影響を受けて外国勢力を排斥する「尊王攘夷運動」をしていた彼は開化派に転向して富国強兵論を主張し、帝国憲法を制定し、日本が帝国主義国家になるうえで中心的な役割を果たした。この使節団は、これまで西洋と締結した不平等条約を再交渉し、科学技術・軍事・産業・政治経済・文化・

教育などの各領域で西洋の知識と情報を収集して、日本が近代化を推進して富国強兵の国家になるうえで大きな役割を果たした。

伊藤の西洋経験で最も重要な事件は、ドイツ統一のために鉄血政策を採ったビスマルク（Otto von Bismarck）との出会いだった。ビスマルクは1870年の普仏戦争に勝利した後、アルザス＝ロレーヌ地方を併合して、周辺地域への領土拡張を図りつつ、1871年にドイツ帝国を宣布してドイツ帝国を誕生させるのに核心的な役割を担ったが、日本使節団との出会いはその直後に行われた。岩倉使節団はドイツを訪問して、1873年3月15日夕方、宰相ビスマルクの招きによって宴会に参加した。この時彼らは、現在の国際情勢は強大国が弱小国を圧迫しており、弱小国だったプロイセンは国民の愛国心に力づけられて、そのような状況を変えることができたというビスマルクの演説に大いに共感した。

「現在、世界各国は皆、親睦と礼儀を維持しながら交際している。しかし、これはあくまでも表面的なものに過ぎず、その裏では互いに密かに強弱の争いをしながら、大小の各国が互いに信じあえずにいるのが本来の姿だ。〔……〕いわゆる万国公法なるものは、列国の権利を保全するための原則的な約束ではある。しかし、大国が利益を追求する時は、自分に利益があれば万国公法をよく守るが、もし万国公法を守れば自国が不利になるならば、直ちに軍事力で解決しようとするので、万国公法を守ることは不可能だ。小国は万国公法の内容を理念として、これを無視しないことで自主権を守ろうと努力するが、弱者を翻弄する実力主義の政略に巻き込まれれば自分の立場を全く守れないというのもよくあることだ。わが国もこのような状態だったから、私は憤慨して、いつかは国力を強化してどの国とも対等な立場で外交ができるようにしようと愛国心を持ち奮発して数十年、ついに最近になってその望みを叶えた」[8]。

国際秩序において重要なのはすべての国に適用される国際法ではなく軍事力だというビスマルクの演説は、使節団の指導者にとって、国際秩序に編入され、国家を維持する上で何が重要かを認識する重要な契機となった。岩倉使節団は、国際秩序において経済力と軍事力がきわめて重要であり、国民の愛国心を基盤にした富国強兵を国家の目標に定めなければならないと考えた。産業化に成功し、近代統一国家を実現させた後発ランナーのドイツ帝国が、西洋文明を受容し、これによって制度を改革しようとする日本の理想的な国家形成のモデルとして認識されたのである。伊藤はビスマルクを尊敬して手紙を送り、日本帝国憲法の基礎づくりにドイツの手助けを受けて、日本で「東洋のビスマルク」とも呼ばれた。

しかし、日本が開国して西洋の文物を受容し、近代化を推進するにあたっては、伊藤に先立って福澤諭吉がいた。岩倉使節団より約10年先んじてアメリカ（1860）、ヨーロッパ（1862）に行ってきた彼は、『西洋事情』（1866）を書き、日本に西洋文明全般を紹介し、西洋文物を受け入れることを力説した。その後出た彼の著書『学問のすゝめ』（1872）や『文明論の概略』（1875）も、やはり日本が西洋のモデルに従って文明化を推進するうえで非常に中心的な役割を果たした。彼は優勝劣敗・弱肉強食・生存競争の国際社会において、日本が西欧帝国主義の生贄にならないためには、独立した国家になって生存し、文明化された社会にならなければならないと考えた。彼は、日本が東アジアに向かって吹いてくる逆らえない西欧化の風に直面して、西洋文物を受け入れて、これによって西洋文明の頂点に立たなければならず、一歩進んでアジアから脱し、西欧文明国と交際できるようにならなければならないという「脱亜論」、あるいは「脱亜入欧論」を唱えた。偽善的な儒教主義に陥って封建的制度を改革できない朝鮮や清のように、日本も改革できなければ西欧列強の植民地になるしかないということである。１８８５年3月16日付の新聞『時事新報』に掲載された彼の社説「脱亜論」は、日本は地政学的にはアジアにあるが、文明史的にはアジアから離れて西欧近代文明の主要な流れの中に入らねばならず、同時にこれによってアジアを支配する位置に立つことができるという帝国主義の思想的萌芽を有していた。彼の主張は、日本が東アジアの先導者になって、他の国々の文明化を主導する盟主の役割をしなければならないということであった。彼にとって、西洋近代文明を受け入れて開化することは、日本が西洋列強の侵略に対して自らの力を養い、独立を維持する道であり、ひいては朝鮮や中国などの古くて未開な国家を文明化して東アジア文明の盟主になる道であった。[9]

『学問のすゝめ』で彼は個人の自由と平等、権利など民権に関心を持ったが、以後次第に国家主義や国権拡張主義に傾いていった。日本が東洋において先駆的に西洋文明を受容し、その文明の頂に到達して朝鮮や中国、日本などの東洋文明の中心となって西洋文明に対抗する責任を負わなければならないという彼の「東洋政略論」は、いわゆる「アジア盟主論」の性格を持ったものだった。彼は日本が究極的に兵力（軍事力）に依存して東洋の盟主になるしかないと考えた。日本がアジアの東の果てから「日章旗で東洋全体を覆い、その旗が遠く西洋諸国まで翻り、及ぶようになる」「新しい英国」

になることができるとみたのである。[10] 彼は自分の時代が西欧の帝国主義が西勢東漸する時代にあって、儒教的旧習に浸って改革を考えられない朝鮮と中国は国家滅亡の危機に瀕していると考えた。彼は武力によって東アジアに勢力を拡大し、東アジアを「文明化」しなければならないという日本帝国主義の理論的基礎を提供した。

日本の開化・西欧化・近代化だけでなく、脱亜論と帝国主義的拡張の思想的通路を開いた福沢諭吉とともに、伊藤博文も政治的軌道において開国論と富国強兵論を展開し、日本帝国憲法の制定と改革政策によって日本帝国の形成に寄与して、日清戦争と日露戦争を主導し、4度の総理大臣に朝鮮統監、枢密院議長を歴任して日本帝国主義の最前線に立っていたのである。安重根が伊藤を狙撃したのは、西欧列強のように武力によって隣国を侵奪しようとする日本の帝国主義を阻止し、除去しようとしたものであった。

4　ニーチェと幸徳秋水の批判の共鳴

西洋近代文明批判の哲学的視点

産業化と資本主義化の進行に伴い、西洋近代文明は物質文明を優先する傾向を強め、それにより人間疎外および非人間化現象が引き起こされた。この問題を哲学的に告発した者として、ニーチェ（F. Nietzsche）、マルクス（K. Marx）、ウェーバー（M. Weber）、ホルクハイマー（M. Horkheimer）、アドルノ（W. Adorno）、マルクーゼ（H. Marcuse）、フロム（E. Fromm）などが挙げられる。

特に、西洋近代性を最初に哲学的に問題提起したのはニーチェである。彼は近代資本主義的な物質文明の内に、人間性を破壊する暴力性が潜んでいるとし、文明が資本主義的利己主義と軍事的暴力主義に結びつくことを批判した。『反時代的考察（Unzeitgemäße Betrachtungen）』第3章「教育者としてのショーペンハウアー（Schopenhauer als Erzieher）」では、ビスマルクの軍国主義政策を批判し、この軍国主義が内的には人間の弱さを拡大させるとした。この著作は、伊藤博文がビスマルクと会談した翌年の1874年に出版され、当時のヨーロッパの状況を反映している。

ニーチェは次のように述べる：地球上のほとんどの事象は営利を追求する利己主義と軍事的暴力によって決定され、国家はそれをさらに推進する。国家が新しい偶像として人々に崇拝される状況において、我々は中世的な「氷河」の中に生きており、その崩壊は革命的な運動を引き起こすだろうと警告した。特に、革命が避けられない状況では、人間の本質が危機に直面し、魂の卑怯さや利己的本能が増幅されると述べている[11]。

ニーチェにとって、西洋近代文明の発展は欺瞞と搾取を基盤とし、戦争を通じて巨大な国家という偶像を建設するものであった。この動物的な本能に基づいた文明は、文化的昇華や精神的価値を欠き、欲望と搾取に支配されていると批判した。彼が見た文明の姿は、「広闊な地球の荒野の上で展開される人間の激動」であり、「疾走し、互いを欺き、踏みつけ、苦難に悲鳴を上げ、勝利に歓呼する」[12]という混沌そのものであった。

さらに、ニーチェは現代の軍隊制度を「野蛮で危機に陥った社会の象徴」として捉え、これを「生きている時代錯誤」と表現した[13]。この状況において必要なのは、物質文明を加速させるアクセルではなく、「文化のブレーキ」[14]であると強調した。

日本における文明批判と帝国主義

日本でも、西洋近代文明が帝国主義と結びついているという問題意識が共有されていた。幸徳秋水は1901年に出版された『廿世紀之怪物帝国主義』で、西洋列強の帝国主義を「ナショナリズム」と「軍国主義」の結合体と見なし、日本の帝国主義が「軍人的帝国主義」や「略奪的帝国主義」であると批判した。彼は、帝国主義を資本主義の自己拡張の一環とし、それが人類の自由や平和、社会正義を破壊すると警告した。そして、これを克服するためには「四海同胞の世界主義」を基盤とした「世界的大革命運動」が必要であると主張した。

幸徳秋水によると、帝国主義は愛国心と軍国主義を糸として編まれた政策であり、その愛国心は国民全体の幸福を願うものではなく、戦争や征服を正当化する好戦的な性質を持つものである。また、彼は国民の幸福は領土の大きさや軍備の量ではなく、高い道徳水準や衣食住の豊かさにあると強調した。

ニーチェと幸徳秋水の批判の共鳴

ニーチェが批判したのは、西洋近代文明が資本主義的利己主義と軍事的暴力主義を基盤に進展しているという点であり、それが「動物性の疾走」として文明の内的均衡を崩しているという点であった。一方、幸徳秋水は、日本の帝国主義において資本主義・軍国主義・愛国心が織りなす政策が、人類の平和を害し、世界文明を破壊するものであると批判した。

両者の批判は、西洋と日本という異なる文脈における自己破壊的な文明の動向に対する告発であり、同時代的な問題意識を共有していた。特に日清戦争や日露戦争の後、日本では戦争の後遺症として労働条件の悪化や飢饉が発生する一方で、個人の自由や生命への関心が高まった。この時代には、高山樗牛の「美的生活論」や姉崎嘲風の個人主義擁護、さらには和辻哲郎の宇宙的生命主義などが登場し、道徳的精神文明への渇望が見られた。

ニーチェと幸徳秋水の批判は、それぞれの時代と地域において、物質文明や帝国主義がもたらす危機に対する哲学的な問いを提起している。これらの批判は、現代においても文明のあり方を問い直す重要な視点を提供している。

5　安重根の帝国主義批判と道徳的精神文明としての平和思想

安重根は、ニーチェや幸徳秋水の思想を直接知ることはなかったとみられる。しかし、安重根の帝国主義に対する批判的思惟は、ニーチェや幸徳秋水が西洋近代文明や日本の帝国主義の形成に関して提起した根本的な問題意識と軌を一にする。近代資本主義的物質文明が競争や搾取、優勝劣敗や生存競争の論理と結合して、結局は軍事力を前面に出して隣国を侵奪し、植民地化する軍国主義的・帝国主義的性格を帯びるのだが、日本も同様の文明の軌道の上に立っているということだからである。

1909年11月6日、安重根が旅順監獄に移監された後、検察官の最初の尋問に先立って書面で提出した文章「韓国人安應七所懐」は、安重根の時代認識のみならず、彼の人生観と世界観をもよく表している。

「天が人を生みなしたので世の人が皆兄弟になった。すべての人は自由に生きていくことを望み、誰でも生を好み、死を厭う。世の人々は、今日のことを儀礼的に文明の時代と呼ぶが、私は決してそうではないことを知っているので独り嘆息する。そもそも文明とは、東洋と西洋、出来のいい人と悪い人、老若男女を問わず世のすべての人が天賦の品性を守り、道徳を尊び、互いに争う心なく生きていくことだ。そうして自分の土地で安らかに生業を楽しみながら、共に太平を享受することだ[15]」。

簡略なこの文章には、私たちが現代の文明と称しているものが、実は非文明的であるという問題提起であるだけでなく、人間が自由で平和に共存すべきだというヒューマニズムの思想が含まれている。すなわち自由・兄弟愛・生命・平等・平和思想などが表現されている。四書三経、『通鑑』、『朝鮮史』、『万国歴史』を学習[16]して儒家的知識の訓練を受けた安重根は、冒頭の文章を中国の儒家古典から引用している。「天が人を生ず」というこの句は『詩経』「大雅」編の最初の一節「天生烝民、有物有則、民之秉彝、好是懿徳」（天烝民を生ず、物有れば則有り。民の秉彝、是の懿徳を好む）から引いたものので、人は天が生んだ尊い存在であり、人間が世の中で生きていくのには基本的な道理があるということを示しており、「世の人が皆兄弟になった」という一節は『論語』「顔淵」編に出てくる「四海之内、皆爲兄弟」（四海の内、皆兄弟為り）という句から引用したものである。彼はここで人間の尊厳性や自由、生命の価値、人類愛、平和思想を儒教思想に基づいて表現している[17]。彼は、真の文明とは東洋と西洋、出来のいい人と悪い人、老若男女の差別なく人間的品性（人格）や道徳性を守りながら争うことなく生きる時に行われるものと見なして、現代の帝国主義的文明が文明の非文明化へと進み、暴力的で非人間的な文明に陥ってしまったととらえた。

安重根は、今日のいわゆる文明化された先進社会では互いに競争して、人を殺す戦争の兵器や機械を作っており、東西の六大洲に大砲の煙と弾丸の雨が止む日がないと糾弾する。伊藤博文は天下の大勢を深く知らず、むやみに残酷な侵略政策を用いているので、東アジア全体がいずれ滅亡の淵に陥るだろうというのが安重根の問題意識である。ハルビンで彼が撃った銃弾は、老いた盗賊伊藤の罪悪を糾弾し、東洋の青年たちの精神を目覚めさせるためのものだったと彼は告白する。彼は新しい文明を準備するためには、青年たちの精神が目覚めなければならないと力説する。これは西洋文明が押し寄せる状況で、自分の古い歴史と社会の旧習と限界を批判し、新しい中国の未来を準備するためには青年たちが自覚しなければならないという陳独秀の新青年論や、新しい人間の定立という魯迅の立人思想をはるかに上回るものだった[18]。陳独秀や魯迅の思想は1920年代の中国の新文化運動を触発するのに寄与したが、安重根は彼らより先に東アジアで新しい文明を作るためには青年精神が目覚めなければならないという青年自覚論を唱えたのである。

安重根は、当時が世界分裂の時代であり、機械文物を作って生命を破壊する破壊の時代だととらえた。自分が生きている時代を彼は、遺墨で「弱肉強食、風塵時代」と表記している[19]。これは社会進化論的な生存競争・優勝劣敗・弱肉強食の論理が支配し、自国の富国強兵のために侵奪と破壊が正当化される時代を意味するものだった。東洋と西洋の分裂や人種競争、新兵器の発明、戦争などが現代文明の主流として入ってきたというのが彼の時代意識であった。

「今、世界は東西に分かれており、人種もそれぞれ異なり、互いに競争するのが日常茶飯事である。農業・商業より武器をより多く研究して、機関銃・飛行船・潜水艦など新しい発明品を作ったが、これは人を負傷させて物を破壊する機械である。

青年たちを訓練して戦場に追いやり、数多くの貴重な生命を生贄のように捨てるものだから、血が川を成し、肉片が地面に飛び散ることが毎日止まない」[20]。

彼は、現代には東洋と西洋が葛藤し対立し、人種まで分かれて競争しており、機械と新兵器を作って戦争しながら世界が文明を破壊する方向に動いていると見た。彼は、生存競争と弱肉強食の社会進化論と、武力と戦争で覇権を握り領土を拡張しようとする軍国主義や帝国主義が当時の文明の中心動力になったととらえた。彼は西洋物質文明の産物が人間と世界を破壊し、生命を殺傷し、戦争を遂行する道具になっていると批判する。道徳心を忘れ、競争と武力を事として[21]、武力と暴力が溢れることは、欧州であれロシア、東アジアであれどこでも起きていることであった。彼はヨーロッパだけでなくロシアの暴力と残忍性を告発するが、ここからさらに一歩進んでいるのが日本だと叱咤する。日本がロシアと戦争する時、天皇が宣戦布告の詔書で「東洋平和を維持し、大韓独立を鞏固にするため」だと述べたが、日本が勝利するや、最も近く親しい韓国を力で抑えつけて通信と鉄道を奪う日韓議定書（1904）と外交権を奪う乙巳条約（1905、第二次日韓協約）」を締結するなどの蛮行を犯して、ロシアよりも悪い国に転落してしまったということである。明治維新で西洋文明を受け入れ、産業化・近代化に成功した日本は、天皇中心の近代的国民国家の体制を確立して、日清戦争と日露戦争を経て西欧列強に対抗する東アジアの強力な帝国主義の先駆に立ち、ひいては隣国である朝鮮と中国を侵略し、植民地化しようとしたのである。

彼は、「旅順法廷公判始末書」や1910年3月27日付の『満州日日新聞』に見られるように、個人的な怨恨や一個人として伊藤を殺したのではなく、東アジア平和のためのものであることをたびたび表明した。[22] 伊藤は軍事的暴力と領土拡張を通じて自国の利益を増殖しようとする帝国主義と軍国主義の象徴だったので彼を殺すのは軌道を離脱して誤っている帝国主義という世界史の流れに抵抗することであり暴力的日本の文明を平和な東アジアの新しい秩序に変えるための精神革命だった。彼は、日本が東アジアの平和に対して共に責任を負わなければならないと考えた。日本と韓国、中国の共存と協力は平和な東アジアの秩序だけでなく、世界の平和維持にも重要だと考えたのだ。1910年2月9日の第2回公判で、安重根は東洋平和を維持し、さらに「旧主及び世界各国とともに平和に尽力」すべきだと述べているが[23]、これは彼の思想と行動がただ東洋平和に限定されるものではなく、世界平和を志向していることを物語るものである。

安重根義士が死刑執行の前日に『大韓毎日申報』に送り、国内外の同胞に渡した遺言には、韓国の独立と東洋の平和に対する願いが込められている。[24] 1910年3月26日午前10時、栗原貞吉典獄（刑務所長）が死刑執行文を読み上げて最後に遺言を尋ねた時、安重根の遺言もまた東アジアの平和に対する願いだった。「何も言い遺すことはないが、ただ伊藤博文の射殺は東洋の平和のためにしたことなので、韓国と日本の両国の人々が互いに一致協力して、東洋の平和を維持することを望む」[25]。彼の遺言は韓国と日本の相互協力であり、東アジアの平和を維持し、東アジア共同体を実現することであった。つまり韓国の自主独立だけでなく、韓・日・中を中心に東アジアが協力してヨーロッパの植民地勢力から東アジアを守り抜くこと、さらに進んで東アジア共同体を作ることだった[26]。

彼は、日本が世界列強と肩を並べるためには、まず財政を育成し、世界列強の信用を得ることをしなければならないと考えた。旅順を開放して日本・中国（清）・韓国の軍港を置き、平和会を組織して世界に公布して、旅順を平和の根拠地とすることや、銀行を設立して各国が共有する貨幣を発行し経済共同体を作ること、青年たちにそれぞれ二か国の言語を学ばせて兄弟国という意識を鼓吹すること、韓・日・中の経済・平和共同体だけでなく、これを基礎としてインド・タイ・ベトナムなど他の国々も自ら加盟申請するようにするなど、平和な東アジアの秩序づくりのために日本が積極的にやるべきことは多いとみたのである。共同の港、共同の貨幣、共同の銀行、共同の軍隊、共同の言語・文化・教育共同体、経済共同体の実現についての安重根の思想と提案は、欧州統合思想よりも先駆的な、地域の平等な加盟国からなる超国家主義的地域共同体あるいは連邦体の構想、すなわち地域統合思想と評価されている[27]。これは長期的には戦争がない状態で人々が道徳を備え各自主体的生活を送ることを目標とするものであり、この目標を実現する手段こそ、地域共同体さらには世界共同体の実現である[28]。

北東アジアが互いに協力して共同体を作るためには、各地域国家の独立性が前提にならなければならず、相互の信頼、人間の尊厳と自由・平等・道徳性、平和を実現しようとする意識と努力などがなければならない。安重根の東洋平和論とカントの永遠平和論の間に思想的類似性があるとみて先駆的研究を開いた牧野英二は、安重根がカントの永遠平和論を間接的に知っていた可能性があるとみた[29]。安重根の平和思想は世界平和に寄与し得る多くの洞察を含む。つまりこれは、彼の思想が東アジアだけでなく世界平和のために寄与し得る普遍性を具えており、東アジアの真の協力を構築し、共存する未来を開くための重要な洞察を提供していることを意味する。

安重根が除去しようとしたのは、競争と対立、武力と搾取が横行する残忍な弱肉強食の世界であった。彼が実現しようと希望した世界は、自由と平等、兄弟愛を持って東洋と西洋という地域的思考を越え、貧富や老若男女を分かたず皆一つの人格として尊重されて、皆が安らかに生業に従事し、平和に暮らせる道徳的精神文明であった。彼は「現世を道徳の時代にして共に太平」[30]を享受する道徳的精神文明が到来するべきだと考えた。死刑執行により未完の著作となった彼の『東洋平和論』は、東アジアだけでなく世界が平和な道徳的精神文明に転換しなければならないという思想的構図の中で書かれたものである。

人間尊重の思想や、東アジアの平和と世界平和に対する安重根の思想は、旅順刑務所で遺した彼の遺墨からも確認できる。朴殷植の『韓国痛史』によれば、安重根は1920年2月と3月に旅順監獄で200幅あまりの遺墨を残したが、現在63点ほどが確認されている[31]。現存する安重根の遺墨には、彼の思想と人生の軌跡、すなわち自己省察と人間に対する信頼、愛国と韓国独立に対する熱望、東アジア平和と人類の共存および平和に対する希望などが表現されている。特に、約2年間に書かれた彼の遺墨には、彼自身の義挙の意図や、今後の東アジアが東アジアの平和だけでなく人類文明に寄与し得る方向と未来のビジョンが含まれている。「欲保東洋、先改政略。時過失機、追悔何及」（東洋を保つには、まず政略を改めねばならない。時を逸して機会を失って後悔しても何になろう）というのは伊藤博文の侵略戦争の危険性を警告したものであり、東アジアの平和のためにこうした帝国主義的侵略の政策は阻止され、修正されなければならないと述べたものである。また、「人類社会の代表は責任が重い（人類社会、代表重任）」というのは、帝国主義的侵略によってではなく、東アジアの平和のために努力する人や国家こそ人類社会の真の代表たり得るし、そのような大きな政治の責務は非常に重いということを意味する。「情を通じること明確にすれば、世界を明るく照らすだろう（通情明白、光照世界）」という一節は、東アジアの各地域国家が心を開いて交流し、協力するようになれば、世界を照らす光明の世界史の道が開かれるということである。安重根の思想は、19世紀後半と20世紀初頭に世界史の主力として浮上し、地球村を悲劇で染めあげた帝国主義を乗り越えて、将来の東アジアの友好協力に基づいた平和・経済共同体を構築するという巨大な課題が私たちの前に置かれており、この問題を解決することこそ東アジアで人類社会と世界を光明で照らす道徳的精神文明のビジョンを発信する糸口となるということを伝えている。

6 むすび―安重根思想が現代に与える意味と課題

安重根思想は、競争と侵略による帝国主義的拡張を追求してきた現代文明が誤った方向に進んでいたという点を指摘するとともに、東アジアが互いに協力し平和共同体を築くことで人類文明に貢献できるというビジョンを示している。この思想は、東アジア地域だけでなく、誤った文明の流れに抵抗する20世紀初頭の世界史的事件としての意義を持つ。安重根が命を懸けて義挙を行った背景には、帝国主義という地球文明史上の問題に挑み、日本帝国主義を終焉させようとする意図があった。これには東アジアと世界平和のために文明史の方向を転換すべきだという思想が含まれている。

エリック・ホブズボームが指摘するように、19世紀の「帝国の時代」から20世紀の「極端の時代」に移った地球文明史は、荒々しく残忍な時代の苦痛を伴った。20世紀中盤以降、各地域国家が植民地支配から独立したものの、その歴史的傷跡と後遺症を癒やすために多大な努力が払われてきた。今日の世界では、地域や伝統を尊重し、脱植民地主義の思考を推進する必要性が高まっている。さらに、オリエンタリズムや欧州中心主義の克服、世界市民教育の普及、地球規模の思考が求められている。

安重根の「東洋平和論」は、武力による支配ではなく、協力と共存に基づく道徳的精神文明によって東アジアが連帯し、世界平和に寄与することを目指していた。彼の思想は、盲目的な民族主義や反日主義を超え、東アジアの統合と連帯の重要性を提起するものである。また、東アジアを統合し、韓国、日本、中国の平和をアジア全体に拡大することを目指し、さらに世界的な模範を創り出すという壮大なビジョンを持っていた。彼が追求したのは、普遍的平和主義の実現と超国家的な東アジア市民アイデンティティの構築である。

安重根の政治、経済、金融、環境、宗教、教育を含む包括的な東アジア共同体構想は、軍事力を基盤として推進された「大東亜共栄圏」や小泉純一郎首相が構想した「東アジア共同体」とは本質的に異なり、北東アジアの未来に向けた思想的土台を提供している。勝村誠が提案するように、安重根思想に関する研究は、狭いナショナリズムや自民族中心主義を克服し、東アジアの平和と相互理解を構築するための重要な素材となる。しかし、日本の代表的な安重根思想の研究者である牧野英二が強調するように、東アジア共同体が形成されるためには、日本の戦争謝罪や歴史認識、教科書問題、日本人の脱亜入欧意識の克服、信頼構築が不可欠である。このような歴史的反省と和解の過程を通じて、暴力と侵略の過去を乗り越え、道徳的な文明を築くことが求められる。

私たちが生きる21世紀においても、地域ごとの平和的連合体制と新しい国際秩序の形成は、世界と人類の平和に寄与する重要な課題である。安重根の平和思想は、東アジアを越えた世界平和と人類精神文明の未来を照らす指針であり、新たな帝国主義を批判的に省察し、共生と平和を目指す新しい文明史の研究にとって重要な出発点となる。

注

1 安重根『安応七歴史』、安重根義士記念館編『安重根アンソロジー』（ソウル：ソウルセレクション、2020、244頁）。

2 金鳳珍『安重根と日本、日本人』（ソウル：知識産業社、2022、252～256頁）参照。

3 白巖朴殷植全集編纂委員会編『白巖朴殷植全集 第Ⅲ巻』（ソウル：東方メディア、2002、66、152頁）。

4 崔亨旭「安重根と梁啓超―近代東アジアの二つの灯火」（『震檀学報』第126巻、震檀学会、2016.06. 101～120頁）。

5 陳独秀「敬告青年」『青年雑誌』第1巻 第1号、1915年9月15日：陳独秀 著、沈恵英 訳、『陳独秀思想

全集』（ソウル：サンジニ、2019、60頁）。

6 朴枝香『帝国主義』（ソウル：ソウル大学校出版文化院、2021、22頁）。

7 鄭尚秀『帝国主義』（ソウル：チェクセサン、2019、136頁）。

8 久米邦武 著、朴三憲 訳『特命全権大使米欧回覧実記第3巻 ヨーロッパ大陸（上）』（ソウル：ソミョン出版、2011、371頁）（久米邦武、編著：水澤周『特命全権大使米欧回覧実記 現代語訳3』慶應義塾大学出版会、２００８）。

9 日本のアジア盟主論はこれ以後、植民地時代のオリエンタリズム的人種主義に発展した。（朴枝香、前掲書、２７２～２７８頁）日本は西洋文明の受容を人類が進むべき普遍的な道筋ととらえて西洋をモデルとしたアジアの近代化を推進したが、１９０５～20年の日本の植民思想では各民族の生物学的優劣についての理論が導入され、人種的イデオロギーが流行した。（朴枝香、前掲書、２７５頁）各種族の近代化能力を評価基準とする人種論によって「文明圏」と「非文明圏」を区分し（朴枝香、前掲書、２７６頁）、アジアの他の国家と区分して、日本が文明化の使命を持っているとした。それによって日本は文明の秩序の中に編入された日本的価値と制度を他国に強制し、植民地朝鮮でも朝鮮人の文化と言語を抹殺して、日本に同化する政策を推進したのである。

10 福澤諭吉「東洋の政略果して如何」、『全集』第8巻、４３７頁、林宗元『福沢諭吉：新しい文明の論理』（ソウル：ハンギル社、2011、245頁）より再引用。

11 Friedrich Nietzsche, *Unzeitgemäße Betrachtungen III*（以下UBと表記）, in: Friedrich Nietzsche, *Sämtliche Werke Kritische Studienausgabe*, Bd.1, hrsg。 von G. Colli and M. Montinari, Berlin/New York: de Gruyter, 1980（以下 KSAと表記）, p.368; ニーチェ 著、李鎮雨 訳、『悲劇の誕生・反時代的考察』（ソウル：チェクセサン、2005）、４２７頁を要約したものである。

12 Friedrich Nietzsche, UB III, p.378・・ニーチェ、『悲劇の誕生・反時代的考察』、４３９頁。

13 Friedrich Nietzsche, MAII, Der Wanderer und sein Schatten 279, KSA, Bd.2, pp.674-675; ニーチェ著、金美技訳、『人間的な、あまりにも人間的なII』（ソウル：チェクセサン、2002）、３９１頁。

14 Friedrich Nietzsche, MAII, Der Wanderer und sein Schatten 279, KSA, Bd.2, p.675; ニーチェ著、金美技訳、『人間的な、あまりにも人間的なII』（ソウル：チェクセサン、2002）、３９１頁。

15 安重根「韓国人安応七所懐」、前掲、安重根義士記念館編『安重根アンソロジー』、１０８頁。

16 前掲、安重根義士記念館編『安重根アンソロジー』、18頁。

17 金鳳珍『安重根と日本、日本人』（坡州：知識産業社、2022、104頁）。

18 陳独秀と魯迅の思想については金正鉉「20世紀初め中国のニーチェ受容と新文化運動」（『ニーチェ研究』44巻、韓国ニーチェ学会、2023）、21～26、36～42頁を参照のこと。

19 前掲、安重根義士記念館編『安重根アンソロジー』、１５０頁。

20 安重根『安重根の東洋平和論』（ソウル：安重根義士記念館、2019、25頁）。

21 安重根、『安重根の東洋平和論』、26頁。

22 （社）安重根平和研究院編、『安重根資料集第9巻：安重根・禹徳淳・曹道先・劉東夏公判記録―公判始末書』（ソウル：チェリュン、2014）、94頁、安重根義士記念館、前掲書、70頁、86頁。

23 前掲、（社）安重根平和研究院編『安重根資料第9巻』、97頁、山室信一、「未完の『東洋平和論』―その思想史脈と可能性について」、李泰鎮ほか、安重根ハルビン学会、『永遠に燃え上がる炎』（ソウル：知識産業社、2011）、３７９頁。

24 「私は韓国の独立を回復して東洋の平和を維持するために三年間海外で風餐露宿して、ついにその目的に到達できずにここで死ぬが、わが二千万兄弟姉妹はそれぞれ自ら奮発して学問に励み、実業を振興させることを切に願う。そして私の意志を受け継いで自由独立を回復するならば、死んでも思い残すことはない」（１９１０年3月25日：前掲、安重根義士記念館編『安重根アンソロジー』、89頁）。

25 「安重根の最後」『満洲日日新聞』、1910年3月27日：前掲、安重根義士記念館編『安重根アンソロジー』、86頁。

26 牧野英二「安重根と日本人—東洋平和の実現のために」（『アジア文化研究』第20輯、嘉泉大学校アジア文化研究所、2010.12、219頁）。

27 盧明煥「欧州統合思想と歴史に照らしてみた安重根東洋平和論の世界史的意義」、安重根義士記念事業会編『安重根と東洋平和論』（ソウル：チェリン、2010、21頁、25頁）。

28 盧明煥、同上論文、26頁。

29 牧野英二によれば、安重根はトルストイがカントの著作をフランス語で読んで自身の小説『戦争と平和』で表現していた内容を知っていた可能性があり、カトリック信者として、自身に洗礼を施したフランス人神父ウィレム（Joseph Wilhelm）から伝え聞いていた可能性がある。（牧野英二「安重根と日本人—東洋平和の実現のために」222～223頁）。牧野英二は、安重根とカントの基本理念の類似した部分、平和思想の洞察に寄与し得る部分を次の7点にまとめた。すなわち、①国家の独立と平和の実現は不可分の関係にあること。②人間の尊厳と自由、法的平等を実現しようとしたこと。③平和を実現するためには優秀な道徳的人間を育成しなければならないこと。④武力では真の平和実現が不可能であること。⑤宗教が世界平和に重要な役割を果たすこと。⑥東洋平和と永遠平和の可能性に対する卓越した哲学的洞察力を提示していること。⑦東洋と世界平和のためにはアジア人の義務、人間の使命、歴史的義務を自覚すべきだということである。（牧野英二、「安重根義士の東洋平和論の現代的意義—新しい『東アジア共同体』構想の先駆者」、李泰鎮ほか、安重根ハルビン学会、前掲書、401‐405頁）
　また、安重根とカント哲学の普遍性を平和連邦制・国家主権・不干渉の原則から比較した論文として張動「安重根の平和思想とカント：カント『永久平和論』から照明する安重根平和思想の普遍可能性」（『東西研究』第34巻4号、延世大学校東西問題研究院、2022、5～30頁）を参照のこと。

これに対して李泰鎭は、清の梁啓超の文集『飲氷室文集』によってカントに接していた可能性があるとみている。『飲氷室文集』の学説類（2）に「近世第一の大哲学者カントの学説（近世第一大哲學家康德之學說）」という文章が載っており、ここにカント道徳哲学の背景、個人の良心に端を発する自由、国家主権、国際公法についての内容が体系的に紹介されている。これにカントの文章が「永世太平論」という題名で翻訳されて、彼の永久平和論の5項目が具体的に紹介されている。（李泰鎭、「安重根の東洋平和論再照明」、李泰鎭ほか、安重根ハルビン学会、前掲書、349～350頁）梁啓超の文集が20世紀初めの韓国の知識層たちの必読書だったことを勘案すれば、その具体的な内容はすでに韓国の知識層に紹介されていたと見てよいだろう。

　これとは異なり、安重根の東洋平和論形成に開化言論紙の『独立新聞』、『皇城新聞』、『大韓毎日新報』の影響があるとみる立場もある。（玄光浩、「安重根の東洋平和論とその性格」、『亜細亜研究』通巻113号、高麗大学校亜細亜問題研究院、2003.10, 155–195頁）

30　安重根義士記念館、前掲書、177頁。

31　朴殷植 著、金泰雄 訳解『韓国痛史』（ソウル：アカネット、2012、265～266頁）、安重根義士記念館、前掲書、121～158頁：彼の遺墨には、まず読書によって絶えず自分の知識と人格を高めていき、「一日不讀書 口中生荊棘」、「博學於文 約之以禮」という自己修養をしなければならないということ（「忍耐」「敬天」「貧而無諂 富而無驕」「戒愼乎其所不睹」）。二番目に、義理を護って国家のために命を捧げ（「見利思義 見危授命」「國家安危 勞心焦思」「爲國獻身 軍人本分」「獨立」）、三番目に、時代の危機を診断して東洋と世界の平和と人類の幸福を願うこと（「弱肉强食 風塵時代」「欲保東洋 先改政略 時過失機 追悔何及」「人類社會 代表重任」「通情明白 光照世界」などの内容が含まれている。：安重根の遺墨53点に対する分析としては南春愛、「安重根の遺墨に込められた中国文化形象研究」（『韓国文学理論と批評』第55号（16巻2号）、韓国文化理論と批評学会、2012.06、335～352頁）を参照のこと。

参考文献

久米邦武（2011）『特命全権大使米歐回覧實記 第3巻 ヨーロッパ大陸（上）』（朴三憲訳、ソウル：召命出版）。（久米邦武（2008）『特命全権大使米欧回覧実記 現代語訳 3』水澤周 編著、東京：慶應義塾大学出版会）

幸徳秋水（2011）『私は社会主義者である：東アジア社会主義の起源』（幸徳秋水選集、林慶花編訳、ソウル：教養人）

金正鉉（2022）「ロシアと日本における初期ニーチェ受容の社会哲学的意味」（『哲学研究』161、大韓哲学会、2022年2月）129頁-153頁。

――（2023）「20世紀初頭中国のニーチェ受容と新文化運動」（『ニーチェ研究』第44巻、韓国ニーチェ学会）13頁-52頁

金鳳珍（2022）『安重根と日本、日本人』（坡州：知識産業社）

南春爱（2012）「安重根の遺墨に込められた中国文化形象研究」（『韓国文学理論と批評』第55輯、16巻 2号、韓国文学理論と批評学会、2012年6月）335頁-352頁

ロ・ミョンファン（2010）「ヨーロッパ統合思想と歴史に照らした安重根の東洋平和論の世界史的意義」（安重根義士記念事業会編『安重根と東洋平和論』、ソウル：チェリュン）19頁-50頁

牧野英二（2010）「安重根と日本人：東洋平和の実現のために」（『アジア文化研究』第20輯、嘉泉大学校アジア文化研究所、2010年12月）209頁-228頁

――（2011）「安重根義士の東洋平和論の現代的意義：新しい『東アジア共同体』構想の先駆者」（李泰鎭外、安重根ハルビン学会『永遠に燃え上がる炎』ソウル：知識産業者）387頁-418頁。

朴枝香（2021）『帝国主義：神話と現実』（ソウル：ソウル大学校出版文化院）

朴明林（2022）「安重根思想の解釈：世界市民、アジア地域統合、そして近代的·共和的永久平和」（『東方学志』

198、延世大学校国学研究院、2022年3月）259頁-298頁）
朴殷植（2012）『韓国通史』（金泰雄訳解、ソウル：アカネット）
白岩朴殷植先生全集編纂委員会編（2002）『白岩朴殷植全集 第III巻』（ソウル：東方メディア）
安重根（2019）『安重根の東洋平和論』（ソウル：安重根義士紀念館）
安重根義士紀念館（2020）『安重根アンソロジー』（ソウル：ソウルセレクション）
（社）安重根平和研究院（2014）『安重根資料集 第9巻：安重根・禹徳淳・曺道先・劉東夏公判記録—公判始末書』（ソウル：チェリュン）
山室信一（2011）「未完の〝東洋平和論〟：その思想的流れと可能性について」（李泰鎮外・安重根・ハルビン学会『永遠に燃え上がる炎』、ソウル：知識産業者）353頁-386頁
李泰鎮（2011）「安重根の東洋平和論再照明」（李泰鎮外・安重根・ハルビン学会、『永遠に燃え上がる炎』、ソウル：知識産業者）327頁-352頁
——（2016）「安重根と梁啓超：近代東アジアの二つの灯」（『震檀学報』126、震檀学会、2016年6月）101頁-120頁
林宗元（2011）『福沢諭吉：新しい文明の論理』（ソウル、ハンキル社）
張勳（2002）「安重根の平和思想とカント：カントの永久平和論を通してみた安重根の平和思想の普遍可能性」（『東西研究』第34巻 第4号、東西問題研究院）5頁-30頁
鄭尚秀（2019）『帝国主義』（ソウル：チェク世相）
陳徳秀（2019）『陳徳秀思想全集』（惠英訳、ソウル：サンジニ）
玄光浩（2003）「安重根の東洋平和論とその性格」（『亜細亜研究』通巻113号、高麗大学校亜細亜問題研究院、2003年10月）155頁-195頁
——（2013）「安重根の東洋平和論の研究現況と研究課題」（『韓国民族運動史研究』第75巻、韓国民族運動史

学会、2013年6月）93頁－１３２頁
龍谷大学社会科学研究所付屬 安重根東洋平和研究センター李洙任教授退職記念發行委員会（2022）『安重根「東洋平和論」研究』（東京：明石書店）
鈴木貞美（1995）『大正生命主義と現代』（東京：河出書房新社）
――――（1996）『「生命」で読む日本近代』（東京：日本放送出版協会）
勝村誠（2016）「安重根の行動と思想が現代日本につきつけるもの」（李泰鎭・安重根ハルピン学会『安重根と東洋平和論』、東京：日本評論社）

（翻訳：柳生真）

第2章　安重根義士の韓中日経済協力構想の意義と示唆点

――北東アジア平和共生のための経済協力方案

趙廷元《チョ・ジョンウォン》

1　序論

安重根の著作「東洋平和論」は１９０９年10月26日、ハルビンで伊藤博文を狙撃して処断した後、日本によって死刑宣告を受け、１９１０年3月26日に死刑執行でこの世を去る前まで1章である書、2章である伝監まで作成された未完の状態で残っている。彼の東洋平和論、安重根と平石氏（旅順高等裁判所院長）との問答内容が盛り込まれた面談録を見ると、韓国と日本、中国間の具体的な経済協力構想が提示されている。韓国では安重根に関する研究が独立運動史を研究する歴史学者と国際政治を研究する政治学者を中心に進められてきた（朴榮濬（2009）、尹炳錫（2009）、金秀泰（2013）、崔鐘吉（2016）、朴明林（2022）、柳永烈（2022））。

一方、韓国の経済学界では、２０００年代になってようやく安重根の韓中日経済協力構想について注目し始めた。韓国の経済学者の中で、安重根の韓中日経済協力構想を紹介した最初の研究成果である金英浩の研究では、北東アジア開発銀行の設立とともに、北東アジア版エネルギー、情報技術（IT）、環境、そして物流の共同プロジェクトを推進し、それを東アジア共同通貨と北東アジア軍縮および非核地帯化構想と連携する北東アジア共通の安重根プラン推進を提案した（金泳鎬（a 2004））。2009年に発表された文宇植の研究では、安重根の韓中日3国の共同銀行設立、共同通貨発行などの金融協力案を提示した点を高く評価したが、彼の金融協力提案は安重根が暮らしていた20世紀初めのアジアの通貨制度が実質的な銀本位制度であるため、韓中日3国間の通貨を同じ価格で簡単に交換することができて可能だったと分析した（文宇植（2010））。蔡大錫と金美貞の2012年の研究では、安重根の東洋平和思想は韓国、中国、日本間の水平的統合を通じた地域貿易協力体、地域経済統合体を志向し、このような地域貿易統合が財政同盟、通貨同盟思想を土台にしていたことを指摘した（蔡大錫、金美貞（2012）249）。また、安重根の経済協力構想を深層貿易協定の原理で接近すれば、安重根は地域貿易共同体を受け入れ、彼が主張した財政金融協力を通じた経済協力は最高水準の深層地域協力体に近接した提案であると主張した（蔡大錫、金美貞（2012）248）。

上述したような先行研究が出た後、韓国、中国、日本間の経済協力推進に困難を来たし、韓国で安重根の韓中日経済協力構想に対する研究は探しにくくなった。しかし、安重根の韓中日経済協力構想の主要内容を分析し、最近の韓国、中国、日本間の経済協力で安重根の経済協力構想が実現するかどうか、安重根の構想が3国間の経済協力で実現しにくい原因を調べることも、今後の韓国、中国、日本を中心に北東アジア経済協力を実質的に推進できる方案を模索し提案するのに役に立つだろう。

本稿では、安重根の東洋平和のための韓中日経済協力構想の主要内容と意義を紹介し、安重根の韓中日経済協力構想が現在の韓中日経済協力にそのまま適用しにくい理由を説明しようと思う。これとともに、韓中日3国が北東アジア域内の国家間の経済協力と平和共生に貢献し、3国がともに利益を創出できる案を提言したい。

2　安重根の韓中日経済協力構想

安重根は韓中日3国の平和公営のための経済協力方案として、共同銀行設立と3国の拠点地域の共同銀行支店運営、韓中日共同貨幣発行と使用を提案した。彼は韓中日共同銀行設立と3国拠点地域の共同銀行支店運営の実現のために日本のより前向きな役割を強調した。彼は、日本が日露戦争の戦利品として獲得した旅順港を中国に返還することを提案した（金泰植、2009）。そして、旅順港は日本、中国（当時清国）、韓国が共同管理する軍港として運営しなければならず、旅順港を返してもらった清国は旅順港に東洋平和会議本部と韓中日共同銀行の設立を許容しなければならないと主張した（尹慶老、2010、157）。また、安重根は中国、日本、韓国の主要地域に銀行支店を設立し、共用貨幣を広く普及して産業発展を共に推進すべきだと主張した（金泰植、2009）。

これと共に彼は韓中日共同銀行運営に必要な財政確保のために具体的な方案を提示した。安重根は旅順に東洋平和会議体を組織し、3国の会員を募集して会員の日当会費として1ウォンずつを募金することを提案した（尹慶老、2010、158）。東洋平和会議体に会員として加入する3国の人民の自発的な会費募金を通じて数億ウォンが集まることができ、これを活用して共同銀行を設立し共通の貨幣を普及すれば韓国、中国、日本の経済協力ネットワーク構築が可能になると予想したのだ。彼は韓中日共同銀行の設立・運営、3か国の共通貨幣の普及とともに、韓国、中国、日本の青年たちが2つ以上の外国語を学び、日本の主導で韓国、中国、日本が商工業の発展を推進することを提案した（チョ・スンウ、2007）。今日、各国の若者の交流とビジネスにおいて、互いの言語の理解と活用が重要な役割を果たしている点、第二次世界大戦が終わった後に1960年代から80年代には韓国、1978年の改革開放以降から2000年代までは中国が日本の産業発展の経験、汎用技術を活用して経済成長と製造業をはじめとする各種産業の振興を推進した点を考えれば、安重根が未来を見通す慧眼があったことが分かる。

上述のような安重根の韓中日経済協力構想は、国家間の協力を越えて3国の地域と民間を互いに連結する経済ネットワークの構築を提案したということに意味がある（朴明林 2022、287）。そして韓中日共同貨幣の発行と使用は他の地域と隣接国家で誰も提案できなかった新鮮な発想だった（李泰鎮、2023）。上述したような金融協力は韓国、中国、日本間の信頼があってこそ可能なことだが、安重根は韓中日金融協力を通じた信頼構築の重要性を強調した。そして、日本が韓国、中国との信頼を金融協力を通じて構築することになれば、日本の輸出が増え、インド、タイ、ベトナムも安重根が提案した東洋平和会議に加入し、日本がアジアの主人公になれるという点も強調した（蔡大錫、金美貞 2012, 234）。安重根の韓中日経済協力構想は、欧州連合（ＥＵ）の母体となったフランスのロバート・シューマン外相の「欧州石炭鉄鋼共同体」提案より40年先の先駆的な提案だった（コ・ミョンソプ、

2019.07.03)。安重根は、伊藤博文の極東平和論は帝国の覇権概念であり、弱小国を支配しようとする試みと見た(チョン・ビョングン、2019)。しかし、経済協力においては、当時北東アジアで経済と産業発展水準が最も高かった日本の先導的な役割を強調した(朴明林(2022)286)。

3　韓中日経済協力の現状と協力深化の障害要因

安重根の韓中日経済協力構想は2013年から韓国、中国、日本が自由貿易協定交渉を始め、その慧眼を評価され始めた。しかし、韓中日FTA交渉は、現在まで接点を見出せずにいる。これは2000年代から韓国と中国が製造業と情報通信産業の技術水準が向上し、日本との競争が激しくなり、中国の農業が北大黄をはじめとする農業企業と地域別協同組合を中心に低価格の農産物を大量に生産、輸出することになり、韓国と日本が対中国農業市場の開放をためらっているためだ。それでも韓国は2022年2月1日に中国、日本と東南アジア諸国の地域連合であるASEAN加盟国(ベトナム、カンボジア、ラオス、タイ、ブルネイ、シンガポール、マレーシア)、オーストラリア・ニュージーランドと共に域内包括的経済パートナー協定(Regional Comprehensive Economic Partnership; 以下 RCEP)に参加し安重根が予測したようにアジア諸国間の協力の枠組みを確立し日本とはプラスチックと合成樹脂、中国とは医療機器、映像部品を得ることになった。RCEP参加国の貿易規模は2021年基準で5兆6000億ドル(2021年全世界貿易比重の31・9%)、GDP26兆ドル(2021年全世界GDPの30・8%)、人口22億7000万人(2021年全世界人口の29・7%)に達するため、韓国、中国、日本がアジア太平洋諸国との協力を通じて自由貿易の範囲を拡大したということに意義を見出すことができる。

　しかし、安重根が提案したように、韓中日経済協力で日本の先導的な役割を要求するには、韓国と中国の経済力と地位が向上し、3国が同等の立場で協力を論議しなければならない状況に直面している。安重根が韓中日経済協力構想を提案した際、日本と西欧列強の利権侵奪の対象となった中国は、2022年基準で名目GDP総額17兆9632ドル（世界2位）、2022年基準で商品輸出入総額6兆2000億ドル（世界1位）の経済大国となった（VOAニュース 2023.12.25）。3か国の中で経済規模が最も小さく立ち遅れていた韓国は、2021年基準GDP総額世界10位、2022年基準1人当たりGDP3万2423ドル（OECD加盟国の中で22位）、2022年基準貿易額1兆2596億ドル（世界8位）を記録し、半導体、ディスプレイ、家電、造船・鉄鋼、ITなどの産業において国際競争力を備えた経済強国として位置づけられている（李敏厚（2023）12.25）。日本は2022年基準で名目GDP総額4兆2601億ドル（世界3位）、1人当たりGDP3万4064ドル（OECD加盟国のうち21位）を記録し、自動車、機械、部品、素材産業の国際競争力を世界的に認められている（移民後 2023.12.25）。しかし、日本企業は各種部品と素材産業で韓国、中国の企業に比べて比較優位を維持しているが、鉄鋼、ディスプレー、テレビ、スマートフォンをはじめとする製造業の様々な分野で韓国企業と中国企業の躍進に苦戦している[1]。

　韓国と中国の産業と企業の競争力が向上し、韓国と中国、日本が共同で未来産業育成のために協力を推進することにも困難が続いている。これは、3国の企業間の業種別技術研究開発競争が激しくなり、企業が研究開発した技術が業種の競争の勢力図を変える状況が続いていることから、3国の企業と研究機関が未来産業育成のための研究開発協力を提案し、議論することが容易でない状況が続いているためだ。そして、日本企業と韓国企業のいずれも製造業と情報通信産業の各分野で着実に技術水準を引き上げている中国企業の特許出願と新製品発売が持続し、中国企業との協力の範囲を制限している。世界知的財産権機関（以下WIPO）が２０２２年11月22日に公開した２０２１年国別特許出願件数によると、中国は１５８万５０００件で1位を記録した反面、日本は28万９０００件で米国（59万１０００件）に続き3位、韓国は23万７０００件で4位を記録した（チョン・ヨンイン、2022.11.22）。WIPOの２０２２年の国別国際特許出願件数でも、中国は7万15件で1位となり、日本は5万３４５件で米国（5万９０５６件）に次いで3位、韓国は2万２０１２件で4位となった（ウ・フンシク、2023.03）。中国は２０１１年から22年まで世界特許出願1位を記録しているが、これは中国が世界最大の外貨保有高と中央政府と主要行政区域の地方政府の莫大な財政収入を活用して国内主要国立大学の自然系、理工系研究開発とこれを安定的に導いていく優秀な教授陣、研究陣の育成に投資を惜しまずにいた結果だ。ファーウェイ（华为）、比亜迪（比亚迪）、中興（中興）をはじめとする有名企業も研究開発に持続的かつ積極的な投資を進め、製品とサービスの品質を着実に向上させている。これにより、韓国、日本の企業と研究機関は、中国の科学技術の躍進に脅威を感じ、中国の企業、研究機関と水素自動車、水素経済分野を除いては、未来産業育成のための研究開発と市場形成のための実質的な協力を議論することに困難を来たしている。

4 結論と提言

安重根の韓中日経済協力構想は、3国間の共同銀行を設立し、3国の拠点地域に共同銀行の支店を運営し、共用貨幣の発行を通じて相互信用を構築しようとした。これは北東アジア開発銀行やアジア通貨単位（ACU）構想の端緒といえる（金泳鎬（b2009））。そして、彼が提案した韓国、中国、日本が共同銀行と共用貨幣運営を通じて相互信頼を構築し、経済統合の段階に到達する方式は、欧州連合の経済統合方式と類似していると見ることができる。また、経済協力と関連して、安重根が活動した当時、北東アジアで経済と産業の発展水準が最も高かった日本の主導的な役割を強調した。第2次世界大戦が終わった後の韓国、中国の経済成長過程での日本の役割を考えれば、安重根の提案は夢想ではなく、北東アジアで日本が経済社会発展と産業の振興において最も進んでいるという現実に基づいたものであることが分かる。1980年代から1996年までの韓国の経済成長、1990年代から2008年までの中国の年平均8％以上の経済成長は、米国、英国、フランス、ドイツなど西側先進国の役割も重要であったが、明治維新以降の産業発展と経済成長、企業の資本と良質な人的資源の蓄積において最も先行していた日本政府の援助、日本企業からの投資と汎用技術移転も両国における戦後経済成長に役立つことができた。

しかし、韓国と中国の経済成長と産業発展によって韓国、中国の個別企業の力量が強化され、日本と競争する業種が多くなり、韓中日経済協力の必要性に対する議論は積極的に進んでいない。

2000年代以降、日本が韓国、中国に対して確実に比較優位を確保している分野は素材、部品、装備であり、その他の製品は韓国、中国企業に比べて比較優位を持っていない場合が多くなった。そのため、安重根の韓中日経済協力構想を実現するための3国の政府レベル、民間での議論は活発に行われていない。

安重根の韓中日経済協力構想が実現が難しい原因は、第2次世界大戦期間の歴史に対する韓国、中国、日本間の見解の違い、韓国、中国の製造業、IT産業での成長と技術水準の向上によって韓国、中国、日本間の産業間の競争が続いているためだ。そして、中国の低価格、大量生産農産物が自由貿易協定を通じて無関税または低い関税で韓国市場と日本市場に輸入される場合、韓国と日本の農業の基盤が揺らぎかねないという懸念も韓中日経済協力の深化を難しくしている。また、北東アジアをはじめとするアジア地域の開発金融分野では、中国が主導するAIIBと日本、米国が主導するADBが競争している。そして中国はモンゴルをはじめとするアジアの発展途上国の社会間接資本構築事業に必要な金融支援を自国の政策金融機関である中国国家開発銀行、中国輸出入銀行の資金を活用して進めている（趙廷元、2020、287-288）。一方、中国、日本、韓国間のアジア地域の発展途上国の社会間接資本構築をはじめとする開発金融協力方案に対する議論は進んでいない。そのため、別途の北東アジア開発銀行を設立することも容易ではない状況が続いている。

上述したような困難を緩和するためには、短期的には韓中日3国の政府レベルで議論される経済協力事業で、安重根の名前を使う案を議論することからあきらめる必要がある。日本の与党自民党所属の菅義偉元首相は2013年11月19日、安重根標示石設置に対する韓国と中国の協力について、「安重根は犯罪者であるため、安重根標示石が韓日関係に役立たない」という立場を明らかにしたことがあり、２０１４年1月、ハルビンの安重根記念館開館については、日本の初代首相伊藤博文を殺害し、死刑判決を受けたテロリストと言及したことがある（コ・ウンビッ（2020））。日本の自民党中心の国内政治構造が変わらない限り、安重根に対する日本政界の認識に変化が発生することは難しく、これは韓中日経済協力の範囲を拡大するのに困難として作用するだろう。

そして韓中日3国とも内需だけに依存しては企業の持続的な発展、青年たちの働き口創出に困難があるため、東北アジアで新しい市場を開拓する必要がある。そのために韓中日3国は資本と技術、知識と経験を活用してアジアの発展途上国の経済発展を支援しなければならない。韓中日と地理的に隣接しているが、経済的に立ち遅れているモンゴルの社会間接資本構築、太陽光と風力、水素エネルギー普及事業を韓中日3国政府、企業間の協力の下で進めることも有益だろう。北朝鮮が核兵器を放棄しておらず、朝鮮労働党中心の政治体制維持に焦点を合わせているため、短期的に経済開放を選択する可能性は高くなさそうだ。しかし、いつになっても北朝鮮が経済開放を選択することになれば、北朝鮮の社会間接資本と産業基盤構築のために韓中日3国が協力し、3国の企業と青年たちが北朝鮮市場に進出して活動できるようにしなければならないだろう。これと共に、韓国、中国、日本の中央政府と主要経済団体が毎年定期的に会って、3国間の経済協力の需要を議論し、実質的な経済協力案を樹立・推進することになれば、安重根が提案した韓中日3国中心の共同銀行の設立の必要性も共感するようになり、北東アジア開発銀行の設立と運営に合意できる契機も用意できる。

韓国と中国、日本間の経済協力の拡大と深化の障害物として作用している第2次世界大戦期間の歴史問題は、3国の教育部、歴史教育専門家たちの共同の歴史教育に対する協議を通じて、3国の子供と青少年たちが小学校、中学校、高等学校歴史教育で戦争が惨状を感じ、平和の重要性を悟る歴史教育を施行できる方案を導き出して施行することによって解決しなければならない。韓国、中国、日本の教育部が3国の歴史教育専門家が執筆し、3国の小学校、中学校、高校で使用する近代史、現代史教科書の見解の違いを研究し、3国間の接点を見出す共同研究を進めることで、3国の小学校・中学校・高等学校で一緒に使える近代史教科書の編纂と出版・教育を推進することも必要だ。3国の後続世代が共通の近代史、現代史教育を通じて戦争を予防し、平和のための経済協力の必要性を共有してこそ、安重根が提案した韓中日経済協力構想での金融協力を実施するのに困難を減らすことができるだろう。

安重根の韓中日経済協力構想で強調された日本の先導的役割は、韓国、中国の経済発展と両国企業の技術進歩、資本の蓄積によって容易ではなくなった。しかし、日中韓3国が共通して直面している地域人口の減少と高齢化社会への対応においては、日本の中央政府と地方政府の政策と経験が役に立つ。韓中日3国が政府レベルで人口が減少している地域の勤労可能人口流入のための産業政策、海外直接投資流入政策を樹立および実行し、高齢化社会対応のための保健医療協力、産業協力を推進するのに日本の政府と企業のノウハウを共有することも3国の経済協力を持続可能にするのに有用だろう。

上述したような案は、北東アジア域内国家の経済発展と平和共生を追求するのに役立つだろう。

注

1　今から7年余り前の2015年12月11日にデロイトグローバルと米国競争力委員会が共同で発表した「グローバル製造業競争力指数報告書」に出てきたグローバル製造業競争力順位で中国は1位、日本は米国、ドイツに続き4位、韓国は5位を記録した。金テホ（2015）。「韓国製造業の競争力、4年後のインドにも劣る」『韓国経済』、12月12日。

参考文献

金秀泰（2013）「安重根の独立運動と新聞」（『震檀学報』119号、113頁）
金泳鎬a（2004）「安重根の東洋平和論と北東アジア経済共同体論」（安重根義士95周年記念国際学術会議資料集、pp.1–23.）
金泳鎬b（2009）「北欧から見た安重根」（京郷新聞、8月3日）https://www.khan.co.kr/article/200908031755025（検索日：2024.01.07.）
金テシク（2009）「安重根はブロック経済論の提唱者」（「聯合ニュース」、6月18日）https://www.yna.co.kr/view/AKR20090618180800005（検索日：2024.03.12.）
金泰植（2015）「韓国製造業の競争力、4年後のインドにも劣る」（『韓国経済』12月12日）
コ・ミョンソプ（2019）「安重根の東洋平和論」（「ハンギョレ」7月3日）https://www.hani.co.kr/arti/opinion/column/900331.html（検索日：2024.01.07.）
コ・ウンビッ（2020）「日本の有力次期首相の菅氏の一言……"アン・ジュングンは犯罪者"」（『韓国経済』、9月2日）https://www.hankyung.com/article/202009026817（検索日：2024.01.09.）
文字植（2010）「安重根の東洋平和論とアジア金融通貨協力」（『安重根記念研究論集』第4集、25~48頁）

朴明林（2022）「安重根思想の解釈：世界市民、アジア地域統合、そして近代的・共和的永久平和」（『東方学志』第１８９集、pp.259~298.）

朴榮濬（2009）「日露戦争後の東アジア秩序構想：山形有朋の戦後経営論と安重根の東洋平和論の比較」（『韓国政治外交史叢』第30集２号、pp.99~125.）

朴スンチャン（2023）「RCEP発効１周年……３つの活用法」「韓国貿易新聞」、１月13日）https://www.weeklytrade.co.kr/news/view.html?section=1&category=5&item=&no=84992（検索日：2023.01.05.）

チョン・ビョングン（2019）「安重根の『東洋平和論』をなぜ今直したのか― ソウル大学人文学研究院の安在源研究教授へのインタビュー―」（「出版Ｎ」５巻）https://nzine.kpipa.or.kr/sub/inside.php?idx=167&ptype=view（検索日：2023.01.07.）

チョン・ヨンイン（2022）「昨年の世界特許出願件数、３年ぶりに過去最高を更新……韓国は４位」（「イートゥデイ」11月22日）https://www.etoday.co.kr/news/view/2195092（検索日：2024.01.09.）

李敏厚（2023）「日本に追いついたって?「夢から覚めろ」……韓国のＧＤＰ、それでも追い越せなかった」（SBS BIZ, 12月25）https://biz.sbs.co.kr/article/20000149983（検索日：2024.01.07）

李在鳳（2011）「20世紀の東洋平和論と21世紀の東アジア共同体論」（『平和学研究』第12巻第１号、５－24頁）

李チョルホ（2012）「日本の東アジア共同体論と中国：構想と現実」（『日本批評』６号、９８－１２３頁）

李泰鎮（2023）「知識人安重根、韓日中平和共存思想が芽生えた」（「中央SUNDAY」、10月21日）https://www.joongang.co.kr/article/25201085#home（検索日：2024.01.08.）

ウ・フンシク（2023）「米国、国際特許４年連続世界２位……７万15件出願中国１位」（「LA中央日報」３月３日）https://news.koreadaily.com/2023/03/02/society/generalsociety/20230302210722654.html（検索日：2024.01.03.）

柳永烈（2022）「安重根の独立運動と彼の位相」（『韓国民族運動史研究』１１３号、33－71頁）

尹慶老（2010）「安重根義挙の背景と『東洋平和論』の現代史的意義―東アジアの平和と未来を展望し―」（『韓国

独立運動史研究』第36集、１３７－１７６頁）
尹炳錫（2009）「安重根の『同義斷指会』の補遺」（『韓国独立運動史研究』32号、87－１１１頁）
聯合ニュース（2022）〝RCEPの受恵品目は日本プラスチック・中国医療機器・アセアン文化コンテンツ〟（韓国貿易協会、１月28日）https://www.kita.net/board/totalTradeNews/totalTradeNewsDetail.do;JSESSIONID_KITA=4B4803D5F3B8FB9CEC338ECC2BCC9CE4.Hyper?no=66920&siteId=1（検索日：2024.01.09.）
チョ・スンウ（2007）「平和のための安重根義士の叫び：安重根の東洋平和論の考察及び現代的再解釈」（「安重根平和新聞」5月8日）
趙殷祥（2016）「北東アジアにおける人材養成：安重根の東洋平和論を中心に」（『平和学研究』第17巻 第３号、７－23頁）
趙廷元（2020）「中国の一対一路とカザフスタンのヌルリゾールの連携：産業協力を中心に」（『スラブ学報』第35巻 4号、２８１－３０６頁）
蔡大錫、金美貞（2012）「深層貿易協定を通じて見た安重根の東洋平和論の照明」（『貿易学会誌』第37巻 第１号、２２９－２５５頁）
チェ・ウク（2012）「韓中日ＦＴＡの信頼構築が優先」（対外経済政策研究院、１月２日）https://www.kiep.go.kr/board.es?mid=a10504010000&bid=0026&act=view&list_no=2618&tag=&nPage=56（検索日：2024.01.05.）
崔鐘吉（2016）「東洋平和論と朝鮮人の認識―安重根の国際情勢認識を中心に―」（『士林』55号、１０９－１３８頁）
VOAニュース（2023）「日本の昨年ＧＤＰ、米中に次いで世界第３位」（ＶＯＡ、12月25日）https://www.voakorea.com/a/7412107.html（検索日：2024.01.07.）
Kim, K. I.（2013）〝East Asian Intellectuals and the Historical Context of Asianism.〟*Concepts and Contexts in East Asia*, 2, 5-36.

（翻訳：柳生真）

第3章　安重根の遺墨からみる儒教思想と平和精神

金賢珠《キム・ヒョンジュ》

1　はじめに

安重根の遺墨は、大韓帝国の独立運動家である安重根義士が１９１０年2月14日に死刑宣告を受けてから１９１０年3月26日に死刑が執行されるまでの40日間、旅順監獄で書いた57点余りの墨書をいう。遺墨は当時の検察官や看守など多くの人に書いて渡されたため、現在は国内外の各所に分散して保管されている。

安重根は満州ハルビンにおいて、大韓帝国侵略の元凶であった伊藤博文を射殺した罪で裁判を受けている間、多くの書を残した。そのような環境において書かれたその書の内容は、日本人を受け入れ、互いの疎通に感謝し報いる仁愛精神を示しており、安重根義士の平和思想を含んでいた。[1] それはつまり、安重根の真の意図が平和と和合であったという点を示している。

ところで、遺墨のほとんどは『論語』『孟子』『中庸』『大学』などの儒家経典の文章であった。これは、安重根が幼い頃に伝統的な漢学教育を受けていたことにもよる。また、安重根の自叙伝によると、安重根は幼い頃『千字文』『万国歴史』『資治通鑑』『朝鮮歴史』なども学んだ（安重根、2016.11）。しかし、その中でも安重根の思想形成に最も大きな影響を及ぼしたのは、儒家思想の平和精神であったといえる。

その点に注目した書籍としては、1984年に中野泰雄が執筆した『日韓関係の原像』（亜紀書房、1991）を翻訳した『東洋平和の使徒安重根』（梁億寛訳、1995）や、『安重根と東洋平和論』（安重根義士記念事業会、2010）、『永遠に燃え上がる炎：安重根のハルビン義挙と東洋平和論』（李泰鎮、2010）、『平和主義者安重根義士』（張憙煥、2019）などがある。論文としては「安重根義士の東洋平和思想研究」（李炫熙、2001）、「東アジアの脈絡から見た安重根と東洋平和論：開かれた民族主義と普遍主義への地平」（金炅一、2009）、「安重根の韓中日認識─東洋平和論の背景」（玄光浩、2010）、「安重根と日本人─東洋平和の実現のために」（牧野英二、2010）、「安重根の平和主義の基礎：カント永久平和論との比較観点」（呉永達、2016）などいくつかみられる。このように安重根の平和思想をテーマにした論文は比較的多い。しかし、安重根の思想の儒教的側面に注目した研究は「忠孝思想と平和思想：安重根と義理思想」（裵泳基、2009）、「安重根遺墨に込められた中国文化形状研究」（南春愛、2012）などで、その数は比較的少なく、安重根の思想を彼の遺墨と関連づけて扱ったものはさらに稀である。

したがって、本稿はこれまであまり扱われてこなかった、安重根の遺墨を中心に安重根の思想を考察するものである。特に安重根の思想を彼の儒家思想と平和思想を中心に考察し、安重根の遺墨との関連性を明らかにしたい。

2　安重根の遺墨の儒家思想

安重根が残した文の出典元は『論語』『中庸』『孟子』『史記』『資治通鑑』など多様だが、その中でも最も多く引用されたのは『論語』をはじめとする儒家経典である。その内容を概略すると、大きく二つに要約できる。ひとつは儒家倫理と道徳的人間像を示すもの、次に国家の危機に立ち向かう「大丈夫精神」を示すものである。

①儒教の倫理と道徳的人間像

安重根が残した多くの書は、君子になるための様々な徳目をあまねく示している。君子とは、儒家における徳目を備えている、模範的な人間を表す言葉である。儒教の徳目はすなわち君子を養成するためのものであり、そのような道徳的人格を持っている人が政治を行ってこそ、良い政治を実現できるという考えが示されている。安重根の遺墨から推測できる君子の徳目は、個人的次元における徳目と社会的次元における徳目に大別できる。安重根が重要視した個人的次元での徳目としては、誠実・信義・慎独・謙遜・正義・忍耐などがある。そして社会的次元での徳目としては協力と疎通、人材教育、人材活用（用人）、大局的思考などである。まず、個人的次元において見るべきものとしては、次の遺墨がある。

貧而無諂、富而無驕（蘆花記念館　所蔵）

この言葉は貧しくても諂うこと無く、裕福だからといって驕らないという意味である。この遺墨は謙遜を強調したものだ。これは日本の文明開化期の代表的作家として知られている徳冨健次郎（別称：徳冨蘆花）が、1913年、旅順などを旅行した際に、旅順小学校の教師であった菱田正基から譲り受けたものである。[2] これは、『論語・学而』に出てくる一節で、孔子とその弟子である子貢の対話から引用した言葉である。[3] 孔子は「貧しくても諂《へつら》うこと無く、裕福だからといって驕らないこと（貧而無諂、富而無驕）」を称賛したが、それよりも「貧しくして楽しみ、富みて礼を好むこと（貧而楽、富而好礼）」をより高く評価した。これを聞いた子貢は『詩三百』で君子の美徳を語った部分を思い浮かべた。彼は孔子が高く評価した「貧しくして楽しみ、富みて礼を好むこと」が「切磋琢磨（如切如磋、如琢如磨）」を意味する言葉だということを悟った。修身の境地という観点で見れば、「貧しくても諂うこと無く、裕福だからといって驕らないこと」より「貧しくして楽しみ、富みて礼を好むこと」が、君子が目標にしなければならない、より高い境地なのである。安重根がこの言葉を誰に宛てて書いたのかは定かではないが、これを受け取った人が、君子としての初歩的段階の境地までても達成することを願う気持ちで書いたものであると推測できる。しかし、安重根自身はより高い境地の君子になることを目標にしたということが、次の遺墨から確認できる。

一日不讀書、口中生荊棘（東国大学校博物館　所蔵）

国宝第569号の2号に指定されたこの遺墨は、旅順監獄に勤めていた折田督が受け取ったものである。この言葉は、一日でも書を読まなければ口の中に刺が生じるという意味であり、これは『論語・学而』の意味を示している。孔子は「学び、それを習い深めるのはなんと楽しいことか。（学問を志す）友が遠方からやってくることは、なんと楽しいことか。世の人が認めてくれなかったとしても、怒りを覚えないならば、これも君子といえるのではないか」[4]と述べた。孔子が示す「楽」は「貧しくして楽しみ、富みて礼を好むこと（貧而楽、富而好礼）」という部分でも、そして「友が遠方からやってくることは、なんと楽しいことか（有朋方來、不亦楽乎）」という部分でも、学問の楽しさを意味する。貧しくても学問をあきらめず、ひたすら学ぼうとする姿勢、そして自分が学んだことを同僚や友人と話しながら、より深い学びを目指そうとする姿勢こそ、正しい学問の姿勢と言えるからである。このような姿勢と精神を自身の基盤としていた安重根は、毎日読書をすることが正しい姿であると考えた。

そしてこのような姿勢を土台として、安重根は「慎独」の精神を強調した。それは以下の遺墨に明確に示されている。

戒愼乎、其所不睹（龍谷大学　所蔵）

この言葉は「(誰も)見ていないところでも戒めて、身を慎め」という意味である。これは「それゆえ、君子は(誰も)見ていないとしても警戒し気をつけ、聞こえないとしても恐れをもつこと」[5]という『中庸』の文から引用したものである。他人が見ようが見まいが、常に自戒して気をつける態度を「慎独」という。慎独は、儒家における個人の修養での最高の境地を意味する。したがって、清代末期の政治家であり学者だった曾国藩は「自らを修養するにおいて、心を修養することより難しいことはなく、心の修養の難しさ、これもまた慎独にある」[6]と述べた。これと同様に、独りでいる時も気をつけなければならない徳目として安重根が言及したものが他にもある。それは誠実と信義だ。

言忠信、篤敬、蠻邦可行（安重根義士崇慕会　所蔵）

この遺墨の一節は、言葉が誠実で信義があり、行いが深く、気をつければ、野蛮な国でも正しく実践できるという意味だ。この遺墨は、旅順監獄に勤めていた日本人看守が保管し、彼の孫である八木正澄（太平洋産業株式会社社会長）が2002年10月、安重根義士崇慕会に寄贈したものだ。「言葉は忠実に信頼に値するようにし、行動は篤実で慎重に行わなければならない。（言忠信、行篤敬）」この言葉は『論語・衛霊公』に出てくるものだ。これをもって孔子は、弟子である子張にどのように行動するのが正しいのかを伝えようとした。すなわち、君子になるために何を修養しなければならないのかについて述べたものである。君子が追求すべき楽しみを表現したもう一つの遺墨としては、次の遺墨がある。

喫蔬飲水、樂在其中（個人蔵）

この一節は、蔬菜を食べて水を飲んでも、楽しみがそこにあるという意味だ。これは『論語・述而』からの言葉だ。孔子は「粗末なご飯を食べ、水を飲み、腕を枕にして寝たとしても、楽しみがまたその中にある。不義を行い裕福で貴い身になったとしても、それは私にとって浮雲のようなものである」（飯蔬食飲水、曲肱而枕之、楽亦在其中矣。不義而富且貴、於我如浮雲）と述べた。経済的な富と社会的身分は誰もが追求するところだが、君子はそのような私的な欲求を満たすために努力するよりは、公的な欲求を実現するために努力しなければならない。そのため孔子は「義」と共に、義があらわれる形式である「礼」について述べ、その形式だけに重きを置くべきではないと警告しつつ、廉恥について述べた。このように孔子は「君子は根本を大切にする。根本が固まれば道が生まれる。孝・悌・忠・信・禮・義・廉・恥。この8つの徳が根本である」（君子務本、本立而道生。孝悌忠信、禮義廉恥、此八徳也。――『論語・学而』）と述べた。

恥惡衣惡食者、不足與議（国家遺産ポータル）

君子にはこのような根本的な徳の修養が重要なのであって、外的な財産と身分は重要ではないということである。この遺墨は宝物第569-4号に指定された遺物で、青瓦台が所蔵していたが、現在は散逸している「恥惡衣惡食者、不足與議」もそのような脈絡で理解できる。これは粗衣粗食を恥じるような人とは論じ難いという意味である。これは、『論語・里仁』の「士が道を志す時、粗衣粗食を恥じるならば、共に議論するには不足である」（士志於道、而恥惡衣惡食者、未足與議也）という言葉からとったものである。「粗衣粗食」は貧乏と貧困を象徴する。それは君子になるためには貧しくなければならないという意味ではなく、君子は富と身分を気にしてはならないという意味である。また孔子は、裕福であったり身分が高くても贅沢をせず、質素で謙虚でなければならないと強調する。しかし、誰でも貧しく卑しい生活に長く耐えることは容易ではない。それに耐えられる者は、儒家における核心の徳目の一つである「仁」を備えた者であろう。「仁」を含むもう一つの遺墨は、次の遺墨である。

不仁者、不可以久處約（龍谷大学　所蔵）

この一節は『論語・里仁』から引用されたものだ。孔子が最も強調した徳目である「仁」の修養がなぜ重要なのか、この部分を通じて知ることができる。孔子は仁を「人を愛すること」（愛人――『論語・顔淵』）と説明した。自分の事しか考えない人は、自分の貧しさと苦境を長い間我慢できない。そうなれば私的な利益を追求するようになり、結局は公的な正義を見過ごすことになると孔子が警告したのである。安重根のこの遺墨はまさに、彼が公的な正義を実現するために、私的な欲求を自制して努力してきたということを表している。彼のこのような意志を間接的に表現した遺墨は、次の遺墨ではないかと思う。

歳寒然後知松栢之不彫（安重根義士崇慕会　所蔵）

この言葉は『論語・子罕』の「寒い季節を迎えてようやく、松と朝鮮五葉松が後になって枯れるということを知る」（歳寒、然後知松柏之後凋也）という文章から引用されたものである。松と朝鮮五葉松は意志が堅固な人を象徴する。公的な正義を実現しようと決心し、それを持続的に実践することは決して容易なことではない。惑わされ、心配され、恐ろしいことも起こるだろうが、孔子は「知恵ある人は迷わず、情深い人は心配せず、勇敢な人は恐れない」（知者不惑、仁者不憂、勇者不懼。――『論語・子罕』）と、知・仁・勇の徳目を修養すべきことを教えた。

また、社会的次元で修養しなければならない徳目として安重根が提示した項目の一つは協力と疎通である。それをよく表している遺墨の一つが次の遺墨である。

孤莫孤於自恃（個人蔵）

この言葉は「自分だけ賢いことより寂しいことはない」という意味である。これは黄石公の「素書」に出てくる一節を引用したものだが、『呂氏春秋』にも似たような句がある。

「士が一人で自分が正しいと思い込み、君主が熱心に取り組みながらも、それが自身のためであるならば、必ず名誉も失い、社稷も危うくなるだろう」。（士有孤而自恃、人主奮而好獨者、則名號必廢熄、社稷必危殆。――『呂氏春秋・本味』）

これは司馬遷の『史記』や、司馬光の『資治通鑑』に出てくる故事からも読み取れる。『史記』には、斉の宰相である管仲と君主である桓公が、互いに信じ合い協力し大業を成し遂げた話が記録されており、『資治通鑑』には君主が臣下の忠言を聞かず、国が危うくなった逸話が紹介されている。これを通じて、一つの社会、一つの国が正しい道に進むためには、一人の力だけでは足りないという教訓を得ることができる。安重根は「孤莫孤於自恃」という遺墨でその教訓を私たちに諭している。社会的コミュニケーションと協力を通じて共通の目的を達成するためには、それを実現できる人材が必要である。したがって、社会的次元で安重根が重視したのは人材教育であった。

博學於文、約之以禮（安重根義士崇慕会　所蔵）

これは「文を広く学び、礼をもって慎む」という意味で、『論語・雍也』から引用したものである。「文を広く学び」ということは、学問的に自分より優れた誰かから学ぶことを意味する。すなわち、学習を通じて自分の考えや学問をさらに発展させるべきことを述べたものである。そして「礼をもって節制する」という学問的修養に対する社会的拘束を意味する。これは個人的次元でなされた学問的修養（文）を、社会的次元（礼）に質的に昇華させなければならないということを意味する。これと似たような脈絡で、教育について説いたものが次の遺墨である。

黄金百萬兩、不如一教子（韓国国立民族博物館　所蔵）

この言葉は、黄金百万両も、一人をうまく教えるには如かずという意味である。この句は『明心宝鑑』から引用したものであるが、また『漢書』の引用でもある。すなわち「黄金が溢れるほどあったとしても、子に一行の経書を教えるには及ばない。子供に千両を与えても、一つの技術を教えることには及ばない」（黄金滿盈、不如教子一經、賜子千金、不如教子一藝）という内容である。これは人材養成の重要性を説く文章である。人材教育が行われたのであれば、次は人材の活用である。人材教育は社会的次元での主張である。それについての安重根の考えは、次の遺墨に表されている。

庸工難用連抱奇材（国立中央博物館 所蔵）

これは「下手な大工は、良い材木があってもまともに扱えない」という意味である。この句は『資治通鑑』から引用したものである。[7] 公的な目的を達成するためには、それに見合った能力を持つ人材の養成が必要であり、そのような人材が育ったなら、それを適材適所に配置しなければならない。また、能力だけを備えているからといって、立派な人材とは言えない。さらに巨視的かつ大局的な目で公的任務を遂行しなければならない。したがって安重根は次のような遺墨を残した。

人無遠慮、難成大業（崇実大学校博物館 所蔵）

これは「人は遠く慮らなければ、大業を成すのは難しい」という意味で、『論語・衛霊公』の「人は遠く慮らなければ、必ず近いところで心配事が出てくる」という一節から引用したものである。人材教育とその活用は社会的な大義のために為されなければならない。それを安重根は「大業」という言葉で表現した。安重根にとっての大業は、まずは韓国の国権回復であっただろうが、究極的な目的は東洋の平和である。「近いところの心配」と「遠くを考慮」とは、すなわちその二つを意味する。このような抱負を持った人を、安重根は「大丈夫」という言葉で表現した。

②国家の危機と大丈夫精神

丈夫雖死、心如鐵（国立民族博物館　所蔵）

この遺墨の表現は、明代の王紱の「送永嘉趙惟善之北京司倉」という詩に出てくる言葉を引用したものである。「丈夫の心は鉄のよう強固でなければならないが、江南の梅の花は君主のために折れる」（丈夫要使心如鐵、江南梅花爲君折）という一節である。しかし、その意味は孟子の大丈夫精神を反映したものである。孟子は次のように述べた。

天下の広居に居り、天下の正しい場所に立ち、天下の大道を行う。志を得れば民と共に実践し、志を得られなければ一人でその道を実践する。富貴をもってしても惑わすことができず、貧賤の苦しみにあってでも変えることができず、権威をもってしても屈服させることができない。これを「大丈夫」という。[8]（『孟子・滕文公下』）

「大丈夫」は「儒家的人間像である大人の意味に、実践的な推進力を加え持った現実的な人間像」をいう。（尹大植（2016））すなわち、儒家の道を実践する人をいう。大丈夫になるための3つの徳目は「天下の広居」すなわち「仁」、「天下の正しい場所」すなわち「礼」、そして「天下の大道」すなわち「義」である。これはまさに個人的利益だけを考えるのではなく、天下の利益、すなわち公的利益を考慮する姿勢を意味する。

國家安危、勞心焦思（安重根義士崇慕会　所蔵）[9]

これは国家の安危に心を労して思い焦がれるという意味で、司馬遷の『史記』から引用した一節である。『史記・夏本紀』には次のようなくだりがある。「禹は父親である鯀の功がなされずに殺されたことを悲しみ、心を労して、13年もの間家外に留まり家の前を通り過ぎながらも家に入ることができなかった」。[10]

爲國獻身、軍人本分（ソウル歴史博物館　所蔵）[11]

これは、国のために身を捧げることが軍人の本分であるという意味である。これも大丈夫の務めを示すものである。しかしこれは軍人なら、または国を愛する人なら、無条件に国が望む役割を実践しろという意味ではない。「真に」社会・国家・世界を愛する人ならば、仁・義・礼・智といった価値観を実現することを目標にしなければならない。それが君子であり、大丈夫なのだ。したがって、安重根は死刑を言い渡された時、次のように述べた。

「私は確かに大罪人だ。私の罪は他のものではない。私の仁が足りないのは韓国国民になった罪である」。（中野（1984）76）

このような精神は、次の遺墨にもみられる。

志士仁人、殺身成仁（安重根義士崇慕会　所蔵）[12]

これは、志を持つ士と情が深い人は、身を殺して仁を成すという意味である。この文句は『論語』

衛霊公編の「志をもつ士と情が深い人は、生を求めて仁を害することがなく、身を殺して仁を成す」（志士仁人、無求生以害仁、有殺身以成仁）という一節から引用したものである。「志をもつ士」は大丈夫を指す。孟子の大丈夫は天下の大道を行う人だ。つまり、個人的な利益ではなく、天下の利益のために働く人だ。天下の利益のための最も重要な価値観がまさに「仁」なのである。安重根は天下の利益、すなわち平和のために命を捧げようとしたことが分かる。それは次の遺墨からも読み取ることができる。

見利思義、見危授命（東亜大学博物館　所蔵）

これは利益を見ては義を考え、危険を見れば命を捧げるという意味である。この一節は『論語・憲問』から引用したものである。孔子は「利を見ては義を考え、危うきを見ては命を捧げ、昔交わした古い約束をも忘れないようにするならば、これもまた完成した人物になることができる」[13]と述べた。これは大丈夫の精神を守るためには忍耐と勇気が必要だということだ。

3　安重根の遺墨の平和精神

安重根は東洋の平和が実現されなかったことを惜しんだ。

東洋大勢思杳玄、有志男児豈安眠、和局未成猶慷慨、政略不改眞可憐（崇実大学校博物館　所蔵）

この句は「東洋の大勢が暗鬱に満ちたものだと考えると、志のある男がどうして安らかに眠ることができようか。平和の政局が依然として成し遂げられないことが嘆かわしく、政策にも変化が見られないことを実に不憫に思う」という意味である。安重根は東洋の平和が脅かされる状況を憂い、東洋の平和のために努力することが大丈夫の任務だと考えた。

欲保東洋、先改政略、時過失機、追悔何及（檀国大学校石宙善記念博物館　所蔵）

この一節は「東洋を守るためには、まず（日本の）政略を見直すべきであるが、時期が過ぎ機会を逃せば、後悔しても無駄である」という意味だ。安重根は日本の侵略政策を批判し、それが東洋の平和を脅かすと考えた。そして、そのような政策が一日も早く見直されることを願った。これは単に大韓帝国の独立のためだけのものではなかった。

百忍堂中有泰和（個人蔵）

この言葉は「沢山忍耐することで、大きな平和が訪れる」という意味である。これは『資治通鑑』に出てくる逸話から由来した言葉であるが、ここにある百忍堂とは、唐の時代の張公藝という人の仲睦まじい家庭を示すものだ。張公藝の家は9世代が同居しながらもいつも仲睦まじく和やかであったが、その秘訣が忍耐すること（忍）だった。これは忍耐の重要性を説くものであると同時に、その結果成される平和を目指すものでもある。孔子は「礼を用いる時、調和を重視する。先王の道の美しさはそこにある」（禮之用、和爲貴、先王之道、斯爲美――『論語・学而』）と述べて平和（和）を重視した。その平和を成し遂げるために孔子は忍耐を示したのである。「小さいことも忍耐できないのであれば、大きな計画を台無しにする」（『論語・衛霊公』）と考えたからである。

また、「百忍堂中有泰和」は「一勤天下、無難事」という一節と対句を成す。後者の意味は、頑張れば、天下に難しいことはないという意味だ。一つの家庭においても個人的な欲求の充足のみを重視するなら、欲求間の衝突は避けられず平和は成し遂げられない。これは社会・国家・地域・世界のすべてに適用できる。

このような脈絡で安重根は「人心結合論」を主張したのである。

「同胞たちよ、皆『不和』の二文字を破り、『結合』の二文字を固く守り子供たちを教育し、青年となった者達は、心を決し速やかに韓国の国権を回復させ、太極旗を高く掲げ、家族と共に独立館に集い、心を一つにして全世界に響き渡るように独立万歳を叫ぶことを誓おう」。（安重根（2015）20）

安重根は、東アジア地域の平和は、一個人、一つの社会、一つの地域、一つの国家のみが忍耐したからといって実現するわけではないと考えた。東アジア全ての人々の心が、平和という一つの目標を成し遂げようとしなければならない。そして安重根をはじめ、当時の知識人たちは東アジアの三国が経済協力を通じて共同繁栄を実現できると考えた。（玄光浩（2023））

具体的に安重根が東洋平和のために提案したことは5つに要約できる（国家報勲処、1996, 54-57）。第一に、日本が支配していた旅順を中立地域とし、日中韓三国が共同で管理する軍港にし、そこに三国の代表を派遣して東洋平和会議を組織する。第二に、三国が共同で銀行を設立し共同の貨幣を発行する。第三に、三か国の青年で構成された軍隊を作り、その青年たちが二か国以上の言語を学ぶようにする。第四に、日本の指導を受けて韓中両国の商工業を発展させる。第五に、三国の代表がローマ法王庁を訪問し、協力を誓う。

これは三国における「政治・経済・軍事・外交的に国家連合に近い共同体」（李在峰（2011））を提案したものである。これは伊藤が言及した東洋平和（金正明（1964）15）とは違う。伊藤が言及したのは、東洋平和のためというよりは、日本の自衛が事実上の目的であったからである。伊藤の東洋平和論とは、韓半島においてロシアと清の勢力による影響力が薄れ、日本が強みを持つ状態を意味する。（申雲龍（2005））ところで、伊藤の東洋平和論は「極東平和論」と呼ばれるが[14]、それは韓半島における日本の植民地支配の成功を満州に拡張して適用するためのものであった。そのような点からみても、日本が示す東洋平和と安重根の東洋平和は明確に区別しなければならない。

4 結論

安重根はテロリストなのか、平和主義者なのか。度々人々は安重根についてこのような質問をする。しかし、その質問よりも、今日の平和の問題と関連して考えるならば、私たちは彼が民族主義者なのか、世界主義者なのかを問わなければならないだろう。なぜならば、今まさに世界で民族主義と世界主義が衝突し、対立しているからである。安重根の東洋平和論が今日関心を集めているのも、対立よりは和解と共生のためである。

安重根は、伊藤博文暗殺後の殺害動機を問う検事に、15の理由を説明した。その中の一つが「東洋平和を破壊した罪」（安重根（2016）93）である。安重根は尋問を受ける過程で「私は韓国のため、ひいては世界のために伊藤を殺したのであって、名誉のために行ったのではない」（李起雄（2000）85）と反論した。彼はこのように裁判過程において、一貫して韓国の独立と東洋の平和のために暗殺を試みたと主張した。これらの主張により、安重根を尋問した溝渕検察官も安重根を単なる暗殺犯ではなく「東洋の義士」と称したのである（安重根（2016）93）。

このようなことから、安重根の思想を金炅一は「開かれた民族主義」と表現した（金炅一（2009））。尹慶老も、安重根が「基本的に平和主義者」（尹慶老（2010））であるとし、姜東局は、安重根の東洋平和論が民族主義と地域主義の結合によって帝国主義に対抗したという見解（姜東局（2009）412）を示した。安重根が伊藤博文を暗殺した動機として提示された15の理由を見ると、彼の思想には民族主義と地域主義が混在している。そして、その根底には人権を土台にした平和思想が据えられてる。

しかし、安重根の思想には世界主義的な一面もある。安重根は東洋平和を達成するために日本が世界各国の信用を得て、平和を定着させるために努力しなければならず、世界の支持を得なければならないと提案した（国家報勲処（1996）55）。安重根の平和論における世界主義的な一面については、何よりも彼の儒教思想的背景にその原因を求めることができる。儒家思想において、完成しようとする道徳的人間像は、私的な利益（私）だけでなく公的な利益（公）を追求する人材であり、その土台には「仁」思想がある。彼が書き遺した「貧而無添、富而無驕」「一日不讀書、口中生荊棘」「戒愼乎、其所不睹」「言忠信、行篤敬、蠻邦可行」「喫蔬飮水、樂在其中」「不仁者、不可以久處約」「歳寒然後知松栢之不彫」「孤莫孤於自恃」「博学於文、約之以礼」などは個人的次元での道徳的修養を奨励する句だが、すべては「仁」思想に基づいている。それはまた「黄金百萬兩、不如一敎子」「庸工難用、連抱奇材」「人無遠慮、難成大業」など、社会的次元での人材教育、原始的思考などと関連しているという点からも分かる。それは個人のみならず、隣人・社会・国家そしてさらに世界を「公」と認識したものである。『大学』の八条目である「格物・致知・誠意・正心・修身・斉家・治国・平天下」は個人的修養から始まり、社会的次元、ひいては世界的次元への道徳の完成に至るという儒家の「仁」思想を示しているが、そのような思想・認識の発展過程を如実に見せたのが安重根の遺墨だったと見ることができる。

そしてそのような思想的・理論的認識を実践する人材が「大丈夫」である。「見利思、見危授命」の心構えを持つ安重根の「大丈夫」は、孟子「大丈夫」の延長線であると同時に、現代的な転換線でもある。それは「国家安危、勞心焦思」「爲国獻身、軍人本分」などの遺墨に見られる国家の一員として議論されているからである。しかし、それにとどまらず、東洋の平和を追求すべき存在として認識されている。安重根の東洋平和論は当時、彼が置かれた状況下において「東洋」の平和を語ったものだが、その志向は結局、世界をも考慮したものに他ならない。

注

1 https://www.heritage.go.kr/heri/cul/culSelectDetail.do?culPageNo=3&region=&searchCondition=&searchCondition2=&ccbaKdcd=12&ccbaAsno=05692800&ccbaCtcd=31&ccbaCpno=1123105692800&ccbaCndt=&s_kdcd=&s_ctcd=&ccbaCncl=1&stCcbaAsdt=&endCcbaAsdt=&header=view&returnUrl=%2Fheri%2Fcul%2FculSelectDivList.do&pageNo=1_1_2_0&p=multiSch&ccbaGcode=MH&ccbaBcode=03&ccbaMcode=01&sortType=&sortOrd=&sngl=Y（検索日時：2023.12.21.）

2 「安重根義士揮毫　日本で発見」（中央日報、２００３年３月25日 https://www.joongang.co.kr/amparticle/142064 検索日：２０２３年12月27日）

3 子貢曰 貧而無諂、富而無驕、何如？
子曰 可也、未若貧而樂、富而好禮者也。
子貢曰 詩云、如切如磋、如琢如磨、其斯之謂與？
子曰 賜也始可與言詩已矣、告諸往而知來者。（『論語・学而』）

4 學而時習之、不亦說乎？　有朋自遠方來、不亦樂乎？　人不知而不慍、不亦君子乎？（『論語・学而』）

5 是故、君子戒慎乎其所不睹、恐懼乎其所不聞。（『中庸』）

6 自修之道、莫難於養心。養心之難、又在慎獨。（『誡子書』）

7 子思曰 苟變為官、苟能以其材用其職、則能用連抱之材矣。苟不能以其材用其職、則不能用連抱之材矣。(『資治通鑑』)

8 居天下之廣居、立天下之正位、行天下之大道。得志與民由之、不得志獨行其道。富貴不能淫、貧賤不能移、威武不能屈。此之謂大丈夫。(『孟子・滕文公下』)

9 １９１０年３月、獄中で書いた行書で、自分を取り調べた旅順検察庁検察官安岡清四郎に与えた書である。安岡が娘に譲り、その後１９７６年に安重根義士崇慕会に寄贈された。

10 禹傷先人父鯀功之不成受誅、乃勞心焦思、居外十三年、過家門不敢入。(『史記・夏本紀』)

11 安重根が裁判を受けに通っていた時警護していた、日本の憲兵千葉十七看守に与えた書である。千葉の夫人と姪が保管していたが、１９８０年に安重根義士崇慕会に寄贈された。斎藤泰彦・著『わが心の安重根』によると、この書は、千葉に「生命の不可思議」について語りながら、生命を与えて下さった親を大切にしてくれというお願いとともに書き与えたものという。(斎藤泰彦、2002、173)

12 安重根の公判を見守っていた日本人記者の小松元吾に書き与えたもので、彼の子孫が保管していたが、２０１６年に安重根義士崇慕会に寄贈された。

13 見利思義、見危授命、久要不忘平生之言、亦可以爲成人矣。(『論語・憲問』)

14 「極東平和論」、『満州日日新聞』(１９０９年11月４日)

参考文献

『論語』、『孟子』、『中庸』、『誡子書』、『史記』、『呂氏春秋』、『資治通鑑』、『漢書』

姜東局(2009)「東アジアの観点から見た安重根の東洋平和論」、『安重根とその時代—安重根義挙１００周年記念研究論文集1』(坡州:景仁文化社)

国家報勲処・光復会(1996)『21世紀と東洋平和論』(ソウル:国家報勲処)

金炅一（2009）「東アジアの脈絡からみた安重根と東洋平和論：開かれた民族主義と普遍主義への地平」（『韓国学』通巻117号）
金正明編（1964）「伊藤特派大使禦親翰奉呈始末」（『日韓外交資料集成』6上、東京：巖南堂書店）
中野泰雄（1995）梁億寛訳『東洋平和の使徒安重根』（ソウル：ハソ）（原著：中野泰雄『日韓関係の原像』、東京：亜紀書房、1984）
南春愛（2012）「安重根遺墨に込められた中国文化形状研究」（『韓国文学理論と批評』第55輯）
牧野英二（2010）「安重根と日本人―東洋平和の実現のために」（『アジア文化研究』第20輯）
裵泳基（2009）「忠孝思想と平和思想：安重根と義理思想」（『青少年と孝文化』第13輯）
斎藤泰彦（2002）『わが心の安重根』（ソウル：チプサジェ）（原著：斎藤泰彦『わが心の安重根：千葉十七・合掌の生涯』、東京：五月書房、1994）
中雲龍（2005）「安重根の『東洋平和論』と伊藤博文の『極東平和論』」（『歴史文化研究』第23輯）
安重根（2015）『東洋平和論（他）』（坡州：汎友社）
安重根（2016）『安応七歴史』（ソウル：ペーパームーン）
安重根義士記念事業会（2010）『安重根と東洋平和論』（ソウル：チェリュン）
呉永達（2016）「安重根の平和主義の基礎：カント永久平和論との比較観点」（『韓国報勲論叢』第15巻第1号）
尹慶老（2010）「安重根義挙の背景と『東洋平和論』の現代史的意義―東アジアの平和と未来を展望して」（『韓国独立運動史研究』36）
尹大植（2016）「『孟子』の新しい政治的人間としての大丈夫と徳目としての勇」（『グローバル政治研究』vol.9）
李起雄編（2000）『安重根、戦争は終わらなかった』（坡州：悦話堂）
李在峰（2011）「20世紀の東洋平和論と21世紀の東アジア共同体論」（『平和学研究』第12巻1号）
李炫熙（2001）「安重根義士の東洋平和思想研究」（『文明連誌』第2巻第1号）

李泰鎮（2010）『永遠に燃え上がる火花：安重根のハルビン義挙と東洋平和論』（ソウル：知識産業社）
張悳煥（2019）『平和主義者安重根義士』（ソウル：ヘマジメディア）
玄光浩（2003）「安重根の東洋平和論とその性格」（『亜細亜研究』第46巻3号）
玄光浩（2010）「安重根の韓中日認識：東洋平和論の背景」（『韓国学論叢第33巻』）

（翻訳：西口和夏）

第4章　安重根を哲学する

小倉紀蔵

1　歴史への問いと安重根

安重根を考えることは、歴史を考えることだ。

歴史とはなにか、ということについて、「これまでとは異なるしかた」で考えることだ。その作業は、韓国の「これまでの」歴史の認識のしかたを、破壊するかもしれない。つまりきわめて危険な行為であるかもしれない。しかし、その作業はすでに始められてしまったのであり、だれもそれを止めることはもはやできない。

わたしはここで、いくつかの質問を投げかけてみたい。これは2024年2月の龍谷大学でのシンポジウムの際に、最後の総括のことばとしてわたしが参加者に投げかけたことと重複する。このシンポジウムでの韓国側の発表者の見解は、「安重根を認識すること」の危険性に一歩踏み込んだ、かなり野心的なものが多く含まれていた。わたしはその危険で新鮮な匂いを嗅ぎとり、以下のような質問を思い浮かべたのであった。ここでその「答え」を導き出すことはしないし、できない。ただ、問いを投げかけるだけである。今後、多くのひとびとが果敢に思考していくべきであろう。

2　安重根は韓国人だったのか

まず質問の一つ目は、「安重根は韓国人だったのか」というものだ。

安重根は、歴史的にいうなら、大韓民国の国民であったことは一度もないはずである。大韓民国の建国を1948年と考えるにせよ1919年と考えるにせよ、いずれにしても安重根が大韓民国という国家に所属したことは一度もない。大韓帝国の国民であったことはもちろん事実だ。しかし大韓帝国は大韓民国ではない。安重根は大韓民国の理念を知らなかっただろう。

だからといって、安重根が韓国人でなかったとまではもちろんいえない。そのことは、当然である。元暁や李退渓が大韓民国の国民でなかったからといって、彼らを韓国史や韓国哲学史から排除しなくてはならない理由は微塵もない。

しかしここで述べたいのは、解釈の問題である。

これはすべての思想史・哲学史の記述に共通していえることなのだが、後世（現在）の観点で過去を記述するときに、どうしても後世（現在）の価値を付与しすぎるという傾向がある。

安重根に関していうなら、朝鮮王朝と大韓帝国しか知らなかった彼を、大韓民国の価値に基づいて解釈しすぎることは、歴史に対してなにをもたらすのか。そのことを熟考する必要があると思われる。

同じことは、日本に関してもいえる。日本でも、東洋平和を唱えた人物としての安重根を尊敬するひとは少なくない。このことはすばらしいことといえる。しかし戦後の日本人が「東洋平和」という観念によって安重根を尊崇するとき、その尊崇にはおのずと「戦後日本的平和観」という思想が強く介在している。それは、平和を絶対的な所与とし、平和という概念を武力という物理力から完全に遮断して、「武」については徹底的に否定的な立場をとる日本的リベラルの思想である。これを幻想的平和主義といってよいであろう。具体的にアジアの平和をどのように構築すべきか、という現実的な視座がここには徹底的に欠如している。翻って安重根の東洋平和は、具体的な経済体制の構築までを計画した、きわめて実際的なものだった。「戦後日本的平和観」から安重根のイメージを捏造して解釈することは自由だが、それは実際の安重根とは異なるのである。

3　安重根は英雄だったのか

次に、「安重根は英雄だったのか」という問いを立てて見る。もし英雄だったとしたら、だれにとって、いかなる英雄だったのか。

この問いに対しては、まず、日本の右側のひとたちの考えを韓国のひとたちも知っておく必要があると考える。それは、韓国人が考えるほど荒唐無稽な考えというわけではない。

日本の右派や保守派、あるいは嫌韓派は、「安重根はテロリストあるいは殺人者であって、英雄ではない」と考えるひとが多い。ある程度、正当性のある答えだと思う。テロリストという規定については両論がありうるが、殺人者であることに関しては事実であろうからだ。*注

しかしこの答えは、論理的にいえば間違っているともいえる。「安重根は韓国側からいえば英雄かもしれないが、日本側からいえばテロリストあるいは殺人者であって英雄ではない」ということは可能だろう。しかしそうであるなら、「安重根は韓国側にとっては英雄である」ということを認めているのだから、「安重根はテロリストあるいは殺人者であり、したがって英雄ではない」と断言することはできない。

「テロリストは英雄でない」という論理は成り立たないし、殺人者の場合も同じである。

また別の角度からの「英雄否定論」もある。韓国ではあまり支持するひとがいない説だが、日本では一般的に信じられている説として、次のようなものがある。韓国人は不快に思うかもしれないが、歴史を多角度から見る必要がある。「伊藤博文はもともと、大韓帝国を併合することに積極的ではなかった。むしろ併合推進派にとって伊藤は邪魔な存在であった。したがって、伊藤が除去されることは、併合推進派にとって好都合なことだった。伊藤が生前に併合容認の立場に変わったのは事実だが、しかし彼が殺害されたことが韓国の併合をより容易にしたといえるだろう」。この説は史実に照らして、荒唐無稽なものではない。もともと伊藤は東アジアの政治的状況に対しては積極的な強い関心を持つ政治家ではなかった。山県有朋などが積極的に半島に進出しようとしていたのとは、あきらかに異なる立場をとっていた。しかし１９０５年の第二次日韓協約締結に際しては、韓国国内では伊

藤を邪悪な侵略者として徹底的に糾弾した。その認識の枠組みがそのまま維持されて、結局、併合推進派とは異なる立場の伊藤を間違って認識してしまった。これは事実であると思える。

これらは「英雄否定論」であるが、それとは反対の「英雄肯定論」についてはここで取り上げる必要もないだろう。その論旨は熟知されているからだ。しかし韓国であまり議論されていない「英雄肯定論」には、次のようなものがある。

その一つは、「安重根は韓国側だけでなく日本にとっても英雄である」というものである。安重根の東洋平和論は、その当時の少なからぬ日本人を感動させたし、その後も安重根を慕う日本人は意外に多い。もちろん先に述べたように「戦後日本的平和観」からの安重根賛美には、問題点も多いのは事実である。ただ、韓国のひとびとに知っておいていただきたいのは、安重根は「韓国だけの英雄」ではない、ということである。日本国内にも多様な考えがあるという認識が重要なのであり、「日本」「日本人」という一枚岩の「悪なる実体」を作り上げてそれらすべてを否定する「反日」という態度は、その多様性を否定してしまうことになる。

4　道徳的な人間が正しい歴史をつくるのか

そのほか、シンポジウムの際にわたしは、「道徳的な人間が正しい歴史をつくるのか」という問いを発した。

安重根を道徳的な人間として表象したいという国民的欲望が、韓国には強くある。なぜならそこには、「正しい歴史をつくるのは道徳的に正しい人間」という強い信念体系があるからである。多くの韓国人にとっては自明のことと認識されているこの命題は、しかし、危険な思想といってよい。

歴史を、その主体に対しても事実に対しても道徳的な価値によって評価してしまうことは、儒教的な世界観である。儒教の「春秋の筆法」に由来するこの「毀誉褒貶の歴史認識」こそ、東アジアにおいては一般的な視座といえる。

しかしこれはやはり、歴史そのものの直視とは相反する行為なのである。歴史の主体は、ありとあらゆる関係性のなかで一瞬一瞬の判断を繰り返しながら生きている。そのなかの特定の人物や行為を道徳という価値基準によって評価することは、その人物や行為をめぐる複雑な関係性を極度に単純化してしまうことにつながり、結局は歴史そのものよりも道徳性という観念の優位を許してしまうことになる。そのことによって、歴史を生きたひとびとの生そのものではなく、歴史から遊離した観念としての道徳が力を持ってしまう。

わたしたちは安重根の生を通して、これからさまざまなことを考え始めなくてはならない。考えることを、始めなくてはならないのである。

＊注　１９６３年にジョン・Ｆ・ケネディ大統領を狙撃したのは逮捕されてすぐに殺されたリー・ハーヴェイ・オズワルドではなく真犯人が別にいるとか、２０２２年に安倍晋三元首相を狙撃したのはその場で逮捕された山上徹也ではないなどという説がある。それと同じく、伊藤博文を撃ったのは安重根ではなかった、という説もある。したがって安重根が殺人者でなかった、という可能性ももちろんある。しかし本稿では、安重根が伊藤博文を撃ったという事実を疑わないことにする。

第5章　龍谷大学保管の安重根の歴史資料とその平和利用[1]

李洙任《リー・スーイム》

「私は、安重根が残した遺墨を目にしたとき、思わず背筋を伸ばした。それは、彼の筆跡とその内容から、安重根という人がどれだけ自分に対して厳しさを持っていたかを感じたからである。とくに、『不仁者は苦しきに耐えることも、楽を持続させることもできない』と著されている遺墨は、自分に甘く、自堕落な生活を送る私を責める様だった。今日からはこの言葉を胸に置き、身を引き締めて生きねばと思った」

上記は、筆者が龍谷大学で開講した龍谷大学教養特別講座「東アジアの未来：アジア共同体の創成に向けての国民国家を超えたグローバル観」を受講した学生によるもので、「図書館で展示されている安重根の真筆を見てあなたは何を感じたか」という問いに対しての学生からのコメントの一つである。

1　はじめに

筆者が教育者かつ研究者として25年間勤務した（１９９６年4月着任、２０２１年3月定年退職）龍谷大学は、１６３９年に浄土真宗本願寺派の僧侶を育成する学寮として創設され、３８０年以上の歴史を持つアジアで最も長い歴史を誇る教育機関である。龍谷大学は、その長い歴史的背景から多くの貴重な歴史資料を所有している。その中で龍谷大学の至宝と位置づけられているものは、「龍谷大学図」と呼ばれている世界最古の地図、「混一疆理歴代国都之図《こんいつきょうり・れきだいこくとのず》」である。略して「疆理図《きょうりず》」[2]と呼ばれている。

「混一疆理歴代国都之図」は、１４０２年に李氏朝鮮で作られたもので、この地図がいつごろ、またどのような経緯で日本にもたらされたかは不明である。浄土真宗本願寺派第22世法主大谷光瑞が朝鮮で買い求めたという説と、16世紀末の文禄・慶長の役の際に獲得したものを豊臣秀吉が西本願寺に与えたという説などがあるが、正確な入手経路は知りえていない。このように入手経由は不明であるものの、浄土真宗本願寺と朝鮮半島の関係性を物語る貴重資料の一つであると言える。しかし、文化財返還訴訟や戦後補償の問題と兼ねあって、これらの歴史資料の有効利用や資料にまつわる情報を社会へ積極的に発信することは容易ではない。

龍谷大学は、その扱いが難しい歴史資料をもう一つ保管する。それは本稿のテーマである「安重根が揮毫した遺墨」である。安重根とは、１９０９年10月26日、初代韓国統監を務めた伊藤博文を北満州のロシア帝国が権益を持つハルビン駅構内で襲撃し、ロシア官憲に逮捕されて日本の関東都督府に引き渡され、1910年3月26日に旅順刑務所にて処刑された人物である。ここまでは歴史教科書から日本人が学ぶ表層的な安重根に関する知識となる。しかし、安重根がなぜ伊藤を暗殺したのかなどの動機・背景の解明はもとよりのこと、安重根がどのような人物だったのかを知る機会は日本の教育現場においては無に等しい。むしろそのような議題を掘り下げて理解しようとする考えが日本社会ではタブー視されていると言っても過言ではない。このような政治・社会事情から安重根の遺墨の有効活用は困難であることから、龍谷大学の一部の教職員だけがその存在を知る歴史資料として龍谷大学図書館の貴重書庫に長く秘密裡に保管されていた。

ところが安重根の息が吹き返したかのように龍谷大学の遺墨の存在が社会に知らされることになった。まず2008年10月25日に「『韓国併合』100年市民ネットワーク」が誕生し（以下、「100年ネット」と略記）、そしてそれから5年経過した2013年5月に龍谷大学社会科学研究所付属機関・安重根東洋平和研究センターが創設されたのである。龍谷大学直轄の独立した研究センターとして誕生させるには無理があったので、社会科学研究所の付属機関、いわゆる下部研究機関として産声を上げたのである。筆者もその他大勢の教職員のように安重根の遺墨の存在はまったく知らなかった時代が長く続いたが、「100年ネット」の活動に参加することによってその存在を知った。歴史学者でもない筆者が、このセンターを介して奔走した動機は、やはり安重根という人物の気概に負う部分が大きく、安重根と信頼関係で結ばれた日本人僧侶や看守たちに感銘を覚えたからである。

安重根の遺墨を平和利用し、専門分野の枠を超えて「安重根東洋平和研究センター」を創設し、複眼的な歴史認識の考察や未来に向けての平和思想の構築を実現するために学内外の多様な研究者たちにセンター研究員としての参加を依頼した。センター名は、安重根が希求した「東洋平和思想」に由来する。安重根が強く訴えた東洋平和思想を現代の課題に関連づけ、社会に直結する弾力的な研究活動を行うことをセンターの具体的な目的とした。安重根が没して100年以上経過した今日では世界中でナショナリズムが隆盛し、他者に対する反感、排除、嫌悪の気分が蔓延し、何よりも相互理解の基本でなければならない対話が断絶されつつある。このような暗澹たる時代だからこそ、安重根の遺墨は重要なメッセージ性を持つ。

安重根東洋平和研究センターでは、歴史的、政治的、経済的、文化的考察をとおして、未来100年のための日韓の歴史・経済・文化交流事業のあり方を展望するとともに、可能な限り具体的な事業を展開してきた。とりわけ市民的視点を堅持した民学共同をさらに進めることを重視することで、具体的諸課題の解決に資する共同研究を実践し、その成果を社会に還元してきたが、筆者を含む安重根の気概に魅力を感じた市民が多く存在したことがセンターの発展につながったと言える。また龍谷大学図書館が保管する安重根の遺墨を有効利用し、研究成果を教育分野で実践していくことも本センターの重要な活動課題としている。

2　ソフト・パワーとしての遺墨の効力

その教育分野の活動の一部が冒頭で紹介した龍谷大学教養科目特別講座「アジアの未来：アジア共

同体の創成に向けての国民国家を超えたグローバル観」である。筆者が龍谷大学を2021年3月に定年退職後は、龍谷大学政策学部教授の奥野恒久と農学部准教授の中田裕子に本講義が継承され、学生たちに支持される人気講座の一つとなっている。本講座はワンアジア財団（現在はユーラシア財団と名称が変更されている）から奨学支援を受けることによって、国内外からの講師の講義への招聘や、学生たちの韓国へのスタディ・ツアーなどを実践した。この講義を筆者が始めたころ、学生たちのために安重根の真筆を閲覧する機会を持った。学生たちがガラス越しではなく自分たちの肉眼で安重根の真筆を閲覧する機会を作ったのである。このことは韓国の学生たちでさえ得られない貴重な経験となった。真筆の影響力は想像以上で、講演者と学生たちのやり取りも他講義では見られないぐらい活発な授業に発展させた。しかし、近年劣化が進んでいることから、韓国の安重根義士紀念館が龍谷大学に贈呈したレプリカを龍谷大学の図書館内で展示することになった（3月と10月の年2回）。安重根の真筆は、素晴らしい講義より、またどんな優れた教科書より学生たちに強いインパクトを与え、学生たちの「共感力」と「受容理解力」を高めることに成功した。筆者はこの真筆の力をソフト・パワーと位置づけている。

ソフト・パワーという概念は、経済力や軍事力をハード・パワーとして捉えることにより、その対照的な力として認識されたものである。この概念を提唱したのは、アメリカのクリントン政権下（在任：1993～2001年）において国家安全保障会議議長、国防次官補を歴任したアメリカ・ハーバード大学大学院ケネディスクール教授のジョセフ・ナイで、国家が軍事力や経済力などの対外的な強制力によらず、その国の有する文化や政治的価値観、政策の魅力などに対する支持や理解、共感を得ることにより、国際社会からの信頼や、発言力を獲得し得る力のことをソフト・パワーと呼んだ。[3]

グローバル化が進み、世界が縮小した今日、外交も新たな局面を迎えており、日本の外務省は『外交青書2007』において、Public Diplomacyという新たな戦略を打ち出し、ソフト・パワーを重視している。外交は総力戦であり、もはや軍事・経済の力だけには頼れないとし、ソフト・パワーというのは、自分の望むことを相手にも望んでもらうようにする力のことであるとする。加えてソフト・パワーとは、パブリック・ディプロマシーをスムーズに推進する上での環境づくりをする力のことともしている。[4]

ジョゼフ・ナイや日本の外務省のソフト・パワーの位置づけは、自国の魅力を他国にアピールする力として解釈され、一方通行的な印象を与える。筆者は、龍谷大学が保管する安重根の遺墨を強力なソフト・パワーとして位置付け、固定化された歴史認識を瞬時に払拭するぐらいの影響力を期待したが、その効果は学生たちのコメントからおおいに実感できた。

安重根は、処刑された１９１０年3月26日までの5か月という短い収監期間に２００点ほどの遺墨を介して、自国である大韓民国の独立と東洋平和へのほとばしる熱望を自叙伝と遺墨に託した。現在までに韓国内外で確認されている遺墨は62点で、そのうち26点が韓国の国宝に指定されているが、その中の4点（3幅と額装1点）を龍谷大学が保管している。岡山県笠岡市の浄土真宗本願寺派浄心寺から１９９５年に寄託された3点の遺墨は、表装されたもので手漉き和紙二枚をつないだ縦１・５メートル、横40センチのものである。２０１５年10月22日、既存の3幅に加え、新たに宗教法人願船寺より龍谷大学に寄託された「獨立」（額装1面）である。この額装が、龍谷大学所管の遺墨の中でも特

額装『獨立』（龍谷大学図書館提供）

別なのは、自国の独立を願う安重根のほとばしる強い愛国心を感じるからである。遺墨の左下には、「大韓国人安重根書」と記されている。そして、その下に薬指が欠損した安重根の左掌の手形が押されている。ちなみに安は左利きであり、薬指が欠損したこの手の形から遺墨が安による真筆かどうかを確かめる有効な手段となっている。これは、1909年に同志11人とともに断指同盟をもって、大韓独立に身を投じることを誓って指を切り落としたためである。ソウルに位置する安重根義士紀念館の安重根の像の背後には、11人の切断された指から流れた血で書かれた文字、「大韓民国」が掲げられている。

以下は、論語で書かれた遺墨の解説である（龍谷大学図書館提供）。遺墨を閲覧した学生たちの「共感力」に溢れたコメントもここに紹介したい。

『不仁者不可以久處約』

これは『論語』の里仁篇の中にある言葉で、「心なき者（不仁者）には、いつまでも貧しい暮らしをさせておいてはいけない。（きっと悪いことを仕出かすだろうから）逆に長く富貴な暮らしをさせても良くない。（安楽に慣れ、堕落してしまうだろうから）心ある者（仁者）は、自分の暮らしに満足し、知ある者（智者）は、自分の暮らしを社会に生かす」という意味である。

『敏而好學不恥下問』

「敏にして学を好み、下問を恥じず」。『論語』の公治長篇にある言葉で、子貢がおたずねした、「孔文子はどうして文という（おくり名）なのでしょうか。」先生はいわれた、「利発なうえに学問好きで、目下のものに問うことも恥じなかった。だから文というのだよ」という意味である。わかりやすく言えば、「わからなければ敏速に調べ、身分でも、年齢でも、自分より下の人に聞くことを、恥とは思ってはいけない」という意味となる。

『戒慎乎其所不睹』

「（君子は）その睹ざる所に戒慎す」これは、『中庸』の第1章の中にある言葉で、「君子は（いつも道を思って公明正大、あいまいな隠し事は避けて）内なる己自身を謹慎して修めるのである」という意味。わかりやすく言えば、「君子はいつも謙虚な姿勢で物事に接していくことが必要である」という意味である。

この三幅の安重根のメッセージをどう受けとめたかという問いに対し、学生たちの反応を紹介する。

1　私は、安重根の遺墨の中でも「敏而好學不恥下問」という言葉が一番印象に残りました。「利発で学問を好み、目下の人に問うことも恥じない」ということは、今、そしてこれから私たちが学問をする上でも重要となることだと思います。私はこの言葉を、積極的に学び、自分の無知を認め、決して傲慢にならず、知を探求する姿勢が重要なのだと解釈し、これから先学問をする上でずっと自分の心にとどめておこうと思いました。

2　私は個人的に「敏にして学を好み、下問を恥じず」という言葉が好きだ。私は小学生の時に論語を読む機会があり、少しだけ論語を勉強したことがある。だから、この言葉を聞いたことがあった。しかし、意味までは知らなかった。私は年下の人に質問したり、教えてもらうことは、あまり好きではない。プライドか何かは分からないが、年下の人より年上の人に教えてもらいたいものだ。しかし、利発な上に学問好きな人ほど、誰構わず、プライドなしに質問出来るのかなと思い、少し自分が情けなく感じた。

3　『「戒慎乎其所不睹（（君子は）其《そ》の睹《み》ざる所を戒慎《かいしん》す）」＝君子は自分で見聞しない、はっきりした事についても、いつも我が身を慎んで恐れおののいている』。僕は、これは伊藤博文へのメッセージじゃないかと思った。これが合ってるかどうかはわからないが、当時権力のあった伊藤博文のやり方（国民を使って植民地化を進めていったこと）に対し憤りだけでなく、安重根にとって哀れみのようにも見えたのではないかと思う。それをつづったものだと思う。ただもしこれが伊藤博文に対してならば、それは同時に伊藤博文を君子として表現しているあたりから認めてはいたのではないかと思った。

4 私が一番印象に残ったのは、「戒慎呼其所不睹」という言葉である。他の人が見ていない所で慎む、つまり誰もいない一人きりの時でも謹慎するという意味の言葉だ。安重根は牢獄の中で東洋平和論について一人で考えていたということを講義から学んだが、一人でこれほどの平和論を考えることができるのは、この言葉を実践していたからこその能力であるのかなと思った。

5 まず1番に目に飛び込んできたのは、薬指と小指の長さが同じ、不自然な手型であった。やはり実物（まじまじと見ているともしかして複製か、とも思ったりはしたが、間違っていたら大変失礼である。申し訳ない。）を見ると、指を切るほどの彼、また、彼をはじめとする義兵達の志の強さが伝わってきた。大げさに、ではなく、少し後ずさりしてしまうような迫力さえ感じた。それとは反対に、メインの文字は、上品、という言葉が近いだろうか、そのような印象を受けた。「人を暗殺したテロリスト」という、この一連の講義を受ける前の私の安重根へのイメージでは、もっと荒々しい、乱雑な文字を書いてるのでは、と思っていただろう。しかし実際は、静かな力強さが文字の奥からにじみ出てきている、整った、美しい遺墨であった。講義で学んだ彼の人間としての素晴らしさ、偉大さがそのまま現れていたように思う。その内容からは、彼の知力の高さ、心の美しさ、考えの崇高さがひしひしと感じられた。

また別日に、安重根を知らない友達として、タイ人の留学生の友達を連れて行った。彼女は日本の高校に通っていたため、日本語は何の不自由もなく通じる。タイでは安重根については全く習わなかったらしい。しかし、日本の高校に通っていたため、日本史で安重根を習ったと聞き、しまったと思った。だが、伊藤博文をハルビンで殺した人、としか知らないようであったため、これは、安重根を本当の意味で知らない、と言えるだろうと考え、彼女に説明をした。彼女もやはり、その遺墨の前に案内するやいなや、第一声として、「え!この人指切ったん!?」と言った。全てを説明し終わった後に、彼女が、「安重根ってすごいね。ただ、伊藤博文を殺したとしか知らなかったから、イメージが大きく変わった」と言った。火曜日のグループディスカッションで出てきた意見や私の意見と同じであった。やはり、日本の教育では安重根について全くきちんと教えられていないのだな、過去に目を閉ざしているな、ということを痛感した。ちなみにタイも、日本と同じように、自国の歴史教育では、過去に目を閉ざしが

筆者の最終講義 2021 年 1 月 19 日、安重根の遺墨をバックに

ちな面があるようだ。過去にあった政府へのデモをきちんと教えなかったり、外国からの視点ではなくタイの視点からのみの捉え方で教えたりしているようだ。あくまで彼女いわく、ではあるが。

日本の大学生たちは、「学び」に関しては講師による講義に偏り、一方通行的な知識注入型授業で独自の思考を発展させる場面は多いとは言えない。しかし、本講義では、安重根の実際の遺墨を閲覧し、その後オンライン上のプラットフォームで意見を交換させることによってお互いの意見を知る機会を作った。[5] ちなみにこのオンライン上のプラットフォームを使っての授業は筆者が龍谷大学に着任した時、１９９６年から始めており、コロナ禍がきっかけで緊急避難的な授業方式で始めた授業形態ではなかったことを付け加えたい。学生たちが自分の意見をもつ力は、他者に説明する場面を増やすことで強めることができる。学生コメント５の例からわかるように、安重根の遺墨を友人と一緒に図書館に出向き、授業で学んだ基礎知識（インプット力）を学生独自の価値観と結び付け、友人（他者）に説明することで（アウトプット力）、学びが自分の力になっていくプロセスであることを自覚することを目指した授業である。

３　１９９０年代の日本社会とメディアの影響

龍谷大学は、１９９５年に浄土真宗本願寺派に属する岡山の浄心寺から３幅の安重根真筆遺墨と関連写真の寄託を受けた。安重根の遺墨が龍谷大学に寄託された背景に当時の政治事情があった。１９

95年というと村山富市が、中国や韓国との国交正常化に最大限の尽力をし、行動をおこした総理大臣として知られている。現職総理大臣としてはじめて盧溝橋と中国人民抗日戦争記念館を訪問した。「歴史を教訓に平和への決意を新たにする決議（不戦決議）の可決を実現、そして「財団法人女性のためのアジア平和国民基金」（アジア女性基金）を発足させ、形式だけの謝罪ではなくこころが籠った誠意ある謝罪の姿勢を示した初めての総理大臣であった。

村山首相の隣国に示した誠意ある姿勢は、日本に対する印象を変化させただけでなく、政治の空気が一変したことで日本社会における意識変化のきっかけともなった。まずこの変化に敏感に反応したのはメディアであった。インターネットが今日ほど普及していない日本社会において、メディアの中でも固定化した歴史認識にメスを入れた最初のメディアは出版業界だった。そして、研究者レベルに匹敵する、もしくはそれ以上の調査を実行したのはノンフィクション・ライターたちであった。

まず、1994年にハードカバーの単行本として時事通信社から出版された『伊藤博文を撃った男 革命義士安重根の原像』を世に出したのが斎藤充功である。斎藤充功は、別の取材目的で浄心寺を訪問したときに、偶然に安重根の遺墨の存在を知ることになる。浄心寺の納屋で、ボロボロになったブリキ缶の中に、拡大鏡と一緒に写真と巻物類、そして安重根の真筆が三枚、ぐるぐる巻きになって突っ込まれていたのが発見されたのである。当時82歳だった住職の津田康道は、「遺墨を発見したときは本当に驚いた」と興奮しながら取材インタビューで述べ（52頁）、斎藤はノンフィクション作家として安重根への好奇心を高めていく。

日本社会では、1990年代というと、インターネットが普及する前なのでテレビが最強のメディア力を発揮していた。1995年に安重根と日本人看守たちの関係をドキュメンタリーとしたテレビ朝日の「驚きももの木20世紀」、タイトルは「伊藤博文を撃った男」が放映された。本番組には、数名のゲストやコメンテーターが出演したが、その一人が斎藤充功だった。そして、同じくゲストの亜細亜大学名誉教授・中野泰雄は、「真実というものはそのままには死なない」と語り、中野の発言に続いてドラマチックな音響を背景に安重根の遺墨3幅がテレビ画面に大きく映し出された。安重根の力強い文字が、まさしくソフト・パワーとして機能したかのように、視聴者から「共感性」と「受容可能性」を得ることができるような番組であった。

安重根という人物は、「単なるテロリストではない」というナレーションから分かるように、安重根の実像に近づこうとする番組制作者の意図が明確に理解できる内容で、まさしく当時の最強のメディアであるテレビという媒介を使って、公的に学ぶ歴史認識とは異なる視点でマス（大衆）にアピールしようとした。それは安重根が単なるテロリストではなく、むしろ人格的に高潔な自国を愛する軍人だった安重根の幼少期、そして彼が両班という当時の貴族に匹敵する高い地位に属する朝鮮人であったという内容である。また安重根に関するナレーションは、当時の朝鮮文化や人々の生き方そのものを偏見なく理解でき、当時の朝鮮の豊かな文化をも紹介した。

安重根の高い教養度と人格の崇高さから旅順監獄の看守たちは安重根を崇慕したとするストーリーは、テレビ番組の制作者の意図どおり、安重根は視聴者のこころをも鷲掴みにしたのである。番組構成は安重根を「暗殺者」や「テロリスト」という言葉で切り捨てるような姿勢を脱却するための和解に向けての第一歩のようであった。安重根と伊藤博文の両者を取り巻いた当時の政治的、経済的、そして社会的要因を冷静かつ客観的に分析し、市民のこころに届くような内容にする力はこの番組制作者の力を説明するものとも言える。[6]

斎藤充功に加え、もう一人のノンフィクションライターである佐木隆三が安重根に強い関心を高め、『伊藤博文と安重根』を1996年に刊行している。佐木も上記のテレビ番組「驚きももの木20世紀」でビデオインタビューを受けて登場している。佐木は1951年に『復讐するは我にあり』で第74回直木賞を受賞し、『勝ちを制するに至れり』『死刑囚永山則夫』などを世に出した人気作家であった。1910年3月に発行された『安重根公判速記録』（満州日日新聞社刊）のコピーが、文藝春秋の西永達夫と出版部の岡崎正隆を通じて、佐木の手元に渡された。その『公判速記録』は伊藤博文の孫である伊藤満州雄から提供されたことを著の末文に書いている。

『公判速記録』が改行なしで組まれているゆえ、佐木はワープロで現代語に変換作業を自分で行っている。この現代語翻訳作業によって、安重根のウラジオストックからハルビンに至る計画行動などが佐木の頭に刻まれるほどになった。ハルビンにおける初期の捜査から、公判を通じて旅順監獄署における死刑執行まで、一貫して通訳の大任にあたった園木末喜について、資料が入手できないでいたところ、園木の孫である福岡博子に巡り着き、貴重な資料を拝借することができたとも書いている。佐木による調査は徹底しており、伊藤博文に関しての資料を収集するために、伊藤が撃たれたときに着用していた血染めの肌着のメーカーの特定まで専門家に依頼調査している。

斎藤充功は、安重根自筆の「敬天」の遺墨を日本の美術商が2000万円で売りたいというニュースを知った。斎藤は安重根はこの「敬天」という遺墨を誰に贈ったのであろうかという疑問を持った。なぜならこの文字から五経四書を身につけていた安重根の教養の高さだけでなく、「敬天」のもつ意味に驚いたからである。

斎藤は、「敬天」の意味を『詩経』日加田誠の解釈を以下に紹介している。「朝廷（周）は、天に代わって地に法を施き、万民を養い育つべき責任を天に対して自覚せねばならぬ。天命の情無きを知り、天の怒りを畏れ、天の渝を敬しんだ」すなわち、天子は天の法則に則って民を養えば、民はおのずと天子に心服する、という意味で、民衆を搾取するだけの王朝であれば、民衆が離反して国は滅ぶという教訓である。相手によって文言を考え揮毫した安重根であったため、「天子」に擬した相手は、法院、あるいは監獄、または警察関係者ではなかったかと斎藤は問う。「相手が真鍋法院長だとしたら、じつに山椒の利いたアイロニーと言える」（197頁）と。

安重根は大韓義軍中将であったことから、韓国では安重根義士と呼称されるなど「日本帝国主義と戦ったことから韓国、中国、そして北朝鮮で英雄化されている。一方、日本の歴史教科書では「伊藤博文を暗殺した人物」、「韓国の安重根が総督府の初代統監だった伊藤博文を射殺した」、あるいは「安重根は伊藤博文を射殺したため、日本では暗殺者とされている」などと記されているが、「テロリスト」や「犯罪者」という表現は一切使われていない。安重根に射殺された伊藤博文の公墓所地（東京都品川区）には、「日露戦争後、日本は大韓帝国の外交権を奪い、韓国の外交を管轄する権利を獲得する。博文は初代韓国統監として任命されるが、１９０９年に韓国の独立運動家（傍点筆者）、安重根に暗殺され、68歳の生涯を閉じた」と記されている。このように「安重根は独立運動家」が最も適切な表現と言える。

4　政治利用される安重根のイメージ

日本の歴史認識は、時の首相の思想や行動によって隣国との関係性が大きく影響を受けることとなる。1985年8月15日、当時の中曽根康弘首相が首相として靖国神社を初めて「公式参拝」を行った。隣国からの批判が高まるにつれて、これ以後の在任中の参拝は見送られたが、2006年に当時の小泉純一郎首相が靖国の公式参拝を行った。日本では、1990年代後半以降、「新しい歴史教科書をつくる会」のように、日本が過去に起こした戦争を侵略戦争とする見方にたいして「自虐史観」と非難する勢力の動きが強まり、それは「日本版歴史修正主義」とよばれることもある。歴史修正主義者たちは、1931年の中国東北部侵略戦争開始以後、日本が中国大陸や東南アジア・太平洋地域で起こした戦争を「自存自衛の戦争」「アジア解放のための戦争」として正当化する。[7]

そして、2012年安倍晋三政権の復活によって歴史修正主義が強化されていき、安倍談話（2015年）はそれまでの首相談話と類似しているように見えるが本質的な点が異なる。谷野隆[8]（2017年）が指摘するように、「一言でいえば、アジアへの謝罪は終わりにしたい」というのが本音で「反省とお詫び」の具体的な文がどこにも見当たらない。しかし、一方で日本社会での安倍談話への賛美も少なくなく、決して国民世論は一枚岩とは言えないのが日本の実情である。以下の市民の安倍談話に関しての感想を見ても理解できる。[9]

日本語英語訳双方を熟読しました。大変よくできていると思います。国家の最大の目的は国民の生命と財産を守ることです。今、世界は第二次大戦終結以来未曽有の危機に直面していると思います。テロの脅威による無差別な殺戮、ロシアや中国のような無謀な拡張主義、北朝鮮などのようならず者国家などなどと数え上げれば枚挙のいとまがないほどの危機の中に我々は生きています。安倍さんの談話で最も注視すべき点は今までのような謝罪の繰り返しを子や孫の世代に背負わせることはしてはいけないと明言したことです。どうして反対したり批判する人たちは自分たちの意見も言わず無責任に批判だけするのでしょうか。（男、60代、自営業）

2014年1月20日、初代韓国統監だった伊藤博文を暗殺した安重根義士の紀念館が中国北東部のハルビン駅に開館したことについて、日本の菅義偉官房長官は記者会見し、「極めて残念であり、遺憾だ」と語り、「安重根はわが国の初代首相を殺害した犯罪者であり、死刑判決を受けたテロリスト」という挑発的な言葉を発した。中国に安重根の紀念館が設立されたことに不快感を示した菅官房長官の脳裏には異なった歴史認識に基づく発言ではなく、中国（習近平国家主席）が韓国（朴槿恵大統領）との協調姿勢を強め、安重根という人物を歴史認識の象徴として捉えたため、安倍政権が反発したに過ぎない。その後菅義偉が日本国の首相に就任した際、韓国メディアは「安重根をテロリストと呼んだ人物」と次期総理大臣を紹介したのである。[10]

5　安重根の遺墨と龍谷大学発の市民運動

テレビ報道によって紹介された安重根の遺墨の存在は、日本社会に大きなインパクトを与えた。それはテレビ番組制作が意図したように、共感を強めた視聴者も多くいたのと同時に、安重根という明治の元勲・伊藤博文を暗殺した人物の残した遺墨に対して反感を強めた視聴者もいた。発見当時、浄心寺で安重根の遺墨の展示をしたことも関係したのか、韓国からは返還を求める人たちが押し寄せ、同時に強く批判する人たちからの嫌がらせの電話やＦＡＸがあり、浄心寺住職は寺の安全を図って安重根の遺墨を浄心寺から移す必要があった。浄心寺が、龍谷大学に保管を依頼した理由は、大学で保管したほうが安全で、研究資料としてのみならず、教育にも活かせるのではないかという住職津田康道の思いからであった。

このような経緯で、龍谷大学でその遺墨を保管することになったのだが、どういうわけか少数の大学関係者しかその存在を知らされておらず、「死蔵」に近い状態にあったこの貴重な歴史的資料を、社会に広くその存在を知らしめる努力を行った人物の一人が戸塚悦朗であった。戸塚は従軍慰安婦問題を世界に理解を求め、日韓関係だけの問題に収めず女性に対する性暴力と戦争の関係を明確にする重要な役割を果たしたことで知られており、従軍慰安婦問題では国内外で多大な影響を与えた弁護士かつ研究者である。神戸大学の助教授職を経て、龍谷大学のロースクールで教授として２００３年から10年まで教鞭を取っていた。戸塚は、龍谷大学と安重根の遺墨にどのように対応してきたかを論文に記録している。これらの論文において「対応が困難な安重根の遺墨」の存在を社会に顕在化しようとした戸塚の苦労と「死蔵」を続ける龍谷大学との間の葛藤と相克の経緯を時系列的に克明に記している[11]。

戸塚が安重根の遺墨の存在を知ったのは、２００５年11月5日に開催された「龍谷大学教職員組合創設40周年記念シンポジウム：東アジアの平和と人権―日本の課題」が開催された時のことである。そのシンポジウムに報告者の一人として戸塚が招聘され、「アジアとの和解のきっかけをどう創るか―戦時性的強制被害者問題の立法解決の努力を―」と題する講演を行った。そのシンポジウムに参加していた龍谷大学の教職員組合員三島倫八教授（当時経営学部）が戸塚に、本大学図書館に保管されている安重根の遺墨について語り、戸塚は初めてその存在を知ることになった。韓国側でも文化財の返還運動が強まる中で、龍谷大学教職員組合は安重根の遺墨の件に関しては重要な役割を担い、２０１０年（日韓併合１００年）に向けて、安重根の遺墨に注目する必要があるのではないかという意見が組合員から出た。戸塚は、角岡賢一（経営学部教授）に安重根の遺墨の所在の調査を依頼し、津田海純が浄心寺に持ち帰っていた遺墨が龍谷大学図書館に寄託されていたことを知る。

戸塚が初めて安重根の遺墨等を自ら閲覧したのは、２００７年10月25日のことで、２００３年4月龍谷大学（法学部）に赴任してから4年半も経った後であった。１９９７年に岡山の浄心寺から龍谷大学に寄託された遺墨に関して、学内でその存在を知っているものは学部長経験者など少数に過ぎず、歴史資料としても貴重なもの故に、厳重に管理され、学内外を問わず人の目には触れることはなかった。戸塚は龍谷大学に対する配慮からか安重根の遺墨は「稀有な存在」と表現しているが、対応が極めて困難で、社会に公開しづらい歴史資料であった。ちなみに筆者は、1996年4月に龍谷大学に着任したが、2008年に「韓国併合」100市民ネットワークが設立され、「100年ネット」の活動によって安重根の遺墨が龍谷大学の学内で展示され、初めてその存在を知ることとなった。

6　龍谷大学内での賛同と反発

戸塚は、龍谷大学に保管されている安重根の遺墨の存在を知ったことで、大学に韓国への「寄贈」を提案し、もしそれが不可能であれば龍谷大学ミュージアムで常時展示を行うことを大学に強く提案した。ところが、戸塚が属する法学部の教授会で関心を示す教員、もしくは賛同する教員はほぼ皆無であった。関心を示さないというより、口を閉ざした法学部の教員たちが多かった。戸塚は、遺墨を龍谷大学ミュージアムに展示するよう提案した。戸塚は遺墨問題に強い関心を抱く前に、従軍慰安婦問題を法学部教授会で議論を始めているが、同学部の同僚から「この問題を繰り返すと損をするぞ」という警告のような助言を受けたと筆者に告白している。2011年開設予定であった龍谷大学ミュージアムに関する学内論議において、戸塚は遺墨をそのミュージアムにて常時展示するように強く要請したが、伊藤博文を撃った人物の歴史資料を龍谷大学から社会に発信することに大きな抵抗があり、戸塚は、学長に面談することもできず、この提案はまったく進展することはなかった。

龍谷大学に対しては「死蔵の罪」と厳しく批判する声が学内外から高まり、学内においても返還説を主張する教員が少なからずいた。戸塚は、龍谷大学学内で何の進展も見られない状況が続いていたとき、安重根義士紀念館館長である金鎬逸（当時、韓国の中央大学名誉教授。歴史学専攻）と面談し、安重根の遺墨の韓国への貸し出しを可能にする方策を提案した。

戸塚の背中を押し、支援したのが、龍谷大学外に設置された「100年ネット」だった。「100年ネット」は、龍谷大学教職員組合に加入していた龍谷大学経営学部の教員のみならず多数の研究者と市民が中心となって、設立された組織である。共同代表に名前を連ねた龍谷大学教員は、戸塚悦朗（龍谷大学法学部ロースクール教授）、三島倫八（経営学部教授）、田中宏（経済学部教授）、そして事務局長に就任した重本直利（経営学部教授）だった。重本の事務局長としての組織運営力が抜き出ており、あくまでも第三者機関としての「100年ネット」と「死蔵」を保とうとする大学との困難な交渉を進展させていく。加えて、「100年ネット」の特徴は、学術研究者だけの運営ではなく、市民活動家や一般市民も多く参加したことにあり、「韓国併合」の歴史的経緯と植民地政策の欺瞞性を考察し、社会が知りえない史実を市民の力によって日本社会の市民へ発信し、東アジア地域さらには世界に平和を実現することを目的とした。要約すると学術研究が市民運動と連携し、弾力的な研究活動が可能になっていったのである。「100年ネット」の対応は徐々に龍谷大学の姿勢にも影響を与えていった。

7　学術分野を超越した研究活動

三島倫八共同代表、田中宏共同代表、重本事務局長、そして戸塚の4名が交渉人となり、その交渉相手は、当時龍谷大学学長である若原道昭（学長就任前は短期大学部教授）、そして図書館長の平田厚志（当時文学部教授）であった。龍谷大学の関係者たちだけでは交渉の前進の見込みはなかったが、外部団体の「１００年ネット」がその核として役割を担ったのである。「１００年ネット」を運営した人たちは、他大学の教員たちの参加を促し、組織に縛られず縦横無尽に社会発信を行うことで多くの一般市民を呼び込み、関心度を高めていった。

２００９年３月28日、龍谷大学深草キャンパスにおいて「１００年ネット」の３月企画として、「なぜ安重根は、伊藤博文を撃ったのか？」と題した日韓国際平和シンポジウム[12]が開催され、筆者も参加したが、この時初めて安重根の遺墨の存在とその歴史的意味の大きさを知った。この日韓国際平和シンポジウムでは、安重根が旅順監獄で執筆が未完に終わった「東洋平和論」に着目し、哲学的批判を加えた法政大学の牧野英二（法政大学教授）が「日韓の歴史の新たな歩みのために―安重根義士と歴史の記憶の場―」と題した講演を行い、日本での安重根の東洋平和論を近代哲学の骨格を築いた18世紀の哲学者イマヌエル・カント（１７２４〜１８０４）の戦争の脅威に立ち上がる「永久平和のために」と関連づけた斬新な研究報告であった。また戸塚は、「検察官と裁判所が裁判管轄権の根拠とした１９０５年韓国保護条約は、締結されていなかった（仮に締結されていたとしても、絶対的に無効であった）のであるから、裁判所には管轄権を確立すべき法的根拠がなかった。この裁判は、管轄権を欠いた不法な裁判である」と衝撃的な講演をした。戸塚は民事裁判での処刑という判決を下した安重根裁判の不当性を法学的観点から批判した。戸塚が安重根に対する裁判を法学的観点から探求するきっかけとなったのは、韓国の歴史学者である李泰鎮との出会いであった。

「100年ネット」主催によって2009年3月26日から4月1日までに「安重根100周忌」日韓国際平和シンポジウムが開催され、戸塚と李泰鎮はともに報告者として参加している。韓国の歴史学者である李泰鎮は、大日本帝国が日露戦争の勝利を背景に大韓帝国において強要した条約の問題点に関する研究において、安重根は避けて通ることができない存在であるとした（李泰鎮、2016）[13]。この国際シンポジウムの後援には、龍谷大学、駐大阪大韓民国総領事館、龍谷大学教職員組合が名前を連ね、東アジアの恒久的平和の祈願をこめて、安重根の遺墨を一般公開した。遺墨の存在は、植民地支配の意味合いを一般の市民が理解できる一つの媒介となり、参加者総数は300名以上に膨れあがった。国内だけにとどまらず韓国との和解に向けての対話の橋渡し役を期待されて、遺墨の韓国への貸し出しの機運が龍谷大学の学内においても高まった。市民の力が大学を動かし、また学術分野を超越した研究に発展していった。

8 遺墨を介しての研究者たちの交流

龍谷大学に、ソウル書芸博物館ら韓国内では未公開である安重根の遺墨を、「安重根遺墨展」（会期：2009年10月26日~2010年1月24日）に出陳して欲しいとの依頼があった。龍谷大学が保管していた遺墨3点と関連資料88点のうち写真パネル27点を出陳し、龍谷大学の貴重資料の海外初公開となった。

遺墨展には韓国内外から約2万3000人が訪れ、100年前の安重根の生涯や思想、人間的な面が表れた絶筆を興味深く鑑賞され、盛況のうちに遺墨展は終了した。ソウル書芸博物館・企画展の責任者李東学芸部長は「龍谷大学の資料がなければ、こんなに大きく深みのある展示会は開けなかった」と語っている[14]。

この海外初公開に至るまでの道のりはたやすいものではなかった。龍谷大学の教職員の一部から強い反対意見が表明され、その理由は一度韓国へ移動させると返却してくれないのではないか、という懸念や、紛失やなんらかのダメージが出た場合誰がどのように補償するのかというのが懸念材料であった。遺墨には多額の保険がかけられ、その費用はすべて韓国の安重根義士紀念館が負担し、大学の顧問弁護士が若原道昭学長に同席し、契約書を取り交わした。

図書館長の平田厚志と学長の若原道昭は、この遺墨貸し出しをきっかけに積極的に韓国の関係者たちと交流を深めていった。若原学長は個人的に韓国の安重根紀念館を訪問し、安重根の研究会にも参加するなど、形式的な学長としての業務以上の平和交流を行った。また平田厚志図書館長も、安重根に関しての関心を深め、教誨師として旅順監獄で安重根と接触した長岡覚性と津田海純についての研究を開始し、その成果が「旅順監獄における安重根と二人の日本人教誨師」[15]という論文に結実している。

平田は津田海純がどのように安重根と遭遇したかを調査した結果、なぜ津田が遺墨を日本に持ち帰ったかを解明した。関東都督府旅順監獄が開設された１９０６年に、旅順監獄の初代教誨師に就任したのは、西本願寺関東別院から派遣された龍島祐天であったが、海純は龍島の助手として旅順監獄で勤務し始める。そして、１９０８年10月に辞任した龍島に代わって、同年同月に二代目旅順監獄教誨師を委嘱された長岡覚性（長岡の在任期間は1908年10月3日～1913年2月6日までの4年4か月間）の教誨助手として、引き続き勤務していた。従って、津田が勤務していた期間は、安重根が収監されていた時期と重なっている。海純は上司である長岡とともに教誨業務に就いていたと思われるので、安重根とは何度も接していたであろうと推測される。ただし、安重根は簡単な日常会話は出来ても、複雑な日本語は解せず、一方、旅順監獄に勤務していたほとんどの日本人も朝鮮語を解せなかったので、相互の意志疎通は容易なことではなかったはずである。にもかかわらず、安重根の崇高な精神に日本人関係者がこぞって感服したとすれば、それは安重根という人物の人間的魅力に圧倒されたからに違いない。実際に安重根の遺墨を直接受け取ったのは、長岡覚性であって、長岡が助手である津田海純に日本に持ち帰るよう指示をしたのではないかと平田は推した。上司である長岡の指示であっても安重根の遺墨を日本に持ち帰ることは大変危険な行為であり、もし当局に知られれば自分たちの身の危険にもつながるほどであることが想像できる。獄中で安重根と接したほとんどの日本人は、彼の崇高な精神と豊かな人間性、そしてそれに不屈な人間力に感服しており、安重根を特別な想いをもって接して

津田海純（龍谷大学図書館提供）

いた日本人の一人が長岡であり、津田であった（平田、前掲論文）。

「100年ネット」の後押しもあって、2011年3月には龍谷大学図書館と韓国ソウルの安重根義士紀念館との間で学術研究・文化交流に関する協定書の締結に至った。併せてその締結を記念して龍谷大学主催で「日韓交流、新たな時代へ―日本における安重根関係資料の存在意義」と題して講演会も実施し、協定に基づく交流プランの具体案を一歩踏み出し始めた。

9 「国家安危労心焦思」―安重根の懸念

安重根の遺墨の一つに「国家安危労心焦思」と書かれた遺墨がある。今、安重根が生きていたら同じ思いをもつのではないかというような時代に突入している。日本における安重根に対する解釈は時代によって大きく変化した。2014年に中国においても安重根の歴史記念館が創設されたことからもわかるように、日本の歴史認識に対する中国と韓国による日本の植民地支配に対して共有する部分が安重根の義挙という行為である。それに対して、当時の安倍政権の反応は菅官房長官が安重根に対して「テロリスト」「犯罪者」とのレッテルを貼って、決めつけていることから、中国と韓国との歴史認識の連帯を「挑発」と受け止め、挑発に対して挑発という姿勢を示したものと考えられる。

日本の国力が相対的に低下し、経済力では韓国がGDP成長率では日本を追い抜き、中国は世界第二の経済大国になったことで、東アジア地域の日本を取り巻く隣国との関係性はこの10年で大きく変化した。そして2022年2月24日にロシアがウクライナを侵攻を開始したことで、中国が台湾を侵攻する可能性の現実化が議論されはじめ、日本の軍事力強化の議論がスピード・アップしているのが今日の現実である。

ロシアがウクライナを侵攻し、再び領域拡大主義が顕著になり、東アジア地域においても中国による台湾に対する侵攻が懸念され、日本の防衛政策も大きく変更せざるを得ない事態になってきた。安重根は、自身の自叙伝である「安応七歴史」を1910年1月初旬の某日から執筆し始め、3月18日ごろにはほぼ脱稿し、続いてすぐに「東洋平和論」の執筆に着手した。しかし、10日足らずで死刑が執行され（3月26日）、安の「東洋平和論」は未完に終わった。彼が抱いた「東洋平和論」は東アジア地域平和構想で、現在のアジア三国、日中韓が協力し、連携すべきであると訴え、共同軍隊の配備や三国の共通通貨を発行するための銀行を設置する案など、その構想は現在のヨーロッパ連合（EU）を彷彿させるものであった。東アジア地域の市民であるという複合的アイデンティティは、今まさしく我々日本人、韓国人、中国人に必要とされている。グローバル化の進行や経済格差の拡大、少子高齢化で日本と韓国が共有する社会的・経済的要因が不安定要因となり他者に対する排外的思考を強めている。その一例が歴史修正主義の台頭である。まさしく安重根の「国家安危労心焦思」という心の叫びは今の日本に通じるところがある。

上述で紹介したテレビ番組「驚きももの木20世紀」にコメンテーターの一人に漫画家黒鉄ヒロシがいた。黒鉄は、「被害者は現在進行形で記憶するが、加害者は過去完了形で記憶しがちである」とコメントし、「これを逆にすれば品のいい関係が生まれるのではないか」「安重根はロマンチックな人物」と締めくくり、日本の固定化された歴史認識を批判した。ところが、その番組から24年経過した

２０１９年７月19日、テレビ朝日系「大下容子ワイド！　スクランブル」にコメンテーターとして出演した黒鉄ヒロシは、元徴用工問題や従軍慰安婦問題で対立する日韓関係がテーマであることに関して、フリップに２度の朝鮮出兵を行った豊臣秀吉のイラストを描き、その横に「断韓」と書いた。黒鉄に取材を入れた夕刊フジの記者が悪化する一方の日韓関係について改めて尋ねると、「朝鮮の時代からあの国は、ずーっと同じだ」（傍点筆者）と答えている。[16] 黒鉄の発言がかように変化した理由は、番組の制作者の意図を汲んだからなのか、黒鉄自身の想いはどのようなものかを知りたいのは筆者だけではないだろう。

10　おわりに

１９３２年に、植民地支配下の京城（現・ソウル）に伊藤博文の菩提寺として博文寺が創建された。それから７年後の１９３９年10月、ハルビン事件から30年目に、伊藤の息子伊藤文吉と安重根の息子安俊生がそろって博文寺を訪れ、「和解」の言葉を交わす総督府主導の儀式が開かれ大々的に新聞メディアによって日本国民に報道された。水野直樹は、「『博文寺の和解劇』と後日談：伊藤博文、安重根の息子たちの『和解劇』・覚え書き」[17]で、この和解の瞬間は総督府が植民地統治の成果を宣伝するためのイベントであり、安重根の息子安俊生を最大限に利用したことが垣間見られるとした。当時日本国民が入手できる情報源は新聞メディアであることからこのイベント報道は「和解」を介して「内鮮一体」を印象づけるのに日本だけでなく、韓国を含む隣国にとって影響力が絶大であったであろう。日本の優位性を国民の脳裏に刻み込まれたことで、それが人々の意識に埋め込まれた共通認識となる。

しかし、一方で政府の膨張拡大路線に反対する知識人も、安重根を媒介として彼らの思想信条を社会に発信し抵抗していた。伊藤博文の菩提寺としての博文寺が創建された年の『中央公論』1931年4月号に、当時の流行作家であった長谷川海太郎が「戯曲安重根」を発表した[18]（外村、2020、7頁）。長谷川海太郎が「戯曲安重根」を執筆したのは、「満蒙問題」をめぐって国論が沸騰しているなかで、長谷川には19世紀末から続く日本帝国の膨張主義、軍国主義、他民族抑圧への嫌悪の意識があったのではなかろうかと外村大は長谷川のこころの内を探っている。

また伊藤暗殺の大事件が報道されるなか、日本在住の中国人留学生の考えを知ることでこの事件の重層性が分かる（田中、2014、2016）[19]。1909年10月26日、伊藤博文が安重根に撃たれたとき、明治大学に留学していた中国の留学生が『清国人日本留学日記』[20]（1909年10月29日）を残している。そこには「伊藤の死は、韓国にとっては気を吐いてよいことで、日本にとっては損失と言えようが、中国にとってはホッと一息というところである。それにしても、安重根は永遠に光を放つであろう」と書かれており、このような内容の日記を書くことは現代ではそんなに難しくないかもしれないが、伊藤が暗殺された翌日の日記に綴られたことであることから、政府に対する恐怖に負けず自分の意志を文に記すのは大変勇気がいることであったに違いない。この学生が新聞の号外を読み、翌日明治大学に授業に行った時に以下の日記を書いている。

教師が「伊藤公の死は日本帝国の一大不幸である。しかしながら、諸君は公が死んだからと言って、気を落としてはいけない、諸君は発奮して、伊藤公のように自ら勤め、また伊藤公の志をおのれの志とするならば、伊藤公は死んでも、日本の発展は、公の生存した時よりもはるかにまさるであろう」と言った。僕はこれを聞いて、ひどく腹が立った。日本人の侵略主義は、深く人々のこころに沈み込んでいることがわかる。

伊藤射殺の事件の号外記事（1909年10月26日）では「韓人と覚しきもの」と記載され、翌日（1909年10月27日）でも、「韓人」だけであったことから、当該の中国人留学生が「安重根」の名前を明確に書いたの日記の日付は、事件直後ではなく12月13日あたりであると思われる。中国人留学生が予言したように、100年以上経過した今、安重根は永遠に光を放ちはじめ、「日本人のこころ」がいかようかが問われようとしている。

注

1 龍谷大学教職員組合が安重根の遺墨に大いに関わった背景から本稿は組合の関係者に捧げる。組合の貢献は本稿の5節、「安重根の遺墨と龍谷大学発の市民運動」を参照。

2 彊理図は、龍谷大学理工学部教授の岡田至弘を中心とする龍谷大学の古典籍デジタルアーカイブ研究プロジェクトによって、デジタル工学に基づく地名の鮮明化や色素・素材分析などによる復元方法が開発され、作製時代の原型が忠実に復元された。これにより原図の文字の解読が可能となった。詳細は、村岡倫（編）『最古の世界地図を読む「混一彊理歴代国都之図」から見る陸と海』（龍谷大学アジア仏教文化研究叢書、法蔵館、２０２０年３月）を参照。

3　Joseph S Nye Jr (1990), Bound to Lead, The Changing Nature Of American Power, Basics Books（邦題『不滅の大国アメリカ』）Public Affairs で、Soft Power の概念が紹介され、次に、Soft Power: The Means to Success in World Politics（邦題『ソフト・パワー』）（2004）Public Affairs, という著を刊行。これらは１９８０年代のアメリカ衰退論に異議を唱えた書である。

4　外務省ＨＰ「Magnetism of Japan ～日本のソフト・パワーを追って～」広報文化交流部、山本忠通と一橋大学1年生、野村麻有との対談インタビュー。記事作成は野村による。市民が理解できる外交戦略として、外務省が日本のソフト・パワーの力を説明した。https://www.mofa.go.jp/mofaj/annai/listen/interview2/intv_01.html、２０２３年1月15日アクセス。

5　李洙任「学習者が「学び」に対して責任を担う教育環境―Team Based Learning（TBL）とICTの活用事例―」『龍谷大学学修支援・教育開発、センター長受賞報告書』（２０２１年３月）。教育の原理はソクラテスやプラトンの時代から「対話」である。学生たちは集団の中で埋没する自分を感じたとき、その学びの質は低下する。ＩＣＴを駆使することよって、個人として尊重される教育環境を可能にし、大学で身に着ける教養（Liberal Arts）とは、「人生の足枷を取っ払う力、すなわち自立力を養う」であることを学生たちと教員自身が共に再認識する教育マネージメントを実践した。これはコロナ禍に直面する今こそ必要な点である。そして「スマホを使いこなしている学生たちへ：この厳しい時代こそＰＣリテラシーと教養力を高める時期！」というメッセージを伝えた。

6　詳細は、李洙任「安重根の遺墨と和解に向けての越境的対話」『龍谷大学社会科学研究所年報第46号』（２０１５年、129−139頁）を参照。

7　歴史学研究会編『歴史における「修正主義」』（青木書店、２００１年）、高橋哲哉『歴史／修正主義』（岩波書店）、山田朗『歴史修正主義の克服』（高文研、２００５年）

8 谷野隆「首相談話から見えて来る、この国の歴史認識」『共同研究 安重根と東洋平和 東アジアの歴史をめぐる越境的対話』（龍谷大学社会科学研究所叢書第116巻、2017年3月24日、164-179頁）。

9 非営利シンクタンク、言論NPO、「日中韓3カ国、有識者調査結果～日中韓の有識者は『安倍談話』をどう見たか～」（2015年8月25日 非営利シンクタンク https://www.genron-npo.net/world/ archives/5925-2.html、2023年1月15日アクセス。

10 「菅義偉新首相誕生に韓国が騒然…『安重根はテロリスト』発言が再燃、日韓関係悪化懸念も」2020年9月14日、Business Journal, https://biz-journal.jp/2020/09/post_179618.html、2023年1月15日アクセス。

11 戸塚悦朗「龍谷大学における安重根東洋平和論研究の歩み：100年の眠りからさめた遺墨（上）（下）」（龍谷大学社会科学研究所『社会科学研究年報』第44号、2014年）。

12 2009年3月28日に京都龍谷大学安重根遺墨・関連資料展と日韓国際平和シンポジウムが開催され、「なぜ安重根は、伊藤博文を撃ったのか？」と題した日韓国際平和シンポジウムが開催された。報告者は、金鎬逸（安重根義士紀念館館長、中央大学名誉教授）「安重根の夢―大韓独立と東洋平和―」、牧野英二（法政大学教授、日本カント学会会長）「日韓の歴史の新たな歩みのために―安重根義士と歴史の記憶の場―」、戸塚悦朗（龍谷大学法科大学院教授「安重根裁判の不法性と東洋平和」の3名の研究者が報告した。

13 『安重根と東洋平和論』李泰鎮（著、編集）、安重根ハルピン学会、（監訳）勝村誠、安重根東洋平和論研究会（日本評論社、2016年）。

14 『龍谷』2010年、No.69 https://www.ryukoku.ac.jp/about/pr/publications/69/11_museum/index.htm、2023年2月1日アクセス。

15 平田厚志「旅順監獄における安重根と二人の日本人教誨師」龍谷大学社会科学研究所付属安重根東洋平和研究センター・李洙任教授退職記念刊行委員会『安重根・「東洋平和論」研究―21世紀の東アジアをひら

16　く思想と行動』（明石書店、２０２２年、１８２–２０７頁）。

17　「黒鉄ヒロシ氏が真相激白!!テレ朝情報番組で「断韓」発言直後に韓国語?·スタジオで何が…」2019/7/24 20:20、https://www.iza.ne.jp/article/20190724-K5G2BO2IONKU7CDRT6NITCQ4EU/

18　水野直樹「博文寺の和解劇」と後日談：伊藤博文、安重根の息子たちの「和解劇」・覚え書き」『人文学報』（第１０１号、京都大学人文科学研究所、２０１１年3月、81–１０１頁）。

19　外村大「日本における安重根への関心と評価：強権的帝国主義批判とその思想的継承」『社会科学研究年報』（第51号、２０２１年5月、１２１–１３２頁）。

20　詳細は、田中宏「問われる日本の歴史認識と戦後責任」２０１４年4月26日、龍谷大学社会科学研究所付属機関安重根東洋平和研究センター学術シンポジウムでの貴重講演。於：龍谷大学。田中宏「日本人の戦争観・アジア観についての私的断想」（大阪経済法科大学『アジア太平洋研究センター年報』第14号。２０１７年を参照）。

黄尊三『清国人日本留学日記 1905–1912年』実藤恵秀・佐藤三郎訳（東方書店、１９８６年）。

参考文献

朝日新聞デジタル「『生きた日韓現代史』崔書勉さん死去　裏から外交支える」２０２０年5月29日配信。https://www.asahi.com/articles/ASN5X35GZN5WUHBI01L.html、２０２３年1月15日アクセス。

IZA「黒鉄ヒロシ氏が真相激白!! テレ朝情報番組で「断韓」発言直後に韓国語?·スタジオで何が…」2019/7/24 20:20 配信、https://www.iza.ne.jp/article/20190724-K5G2BO2IONKU7CDRT6NITCQ4EU/、２０２３年１月15日アクセス。

李泰鎮（2016）『安重根と東洋平和論』（安重根ハルピン学会、（監訳）勝村誠、安重根東洋平和論研究会、日本評論社）

外務省「Magnetism of Japan ～日本のソフトパワーを追って～」https://www.mofa.go.jp/mofaj/annai/ listen/interview2/intv_01.html、２０２３年1月15日アクセス。
広報『龍谷』２０１０年、No.69。https://www.ryukoku.ac.jp/about/pr/publications/69/11_museum/index.htm、２０２３年2月1日アクセス。
斎藤充功（1994）『伊藤博文を撃った男革命義士安重根の原像』（時事通信社）
佐木隆三（1996）『伊藤博文と安重根』（文藝春秋）、Joseph S Nye Jr (1991), Soft Power: The Means to Success in World Politics Public Affairs; Illustrated edition, 2005.
高橋哲哉（2001）『歴史／修正主義』（岩波書店）
田中宏（2014）「問われる日本の歴史認識と戦後責任」（龍谷大学社会科学研究所付属機関安重根東洋平和研究センター学術シンポジウムでの貴重講演、龍谷大学、２０１４年4月26日）
田中宏「（2016–2017）日本人の戦争観・アジア観についての私的断想」（『アジア太平洋研究センター年報』２０１６–２０１７年、２–７頁）
谷野隆（2017）「首相談話から見えて来る、この国の歴史認識」『共同研究安重根と東洋平和東アジアの歴史をめぐる越境的対話』（龍谷大学社会科学研究所叢書第１１６巻）
中央日報「安重根義士の資料１０００点を寄贈した崔書勉氏に「韓日フォーラム賞」」『中央日報』／中央日報日本語版、２０１７年8月30日配信。https://japanese.joins.com/jarticle/232848?ref=mobile、２０２３年1月15日アクセス。
テレビ朝日「驚きももの木20世紀」、タイトル「伊藤博文を撃った男」朝日放送制作（１９９５年7月28日放送）
戸塚悦朗「龍谷大学における安重根東洋平和論研究の歩み：１００年の眠りからさめた遺墨（上）（下）」
龍谷大学社会科学研究所（2014）（『社会科学研究年報』第44号）
外村大（2021）「日本における安重根への関心と評価：強権的帝国主義批判とその思想的継承」（『社会科学研究年

報』第51号、２０２１年５月）
非営利シンクタンク言論ＮＰＯ（2015）「日中韓３カ国、有識者調査結果～日中韓の有識者は「安倍談話」をどう見たか～」２０１５年８月25日配信。https://www.genron-npo.net/world/archives/5925-2.html、２０２３年１月15日アクセス。
黄尊三（1986）『清国人日本留学日記1905−1912年』（実藤恵秀／佐藤三郎、東方書店）
平田厚志（2022）「旅順監獄における安重根と二人の日本人教誨師」（『安重根・「東洋平和論」研究―21世紀の東アジアをひらく思想と行動』龍谷大学社会科学研究所付属安重根東洋平和研究センター、李洙任教授退職記念刊行委員会、明石書店）
Business Journal（2020）「菅義偉新首相誕生に韓国が騒然…「安重根はテロリスト」発言が再燃、日韓関係悪化懸念も」２０２０年９月14日配信、https://biz-journal.jp/2020/09/post_179618.html、２０２３年１月15日アクセス。
水野直樹（2011）「「博文寺の和解劇」と後日談：伊藤博文、安重根の息子たちの「和解劇」・覚え書き」（『人文学報』第１０１号、京都大学人文科学研究所、２０１１年３月）
村岡倫（編）（2020）『最古の世界地図を読む『混一疆理歴代国都之図』から見る陸と海』（龍谷大学アジア仏教文化研究叢書、法蔵館）
山田朗（2001）『歴史修正主義の克服』（高文研）
歴史学研究会編（2005）『歴史における「修正主義」』（青木書店）

第6章　国家に道徳性を求めるか、合理性を求めるか
――安重根の「東洋平和論」に触発されて

奥野恒久

1　はじめに

安重根について、高等学校の歴史程度の知識しか持ち合わせていなかった筆者は、平田厚志先生から安の旅順監獄での様子を教わった。平田先生は、ソウルの安重根義士紀念館と龍谷大学図書館との学術協定締結を実現させた当時の龍谷大学図書館長で、山口県の浄土真宗徳証寺の元住職である。龍谷大学には、筆者もかかわっている「現代社会の諸問題：東アジアの未来―龍谷大学から東アジアの未来を構想する」というユニークな講義があり、その講義にて2023年10月16日に平田先生は、「安重根と浄土真宗僧侶との関わり：日本仏教と戦争責任」というテーマで講演された。とりわけ、安重根の遺墨3幅と69枚の乾板写真を日本に持ち帰った教誨師補・津田海純と安とがどのような関係を築いていったのかは興味深い。少なくとも、国家や立場を超えた、一人の人と人との関係を築いて

いっていたと思われるからである。国家や立場を超えた安重根との関係といえば、旅順監獄の看守を任じられた千葉十七は、3か月間、安と接するなかで安に心服するようになり、そして安が死刑直前に千葉に贈った遺墨を、生涯大切に守ったという（金：158頁以下）。

罪人が看守から心服されるという話を聞き、筆者は司馬遼太郎が小説『世に棲む日日』の中で描く吉田松陰のことを思った。松陰（以下、『世に棲む日日』に描かれている吉田松陰）は、鎖国中の江戸幕府がアメリカのペリーの開国要求に屈するのか、日本じゅうが沸騰していた1854年に弟子の金子重之助と、下田からアメリカ船に乗り込もうとして失敗する。松陰の主張は攘夷論であるにもかかわらず、米艦に乗って世界を偵察しようとしたのである。司馬は、「かれは鎖国主義者ではなく、要するに強要されて屈服するというのは、一国一民族の愧ずべき敗北であり、ここで屈服すればついにこの民族は自立の生気をうしなうであろうというものであった」（司馬Ⅱ：9頁以下）と記している。松陰と金子は小舟で米艦に接近し米艦に上がるところまで行くものの結局、拒絶される。そして二人は自首し、奉行所の取調官にやったことすべてをあらいざらい白状し、取調官からそのようなことまで言うと、死罪はゆるがぬものになるぞとたしなめられる。すると松陰は、「私は志を立てて以来、万死を覚悟することをもって自分の思念と行動を分としております。いま死をおそれては私の半生は無にひとしくなります」と応じている。司馬は、松陰を自らの思想と行動を純化させることを目的に生きた若者だと描いている。松陰と金子は檻に入れられる。「そのあいだ、番卒やら見物人やらを相手に、国家の危機を大声で説いて倦まず、ついにはこの書生の態度をみて、事情がわからぬままに尊敬する者が出てきた」（司馬Ⅱ：50頁）。檻の番人である平滑ノ金太郎もその一人で、松陰の頼みごとを聞くようになるのである。

安重根が射殺した伊藤博文は、周知の通り、松陰が開いていた松下村塾の塾生である。司馬は、革命というものについて、次の通り興味深い指摘をする。「革命の初動期は詩人的な予言者があらわれ、『偏癖』の言動をとって世から追いつめられ、かならず非業に死ぬ。松陰がそれにあたるであろう。革命の中期には卓抜な行動家があらわれ、奇策縦横の行動をもって雷電風雨のような行動をとる。高杉晋作、坂本龍馬らがそれに相当し、この危険な事業家もまた多くは死ぬ。それらの果実を採って先駆者の理想を容赦なくすて、処理可能なかたちで革命の世をつくり、大いに栄達するのが処理家たちのしごとである。伊藤博文がそれにあたる。松陰の松下村塾は世界史的な例からみてもきわめてまれなことに、その三種類の人間群をそなえることができた」（司馬Ⅱ：162頁）。革命という大事業の担い手として、伊藤の評価は司馬によると「処理家」であった。

2　国家に道徳性を求めた安重根の「東洋平和論」

2024年2月20日に龍谷大学大宮キャンパスにて、龍谷大学安重根東洋平和研究センターと圓光大学東北アジア人文社会研究所との共催で日韓学術大会「安重根の東洋平和思想と東北アジアの未来共生」が開催された。その終盤、すべての報告が終わった後で、総合討論として小倉紀蔵京大教授が、「安重根と伊藤博文と間には、日本の役割に対する認識の違いがあった」と問題を提起した。国家について機能的にしか考えていない伊藤博文には日本の道徳的役割といった認識がないのに対し、安重根は日本の道徳的役割を期待していた、というのである。討論は、国家に道徳性を求めてよいのか、という重要な論点へと展開した。

安重根と伊藤博文の違いについて、山室信一が「二つの『東洋平和』」として整理している。安にとって「東洋平和」とは、韓国の独立・自立をはじめ東アジア諸民族による自治こそがそれである。他方、伊藤にとって「東洋の治安」が重要なのであり、「地政学的な問題と共に、時にロシアと結び、時に中国とも結ぶ韓国の外交こそ危難を招いてきたものであり、『東洋の平和』にとってはその韓国の内政・外政をすべて掌握することが必須の要請とみなされた」（山室：208頁）と述べている。すなわち、日本が主体となって維持する「東洋の治安」こそが「東洋平和」ということになる。まさに、日本は東洋の治安維持のために欧米諸国の一角を担うということである。さらに山室は、西洋文明批判者としての安重根に着目し、「軍事強国が文明国と同視されるような国際社会のあり方とは異なる方向において初めて東洋平和が達成されることを安重根が願っていたことは疑いない」（山室：213頁）と主張する。加えて山室は、岡倉天心や田中正造を引きながら日本においても、西洋文明は非西洋文明を植民地化するための機械文明であると批判する見地があることも紹介している。

このように安重根の思想は、韓国の独立を守るというだけではない。『東洋平和論』で「青年たちを訓練し、戦場へ追いやり、多数の貴重な生命を生贄のように投げ捨て、血が小川のように流れ、肉片が地に散らばっている。そういう有様が、日々絶えることがない。生きることを好み、死ぬことを嫌うのは人の常なのだから、このような文明世界というものはいかなる光景だというべきか」、「この100年ほど、欧州列強は道徳をすっかり忘れてしまい、日増しに武力に頼るようになり、競争の心ばかりを養い、それをいささかもはばからない」と述べている。やはり、西洋文明とは異なる道徳を守らなければならない、という思想がにじみ出ている。そこから、日露戦争以降の日本に対して道徳的な批判が向けられるのである。すなわち、「現在、西洋の勢力が東洋に押し寄せてくる災難を、東洋の人種は一致団結し、極力防御してこそ第一の上策であることは、幼い子供でもよく知っているところである。それなのにどうして日本は、この当然のことをかえりみず、同じ人種の隣国を削ぎ、友誼を断ち、白色人種に自ら漁夫の利を与えるような争いをするのか。これによって韓国と清の両国民の希望が大きく断ち切られてしまったのである」と言うのである。日本にとっての利害得失とは関係なく、東洋の人種として団結するべきという安の時代認識と思想から導かれる主張であり、それとは違った振る舞いをする日本を批判するのである。

当時の時代背景や文書の性格もあるだろう。また、韓国人の安が他国である日本に道徳性を求めることの適切性も問われよう。だが、そもそもの問題として国家に道徳性を求めることをどう考えたらよいのだろうか。これは、日本国憲法9条の解釈問題を含む今日的問題でもある。

3　公私区分論に基づく憲法9条解釈をめぐって

日本国憲法9条をめぐる従来の通説学説は、一切の戦力保持を禁じる非軍事平和主義であった。ところが、2000年代になって自衛隊を違憲としない憲法学説があらわれるようになる。その代表的論者が「穏和な平和主義」を説く長谷部恭男である。長谷部は、一方で9条の文言は一義的に答えを定めた「準則」ではなく、解釈を特定の方向に導く「原理」の条項だとし、他方で非軍事平和主義は、「平和の実現や回復につながるか否かという帰結主義的考慮とは独立」した「善き生き方」（道徳的選択）に基づく「絶対平和主義」だと批判する（長谷部 2004：56 頁）。長谷部は、「外敵侵攻の可能性があるとき、政府が実力でそれに対処する余地を全く認めない結論は、明らかに非常識である」と述べるとともに、憲法制定時の議論を含め、9条のテクストは「頼りにならない」、「テクストに示された理念は尊重しつつも、良識に沿った意味を文脈に即して探求することが求められる」として、憲法9条の下で個別的自衛権だけは認められるという従来の内閣法制局の有権解釈を支持するのである（長谷部 2017：450 頁）。ここには、公私区分によって、リベラル・デモクラシーを固守するため9条解釈問題に私的価値が入り込むことを封じるとともに、仮に日本が武力攻撃を受けたとしても、不健全なナショナリズムやパニック的思考に陥ることを抑止するという現実的考慮があると思われる（長谷部 2017：457 頁）。

長谷部の議論に対し、「制憲者意思を、憲法科学的に確定することは可能だ」とする佐々木弘通は、制憲者意思は「『戦力』不保持」であり、この規範の基盤に日本固有の歴史的経験があることを指摘する（佐々木：90 頁）。同様に麻生多聞も、長谷部はアジア・太平洋戦争後の帝国議会の制憲会議において「『決定的な根拠としての歴史』により憲法9条解釈は制約され方向づけられる」ことを軽視していると批判する（麻生：68 頁）。リベラル・デモクラシーを固守することを主眼とする長谷部の立場は、あくまでも国家に合理性を求めるものといえよう。他方、佐々木や麻生の9条解釈は、歴史的・国民的共同体験を基盤とした「日本的特殊性」を強調するものといえる。筆者は、「憲法が国家単位で制定されることからして、ある国の憲法がその国民の歴史的共同体験に基づいて特殊性を有することは何ら不思議ではない。それどころか、その特殊性が独特の国民意識や国民運動を形成し、それが今度は憲法規範を支えることもあるはず」だと考えている（奥野 2020：6頁）。

憲法9条2項は「陸海空軍その他の戦力は、これを保持しない」と規定することで、軍事を完全に否定している。すなわち「どんなことがあっても戦争はしない」という立場であり、侵略戦争の放棄にとどまるものではない。侵略戦争の放棄や紛争の軍事的解決の否定は、国際的には1928年の不戦条約や1945年の国連憲章ですでに確認されており、侵略戦争の放棄にとどまるとする9条解釈は、9条2項の意義を何ら見出そうとしない解釈である。9条2項を重視する非軍事平和主義を「絶対平和主義」だと一蹴することの妥当性こそ、問われなければならない。「絶対平和主義（パシフィズム）とは、個人的信条としての非暴力の教え」であり、「絶対平和主義者の最優先課題は、あくまでも自己の内面的良心に忠実であることに置かれる」とされる（松元：26頁）。日本国憲法の非軍事平和主義は、戦争のない世界に向け日本自らが率先して行動することを通じて、軍備を保有することなく国民の安全と生存を保持するという、「一方的平和主義」である。しかしそれは、歴史的・国民的共同体験に基づく一つの選択であって、個人的良心に依拠したものではない。非軍事平和主義は、それがただ観念的に唱和されるのでなく、合理的政策への帰結が意図されているならば、「絶対平和主義」として一蹴されるべきものでないはずである。

4　国家に道徳性を求めてはならないのか

長谷部憲法学の特徴は、憲法の役割を「公」と「私」に切り分けるものと見る、ところにある。すなわち憲法によって、「比較不能」な個人の根底的な価値観や世界観にかかわる問題について国家は干渉しない、またそれら価値や道徳の多様性を保障するために公的空間でそれらを扱うことを禁じている、というのである。つまり、「『正しい』世界観を提供することは国家の任務ではない」とする(長谷部 2018：11頁)。公私区分を重視するのは、近年の憲法学の一つの特徴ではあるが、もちろん有力な批判もある。たとえば本秀紀は、「こうした公・私の区分に重きを置く憲法理論は、現に存在する様々な力関係や資源配分の不均衡に対して、それを是正する内在的契機をもたない。個人の尊厳の前提となる『最低限度の生活』保障は別として、それを超えた格差構造の是正は憲法論の対象外となりがちである」(本：1頁)と批判する。

筆者も長谷部の議論には批判的である。長谷部は、私的空間で宗教や道徳といった究極的価値に従って生きることを認めつつ、公共空間での血みどろの争いを回避するという戦略をとる。筆者も、国家が道徳や世界観を提供するなどあってはならないと考えているし、それこそ憲法19条の思想・良心の自由、20条1項の信教の自由の主意であろう。だが、個人による公共空間での道徳的主張や宗教的主張を禁じるべきであろうか、また禁じることなどできるであろうか。たとえば、公共空間での信仰に基づく「殺すなかれ、殺させるなかれ」との主張が、死刑制度や戦争をめぐる民主的討議のダイナミズムを創出することも期待できよう。そもそも筆者は、公私を明確に区分することなど不可能だと考えている。人は、私的空間と公的空間の絶えない往復や公私の混然となったところで、自らのアイデンティティや社会との向き合い方を見出すのではなかろうか。もちろん、筆者も公共空間での血みどろの争いを是認するわけではない。だがそれは、道徳的・価値的主張に対し仮に受け入れることができなくとも、尊重し対話を継続するよう、民主主義を鍛えることによって抑止すべきだと考える。

国家が国民に特定の道徳を強要したり、特定の政策を道徳によって正当化するなど、到底許されない。だが、道徳的議論やこの国の道徳的あり方をめぐる議論は積極的になされてよいのではなかろうか。

5　おわりに

安重根の「東洋平和論」に見られる西洋文明批判を、筆者は、アンチ大国主義・覇権主義、「小国主義」と受け止め、共感する。「小国主義」について、田中彰は、「国民の自主・自立のエネルギーの横溢と国家の禁欲を求め、道義と信頼に基づく国際的な連帯と共生を必要とする」と主張する（田中：202頁）。世界で戦争とその危機が絶えない現在、地球温暖化、頻発する自然災害など、人が人として生きていくこと自体が困難となっている。はたして国家は、戦争やその準備に心血を注いでいるときであろうか。

筆者としては、日本というこの国に対し、「国益」や経済成長や力の保持を絶対視するのではなく、人の生命と尊厳こそを最重視する国家たるべきと、訴えつづけていきたい。すなわち筆者は、安重根の思想に触発され、日本という国の道徳的なあり方について議論をしていきたい。そして「小国主義」という一つの旗印を提起していきたい。

参考文献

麻生多聞（2019）『憲法9条学説の現代的展開―戦争放棄規定の原意と道徳的読解』（法律文化社）
奥野恒久（2012）「平和的生存権と憲法9条」（憲法研究所・上田勝美編『平和憲法と人権・民主主義』、法律文化社）
奥野恒久（2020）「1990年代以降の憲法学における平和主義論」（龍谷大学政策学論集第10巻第1号）
金容権（2022）「安重根と千葉十七」（朴殷植・岡井禮子訳『安重根』、展望社）
佐々木弘通（2008）「非武装平和主義と近代立憲主義と愛国心」（憲法問題19）
司馬遼太郎（2003）『世に棲む日日』Ⅱ（文春文庫）
田中彰（1999）『小国主義―日本の近代化を読みなおす』（岩波新書）
長谷部恭男（2004）「平和主義と立憲主義」（ジュリスト１２６０号）
長谷部恭男（2017）「憲法の未来」（長谷部恭男編『論究憲法―憲法の過去から未来へ』、有斐閣）
長谷部恭男（2018）『憲法第7版』（新世社）
松元雅和（2013）『平和主義とは何か―政治哲学で考える戦争と平和』（中公新書）
本秀紀（2012）『政治的公共圏の憲法理論―民主主義憲法学の可能性』（日本評論社）
山室信一（2016）「未完の『東洋平和論』―その思想水脈と可能性について」（李泰鎮＋安重根ハルピン学会編著・勝村誠＋安重根東洋平和論研究会監訳『安重根と東洋平和論』、日本評論社）

第7章　日本における安重根への関心と評価
――強権的帝国主義批判とその思想的継承[1]

外村大

1　歴史問題と日本近代史理解

長らく続いている日韓両国間の葛藤には、周知のように歴史の問題が関係している。それはしばしば、日本人の多くが植民地支配の加害の歴史を知らないためであると言われる。

しかし、果たして、現代日本人の多くが、まったくそうした歴史を知らず、問題であるとも考えていないのであろうか。確かに日本が朝鮮を植民地としていたこと自体を知らないという日本人もいるらしいのだが、それはさすがに少数派であろう。日韓間の人の往来、情報の流通が増加していった20世紀末以降、日本においても植民地朝鮮の歴史が言及される機会は相当に増えた。マスコミ報道でも、学校教育で用いる教科書でもそうである。近現代史はあまり扱っていないではないか、という声もあるが、十分かどうかはともかくとしても教科書記述はかつてに比べて増えており、記述があるがゆえに試験でも出題される。であれば、やはり、それなりに学ぶはずである。したがって、日本人の多くが朝鮮植民地支配での加害の事実にまったく何も知らないでいるとは考えられない。むしろ、知ってはいるし、それが問題のある行為であると気づきながら、言及されたくない、ということなのではないかと推測できる。

では、加害の史実を直視できなくなっているのは、なぜであろうか。それについては多角的に分析する必要があるだろう。ただ、そこには、日本人の多くが、そもそも、自国の近代史をトータルにとらえようとしないまま、自国の没落に直面せざるを得なくなって、自信を喪失しつつあることが関係しているのではないだろうか。

自分や自分に連なる人びとが何か過去に失敗を犯し、それについて指摘されたとしても、自らに自信を持ち優れた点があることを意識できるならば、それによって深刻な精神的ダメージをうけるということにはならない。つまりある種の余裕をもってそれを受けとめることが可能である。「アジアの中で唯一の先進国であり経済大国である」という自信を持っていた（それを自信の根拠するのがよいのかどうか、妥当かどうかはここでは問わないとして）、20世紀末までの日本国民は、そのような態度を持っていた。だが、もはや、日本国民はそのような自信を持つことはできなくなってしまった。近年、テレビ番組などで「日本はこのように優れた点を持っている」ということをしばしば、無理があるような話を含めて、宣伝しているのは、必死に自信の根拠を探しているからにほかならないだろう。そのなかで、過去の自分たちの問題ある行動を直視できなくなっているのである。

しかも、現代日本人のなかには、過去の侵略や植民地支配で起きた人権侵害を指摘されることについて、あたかも自分たちや自分に連なる人びとが責められているような感覚を抱く者が少なくないようである。これは、日韓両国間の葛藤がクローズアップされるなかで、歴史を考える時に国民対国民、民族対民族の枠組みを過剰に意識するようになっていることが影響しているのと同時に、そもそも、多様な歴史を知らないという問題がある。極端な見方かもしれないが、あまり近代史について関心を持っておらず、その知識もない多くの現代日本人は、隣国の人びとの侵略や植民地支配にかかわる問題の指摘を通じて、ますます自国史のイメージを貧弱なものにしてしまっているとすら言えるかもしれない。おそらく現在の日本では、侵略や植民地支配には直接に関係していない人びとの営みがあり、そこでは、民族の違いを超えた交流もあったこと、さらには軍国主義的膨張に帰結しない国家構想や政策を提示する人びともいたことはあまり語られない。また、侵略や他民族への抑圧を批判し、それを行う自国政府にも抵抗した人びとの活動についてもほとんど意識されずにいるのである。もしそれが意識されているのであれば、日本人イコール侵略者・抑圧者という単純な認識に陥ることはなく、したがって自分たちが責められているという反発も起こらず、多くの人が、落ち着いて過去の歴史と自身との関係を考えることが可能となるはずである。

以上のことを踏まえる時、日韓間の歴史問題で重要なのは、単に個別の史実をより詳しく教えていくことではないと言えそうである。それは、日本人の日本近代史全体の解釈と日本人のアイデンティティのあり方にかかわる問題だからである。そして、アイデンティティは自分たちに連なる人びとがこれまでどのように生きてそのうちの何を重視するか、つまり自分たちが大切にすべき歴史とかかわる。したがって結局、日本近代史をどう解釈するかが、焦点化している個別の歴史問題の葛藤を解きほぐしていくために根本的に重要となる。

2　日本帝国の執権勢力とその対抗勢力

近代初期、日本において権力の中枢に位置した人びとは、明治維新の中心勢力であった薩長藩閥の下級武士を中心に、一部、華族や幕府に出仕していた技術者らで主に構成されていた。時期が下ると、その子どもや帝国大学などの官立学校や陸海軍の諸学校で養成されたエリート官僚、軍人らがそこに加わる。彼らが中心を担っていた国家運営では、近代国家としての諸制度の整備、産業の振興、教育の普及、当時の国際秩序への参入（不平等条約の改正）といった政策とともに軍備拡張、対外膨張が進められた。侵略、支配を受けた他国から見れば、そのことは軍国主義者たる支配層と一般の国民が一体となって強権的な帝国主義の施策を取り続けたと捉えられるだろう。実際、近代日本の主流を軸に歴史を見るとなればそのような説明は間違いではない。

ただし、上記のような執権層に対抗し、それを批判する勢力、活動も常に存在した。１８７０年代から80年代には豪農とジャーナリストら都市知識人を担い手とする自由民権運動があり、帝国議会開設後は、その流れを汲む人びとがいわゆる民党勢力として藩閥政府に対抗した。また、20世紀初頭には社会主義思想が流入し、社会主義者の活動も始まる。これは１９１０年の大逆事件で一時、窒息状態となるが、１９１０年代後半には、リベラリストの言論活動や穏健な労働組合活動が始まり、大正デモクラシーと呼ばれる状況が作り出される。また、１９２０年代後半以降は、弾圧の時代を潜り抜けて活動していた社会主義者や大正デモクラシーの担い手のなかから社会民主主義政党が生まれ、それは少数政党であり続けたが議会にも進出する。1930年代半ばの準戦時体制の時期にも、既存の政党のなかのリベラリストや社会民主主義政党の一部は、軍部の強権的な政治に対抗しようとしていた。

このほか、1920年代から30年代初頭にかけては、共産主義者の活動もあった。これはもっとも根源的かつ非妥協的に日本帝国の支配者を批判していたが、しかし政治勢力としてはごく少数の存在であり、民衆との乖離の中で弾圧を受け崩壊していった。

ただし、こうした支配層と批判勢力は、いつの時期も完全に分離していたというわけではなく、支配層を批判する勢力が常に平和主義的で対外膨張を批判していたわけでもない。自由民権運動のなかで発足した自由党はやがて藩閥勢力のリーダーである伊藤博文をトップに据えた立憲政友会となったし、自由民権運動の旗手の一人と目されていた大隈重信も藩閥勢力と妥協しつつ政権の座に就いている。しかも、自由民権運動家のなかにはむしろ対外硬派と目すべき運動を展開する者もいたし、大隈重信内閣は中国に対する21か条要求を出している。社会民主主義系の政治指導者について見ても、急進ファシズム運動と結びついたり、満洲侵略を支持したりする者もいたのである。

3　強権的帝国主義の批判者

しかし、日本帝国の権力者たちが進める侵略や植民地支配を批判的に見ていた人びとがいたことは確かである。では、そのような認識は何をもとに生じるのであろうか。一つには、軍備拡張を行い他国に軍隊を進めることは自身の幸福に必ずしもつながらないという判断である。これは、まず、自分や自分の家族が戦場で生命の危険にさらされることへの不安というごく当然の認識から生まれる。また、軍備拡張や戦争の必要性を説く為政者に対して、様々な情勢判断や経済合理性を考慮に入れて、自国民の福利のための政策を優先するべきであるとか、むしろ平和的な関係を維持する努力こそがとりうる選択であるという思考の結果として示されることもある。

1880年代、朝鮮に干渉しようとする自国政府の動きに対して内政を優先すべきとした自由民権運動家の議論や、1920年代に示された、植民地を放棄してむしろ友好のもとに自由貿易を進めることが自国の利益になると説いた石橋湛山の主張はそのようなものである。また、自由民権運動に参画し帝国議会議員となったが、職を辞して鉱毒被害に苦しむ農民の救済に取り組んでいた田中正造は、軍備全廃をも説いていた。そして彼は、1910年8月、韓国併合を祝賀するムードに対して、亡国の語を用いて批判した。その直前に起こった水害でさらなる鉱毒被害が起こっているのに、それに目を向けようとしない、つまり自国民を大切にすることなく対外膨張を祝うことに憤ったためである[2]。

ただし、自分たちの利益重視は当然で、軍備拡張や戦争反対の有力な根拠となるとしても、それは常にそうした判断を導くとは限らない。自分たちの利益となるような軍備拡張や戦争には賛成するということにもなりうるからである。実際、自由民権運動家やその流れをくむ政党人はそうした動きを示したこともある。労働者や農民の福利を重視する社会民主主義者たちの一部もまた、日本の満洲権益維持拡大が日本国内の失業者や土地を持たない農民を救うと考えて満洲事変を支持する態度をとった。

だが、軍備拡張や戦争への批判的態度は、自分たちの利益の重視からだけではなく、他者を意識することで生まれることもある。自国民以外も同じ人間であり、自分たちと同じように人間として尊重されるべき存在と見る時、それらの人びとを痛めつけ、侵略の対象とすることの問題性は当然にして意識される。これは誰でも持ちうる感覚である。実際、そのような感覚をもとに、１９１０年８月、韓国併合に対して批判的に見ていた日本人がいたことも確認できる。東京市に住んでいたある日本人は、世の中の韓国併合祝賀に同調しなかった。祝意を示して国旗を掲げるよう警察に言われたが、「[韓国併合という]日本にとっての喜びは朝鮮人には悲しみに違いない」と考えてそうしなかったのである。[3] １９１９年の三・一運動後に盛んとなる、朝鮮植民地統治への批判でも、統治される側の意識を視野に入れた議論は存在する。吉野作造は、朝鮮統治については「これを朝鮮人がどう観たかを検するのが必要である」ということの重要性を説いている。[4] また、前述の田中正造は、日本の鉱毒被害者と朝鮮の人びととを重ね合わせて意識していた。１９０９年９月10日の書簡で、「[鉱毒の被害に苦しむ]関東人民は朝鮮国民なり。銅山は日本政府、県は統監府なり」の言葉を残しているのである。[5]

ただし、リベラリストや社会民主主義者、朝鮮人の心理を思いやる市井の庶民が徹底的に日本帝国主義を批判し植民地支配をやめることを強く主張した事実はない。朝鮮統治について多くの論考を残した吉野作造も、同化政策や不平等な教育制度、強権的な憲兵警察制度の変更や廃止を提起したが、朝鮮総督府自体をなくすべきだとは言っていないのである。大正デモクラシー期に活躍したリベラルな論客も、日本帝国の秩序それ自体を否定したわけではない。彼らの主張は、むき出しの暴力を用いた抑圧的な政治を行う強権的帝国主義への批判にとどまっていた。

とは言え、政治勢力として植民地支配を否定した政治勢力が存在しなかったわけではない。日本共産党は、反帝国主義と植民地解放闘争支持を明確にかかげていた。ただ、そこに参画する人びとがすべて植民地支配をうける民衆の具体的な苦悩を理解していたかは不明である。上からの指導で教えられた理論をただ受けいれて、民族解放闘争支持を唱えていた場合、自己の思想とはならない。自国の侵略戦争や植民地支配への批判を深めていくうえでは、侵略、支配をうける側の具体的な個々の人間の営みを思い、見据えていくということが重要である。そうした態度は、共産主義の理論から導きだされるものではない。それは、どのような人びとの人格をも尊重するべきことを重視する思想から生まれるものである。そのような態度は教条主義的な共産主義者よりも、むしろ人道主義的なリベラリストやリベラリズムを受容したうえで社会主義をめざした社会民主主義者の間で見られた。したがって、リベラリストや社会民主主義者を単純に根本的な帝国主義批判を主張していないとして否定的にのみ見るのは問題であろう。

4　安重根への日本社会の視線

韓国との歴史問題が強く意識されている現代日本人の間では、しばしば伊藤博文と安重根について触れる際、「日本人にとって伊藤博文は明治の元勲で近代化の功労者」「安重根はその伊藤を殺したテロリスト」という単純な認識をもとにして語りがちである。2014年には、ハルビンに安重根記念館が出来ることに対して、菅義偉官房長官（当時）が、安重根は初代首相を殺害し、死刑判決を受けたテロリストだと不快感を示した。

しかし、日本人すべてが伊藤博文を肯定的に評価し、安重根を否定的に見る必要もないし、そもそも、そのような認識のみが日本人の間で一般的であったわけではない。対外膨張に批判的であった人びとはいたし、藩閥政府のリーダーである伊藤博文を評価しないという者は日本人のなかに当然、存在した。たとえば、社会主義者の幸徳秋水は、1910年に明治天皇暗殺の嫌疑で逮捕された際、安重根の写真の絵葉書をもっており、そこには「舎生取義／殺身成仁／安君一挙／天地皆振」と記していた。このことは安重根に関心を持つ人びとや明治社会主義を研究する者の間でよく知られる事実となっている。また、安重根の伊藤暗殺から数年後に日本国内で出されたある書籍には、「世人或は伊藤公を狙撃せる安重根李完用を狙撃せる李在明を以て志士仁人とするものあるは是れ容易ならさる誤謬なり」との文章を見つけることができる。[6]「誤謬」とわざわざ指摘しているのはそのように言う人がいたためである。自分の生命を顧みず義のために政敵を殺す行為は、19世紀後半の日本では称賛されることでもあり、そうした価値観から安重根を評価する日本人は、それほど珍しくなかったことがうかがわれる。

やや時期はくだるが、民権運動家であり、帝国議会衆議院議員もつとめた講釈師の伊藤痴遊は、1931年に出した書籍の中で、伊藤博文暗殺に触れている。彼は伊藤博文について、「功罪交々」であるが「大政治家であった」と評価しているものの、同時に安重根の行為についても批判はしていない。「長い間の独立国が、俄かに他国の統治を受けるとなったら、必ず憤激の血を湧かして、種々の過激運動を起す事は、啻に朝鮮のみに限らぬ。どこの国でも、同じ事で、また左様あって然る可きだ」と記し、朝鮮民族としての愛国の行動に理解を示したのである。

だが、伊藤博文暗殺の同時代や、1910年以降の日本帝国が朝鮮を植民地としていた時期において、日本人が安重根を公然と評価することはやはり困難であった。日本の商業紙等の報道では、日本帝国に反抗する朝鮮人は、無知蒙昧なだけの危険な存在として描かれていたのであり、安重根についても、どのような人物でいかなる思想を持っていたのかは十分に伝えられていなかった。また、戦後の日本でも、長らく特に安重根に対する関心を持つ者は少なかった。韓国は身近な国ではなかったし、安重根にかかわる史料も多数発掘されていたわけではなかったからである。それが変化していったのは1980年代に入ってからであり、これ以降、史料集や安重根の伝記などが日本語で出されるようになっていった。[7]

しかし、それ以前にも、安重根に関心を寄せて、彼を取り上げた文章を発表したり、言及したりしていた日本人は存在する。具体的に、以下ではそうした日本人のうち、1931年に「戯曲 安重根」を発表している長谷川海太郎（この作品の筆名としては谷譲次）と1960年代から70年代にかけて国会で安重根に触れて日韓関係について言及していた戸叶武という人物に着目したい。そして、この2人の安重根への関心や評価のあり方、それを生み出した背景を考えることにより、強権的帝国主義の路線とは異なる思想潮流が近代日本に存在したことを確認してゆく。

5　長谷川海太郎と「戯曲 安重根」

長谷川海太郎は、１９００年、新潟県佐渡に生まれ、函館で育った。その父である長谷川淑夫は佐渡に生まれたジャーナリストである。彼は初等教育を受けた後、自由民権思想に関心をもって東京に赴き、東京帝大で学び帰郷して佐渡中学の英語教師を勤めていた。その後１９０２年に『北海新聞』の主筆の招きに応じて函館に移住、新聞人となった。彼の移住は、犬養毅の普通選挙論に共鳴しそれを函館でも普及させようとしたためとも言われる。そして、『北海新聞』が発行を禁止された後、活動の場を『函館新聞』に移す。その社主である平出喜三郎は代議士で、政党政治を確立しようとしていた憲政会に所属しており、長谷川淑夫も民本主義・普通選挙を論じていた。つまり、長谷川海太郎は、自由民権運動、大正デモクラシーを広めようとする父のもとで育ったのである。

もっとも、子が父の思想をそのまま受け継ぐとは限らない。そして海太郎の政治思想についてはわかることが少ない。１９１７～20年頃、東京にいた頃にアナキストの大杉栄と交流を持ち、米国滞在時に労働組合の活動にも関与したとされるが、アナキズムや社会主義にどの程度の影響を受けていたかは不明である。ただし、淑夫も家父長主義的な抑圧とは対極的な態度の持ち主であり、淑夫と海太郎の仲は悪くなく、またよく議論をしていたようである。そうした家庭の雰囲気はリベラリズムと無縁ではない。また、長谷川淑夫は何度か、筆禍で獄に下ってもいる。その父の姿を知る海太郎が、藩閥勢力を支持する姿勢をとることはあり得なかった。

長谷川海太郎は、1920年に渡米し、24年に帰国、作家として作品を発表するようになる。その作品は人気を得て、林不忘、牧逸馬、谷譲次という三つのペンネームを用いて、活躍することとなった。活動の幅はかなり広く、アメリカでの経験をもとにした小説、剣劇小説（丹下左膳という今日もよく知られるヒーローが主人公となっている）、欧米の犯罪記録をもとにした怪奇実話、同時代の都市風俗小説、さらには様々な翻訳も手掛けた。

その彼が、谷譲次の筆名で『中央公論』1931年4月号に発表したのが、「戯曲 安重根」である。これは、1909年8月と10月、ウラジオストックからハルビンに向かった安重根を主人公とし、登場人物もほとんどが朝鮮人という作品である。終わりはパントマイムで行われ、ハルビン駅のプラットフォームに到着した伊藤ら一行のほうに安重根が向かっていく場面となっている。したがって、これは安重根の伊藤暗殺をテーマとして扱った作品であることは間違いない。

だが、この作品は朝鮮人たちの英雄的な民族運動を描いたわけではない。安と接する朝鮮人たちは必ずしも、立派な民族意識を持つ人びとではなく、日本のスパイもいるし、安の同志たちも純粋な心で彼を支援しようとはしていない。最初の場面は、ウラジオストックの朝鮮人街にやってきた安重根が大韓帝国の国権回復のために各自が努力すべきことを演説するが、しかし街の人びとはそれに関心を向けようともしないというものである。そして、作品を通じて描かれる安重根は、決然と伊藤暗殺に向けて強い意志をもって進む英雄ではない。周りの同志たちの伊藤暗殺実行への期待をむしろ束縛と感じ、「おれ個人として、伊藤を殺して何の得るところがあるんだ」と思い悩む。さらには、愛人に対して「どこかへ逃げよう。そして二人で暮らそう！」「天下だとか国家だとか、そんなことは人に任せておけばいい」と語ったりもしているのである（すぐにその語を「冗談だよ」として否定しているが）。

このように描かれた安重根は、彼を尊敬する朝鮮人・韓国人の民族主義者からはとうてい受け入れがたいものであろう。同時代における朝鮮人の間でも特に大きな反応は見られず[8]、解放後もこの作品に注目した朝鮮人・韓国人はいないようである。

一方、日本人の間でもこの作品に注目し、評価した論者は少ない。ただし、同時代では、青野季吉が『東京朝日新聞』1931年4月1日、3日の「文芸時評」でこの作品について論じている。当時、プロレタリア文化運動の旗手であり、マルクス主義者であった青野は、この作品を安重根の「人間らしさ」を描く個人主義の主張としてとらえて批判する。青野の議論は要するに、帝国主義との闘いに献身的に努力をすることを忘れさせ、小市民的な自己の利益追求を肯定することにつながるので問題だ、ということである[9]。また、戦後の長谷川海太郎に関する研究などでも、この作品への言及があり、そこでも安重根という個人が描かれていることへの注目がある。ただし、それは否定的に捉えられていない。例えば室謙二は、「アナーキストであり、実存主義者である」安重根が「絶対自由人として、自ら選び取った自由意思で伊藤博文を殺す」、そうした「安重根を描くことによって、伊藤博文による日本国家を批判しているし、自由を抑圧するすべてのものを批判している」との評価を与えた[10]。

このうち、青野の主張は、おそらく教条主義的なマルクス主義者のみにしか同意を得られないもので深く論ずる必要はなかろう。他方室の見解は興味深い、そして、安重根を悩める人間として、また、室が着目しているように自由意思をもとに行動することを描いていることが同時代においてどのような意味をもったのかはさらに掘り下げて考えるべきである。

大韓帝国が日本帝国の保護国となり国権が奪われつつあった時期、朝鮮半島では義兵闘争などの抗日運動が展開された。そしてそれは、頑迷な暴徒による非道な活動として報じられた。安重根についても、その人となりや思想が詳しく報道されたわけではない。日本人の多くは、抗日運動を行う朝鮮人たちは無知蒙昧な人びととして捉え、自身が独自の思考をもって活動をする能力を持つ者とは考えていなかった。これは1919年の三・一運動に接した際においても同様である。それは、迷信めいたことをいう天道教の指導者に騙された人びとが騒いでいるとか、欧米人の宣教師が扇動しているにすぎないととらえられた。日本の新聞ではそのように報道されていた。

このような当時において、個人として悩み、最終的に伊藤暗殺を決意する安重根や様々な思惑をもって安と接する朝鮮人たちを描くことは、特別な意味をもっていたのではないだろうか。つまり、朝鮮人はわけのわからない存在ではなく、人格を持ち自分の意思で行動する人びとであることを、多くの日本人に気付かせる作用を持ちうるものだった。そして、これまでの研究では注目が少ないようであるが、長谷川海太郎はこの作品の中で、そのような判断能力を持つ朝鮮人たちに、日本帝国のあり方を批判させている。

また、前述のように、室は日本国家への批判、自由を抑圧するすべてのものへの批判を「戯曲安重根」に見出しているが、この作品で長谷川海太郎は、自由を抑圧する国家の問題性を抽象的に論じているわけではない。「戯曲　安重根」には日本帝国の取って来た具体的な政策、つまりは膨張主義、侵略の問題性の指摘がある。例えば、最初の場面では、ウラジオストックで安重根の演説が割合長く記されている。そこでは、次のように日本帝国が大韓帝国の皇帝とその人びとを裏切ったことも説明されているのである。

日露の媾和が成立して日本軍が凱旋することになりました時のごときは、韓国人は自国の凱旋のごとくに喜んで、いよいよこれから韓国の独立が鞏固になると言っておりましたところが、その後伊藤公爵が韓国の統監として赴任して以来、前に申しました五カ条の協約を締結しましたが、それはまったく先に宣言せられた韓国の独立を鞏固ならしむるという意に反しておりましたために、尠からず韓国上下の感情を害して、それに対し不服を唱えておりました。のみならず、千八百九十七年［1907年の誤りか、少なくとも日露戦争後であれば、1905年以後でなければおかしい］にいたりまして、またもや七カ条の協約というものが締結されましたが、これも先の五カ条と同様、韓国皇帝陛下が親ら玉璽を鈐せられたのではなく、また韓国の総理大臣が同意したものでもない。じつに伊藤統監が強いて圧迫をもって締結されたのであります。

同時代の日本では、韓国の保護国化から併合に至る過程の説明は当然ながら平和的に進められたというものだった。だがここで、長谷川は、「韓国上下」が反対していたのみならず、韓国皇帝も総理大臣も同意していないとはっきり記している。しかも、韓国皇帝が自身で玉璽を押していないという話も伝えている。これは、当時の日本人の間ではほとんど知られていなかったことである。長谷川はあえてそのことを記して、日本帝国の韓国保護国化の過程の不当性を示していたのである。また、登場する安重根の同志たちは、日本帝国の膨張主義、軍国主義をしっかりとらえて批判している。すなわち、ある朝鮮人青年は「韓国を踏台にして満洲へ伸びようとする日本の野心は、誰に指摘されなくたってわかっているんだ」と語っている。また、伊藤暗殺を実行しようかどうか悩む安に対して、ウラジオストックの朝鮮語紙『大東共報』の主筆である李剛は「プリンス伊藤を斃したところで、日本のジンゴイズムはどうなるものでもない。韓国の独立という大目的のためにも、何ら貢献するところはないと思う。単なるデモとしたって、計画的に後が続かなくちゃあ、一つだけでは何の効果もないのだ」と語っている。つまり日本におけるジンゴイズム＝好戦的で膨張主義的なナショナリズムがいかに強いかが述べられているのである。

このような言葉は、戯曲中の朝鮮人の台詞として出ているものであり、長谷川の地の文章として提示されているのではない。とは言え、朝鮮半島支配と満洲での権益保持、さらには領土拡張を当然のこととして捉えていた日本人が多かったことを考えれば、それに対する批判があることを示すことの意義は大きい。

同時に、この作品が執筆され、発表されたのがどのような時期であったかにも注目しておく必要がある。作品が掲載された『中央公論』１９３１年４月号は３月に発売されていた。流行作家で多忙であった長谷川海太郎がこの作品の原稿を執筆したのはおそらく１９３１年の１月くらいではないだろうか。その時期は、日本帝国の満洲権益に注目が集まっていた。すでに１９２８年に張学良政権は中国国民党支持を鮮明にしており、日本製品のボイコットや満鉄平行線の設置などの日本帝国排斥の動きが進んでいた。こうしたなかで、立憲民政党（憲政会の後身）を与党とする若槻礼次郎内閣の幣原外相は満蒙問題解決に向けて交渉を行うとしていたが、進展はなく、日本国内では軟弱外交として批判する声があがった。1月23日の帝国議会では野党政友会の松岡洋右議員が「満蒙問題は……我が国民の生命線である」、にもかかわらず「現内閣成立以来茲に一年半、此間現内閣は満蒙で何を為さったか」「幣原外相の絶対無為傍観主義が遺憾なく徹底されてある」と厳しく批判していた。[11] 国民世論としても、幣原外交批判は強まり、[12]「満蒙問題」での強硬的解決の支持が次第に広がりつつあった。松岡洋右が帝国議会で発した、生命線という言葉は強い印象を日本人の間に与え（松岡がこの年7月、『動く満蒙』という書籍を出し、そこでも「満蒙」は「わが国の生命線」と記したこともあり）、「満蒙は日本の生命線」というスローガンは広く世に知られるようになる。長谷川海太郎が「戯曲 安重根」を執筆したのは、「満蒙問題」をめぐって国論が沸騰し、まさに「韓国を踏台にして満洲へ伸びようとする日本の野心」の先にある日本帝国と中国人の対立が先鋭化し、「プリンス伊藤を斃したところで、日本のジンゴイズムはどうなるものでもな」かった現実が明確になりつつあった時期と言えよう。

そのようななかで、伊藤博文を暗殺した安重根を主人公とする戯曲を書いた長谷川海太郎には、やはり、19世紀末から続く日本帝国の膨張主義、軍国主義、他民族抑圧への嫌悪の意識があったのではないだろうか。残念ながら、長谷川海太郎は、同時代の植民地支配や戦争等について正面から論じた文章は残しておらず、１９３６年に急死していたため、その政治意識の詳細は不明である。だが、そのような推測はこれまで述べてきたことから無理ではないと考える。[13]

6　戸叶武の安重根評価

戸叶武は、1903年生まれで1982年に死去、1953〜65年、1971〜82年、日本社会党所属、栃木県選出の参議院議員として活動した。安重根について関心を持ち、国会の議論でその名前を出すことがあった。確認できるのは7回、最初の言及は1964年3月26日の参議院予算委員会第二分科会、最後は1979年5月28日の参議院外務委員会においてであった。

彼の安重根への関心は、父との関係のなかでもたらされていた。彼の父である戸叶薫雄は、栃木県野上村生まれ、東京で学んだ際、自由民権思想に共鳴して活動し、20世紀初頭には、ソウルで発刊されていた日本語新聞、大韓日報社の主筆・社長を務めた。韓国併合後、戸叶薫雄はソウルから退去、帰郷し下野新聞社社長となり、さらに1913 年には衆議院議員選挙に立候補して当選するが、1917年に死去している。戸叶武は、父を田中正造の政治的後継者として認識していた。

20世紀初頭に韓国に渡り活動した日本人というと、対韓侵略を下支えした者というイメージがあるが、大韓毎報社自体は、統監府と対立し、それが原因で廃刊させられている。戸叶薫雄がソウルを去った原因もそこにあったようである。また、子である戸叶武は徳富蘇峰から伝え聞いた話をもとに薫雄が韓国併合に反対していたと見ている。徳富は次のように語ったとされる。

戸叶［薫雄］君は、政府の大陸政策、殊に朝鮮の併合には反対だった。その理由は、日本は日露戦争の時に日本に協力してくれた朝鮮独立党の一進会の志士に朝鮮独立の達成を約束している。朝鮮を独立させて東亜連邦をつくるとの盟約違反が、ハルビン駅頭での狙撃となったのである。信義に違反することこそ百年の禍根となるであろう、との主張であった。

……戸叶君の言った言葉が面白い。僕は日韓合併に反対だ。従って合併の功労者でないのであるから、勲章はくれるというても貰うわけにはゆかない。かかる上は、何も彼もゼニに替えて日本内地に帰り、同志を糾合して官僚軍閥の大陸政策と対決を試みなければならない、とのまことに意気旺んなるものがあった。

……伊藤公も、寺内元帥も、戸叶薫雄君の主張は筋が通っているので、これにはほとほと手こずったとのことである。君の父が逝くなった報らせを聞いて寺内首相もその時は、天晴れな快男子の好敵手を失ったと慨嘆した。私にとっても往時を回想して感無量なものがある。[14]

もっとも、戸叶薫雄が一貫して併合反対論者だったかはうたがわしい。韓国併合直前の日本の官憲史料、具体的には1909年12月21日付の大韓帝国警視総監より統監宛の「戸叶薫雄の言動」という文書によれば、戸叶は「最早今日の場合に於いては一刀両断に併合的政策を実行し根本的解決を為すを至当とす」と語っていたとされる。[15] ただし、それより以前にソウルで開かれた日本人記者たちの演説会では、戸叶薫雄は「統監府の植民政策は根本に於て誤れり」「対韓政策の要義は日本本位にして韓国本位を加味せさるべからす然らされは極東の平和を維持する能はす」と述べていた。[16] ここからは、「日本本位」ではありつつも、確かに徳富蘇峰の言うように、統監府の政策に反対し、韓国人の意志を一定尊重しつつ日本と連携していくべきことを意識していたらしきことはうかがえよう。また、戸叶武によれば、薫雄は安重根と接触を持っていた。1974年8月29日、参議院外務委員会で戸叶武は、「彼〔安重根〕は、朝鮮から脱出してウラジオストックに行く前に、血書の文を、当時大韓日報の社長をしておった私の父戸叶薫雄にも送っており」、その内容は「二年以内に日本の日韓合併の巨頭を倒すことができなければ自分は自殺して死ぬ」（安重根がウラジオストックに向かったのは韓国併合前であるので、この説明は記憶の混乱か、言い間違いを含む）と記したものであったと述べている。この話を戸叶武がいつどのようにして知ったのか、実際にその書簡を見たのかなどは不明であるが、そうした話が伝えられること自体、戸叶薫雄が朝鮮の民族主義者の意志を一定程度考慮しようとしていたらしきこと、官僚軍閥の大陸政策に反対していたことを裏付けると考えられる。

そのような戸叶薫雄の子である武は、大正デモクラシーの機運が高まっていた時期に自身の思想を形成している。彼は吉野作造の民本主義に共鳴し、早稲田大学在学時には、学生運動団体である文化同盟の一員となる。その文化同盟は、1923年5月、早稲田大学への軍事教育の導入を目的とする軍事研究団の設置の反対運動を展開した。この運動は、この時期の軍国主義批判のなかで発生した活動であるとともに、藩閥政府への対抗者としての早稲田大学の「伝統」を想起させつつ展開された。軍事研究団反対の文化同盟の宣言文では「早稲田大学は……学問の独立と研究の自由のために官僚及び軍閥と戦ひたる栄光ある歴史を有する」の語が見える[17]。また、その中心的役割を果たした戸叶は、それを自身の父の政治的先行者である田中正造の活動を引き継ぐものとしても位置付けていた。戸叶は後年、国会の議論の次のように述べている。

田中正造以来の在野の政治家は、田中正造が私の生まれた一日後に牢獄から出て叫んだ声は、野獣のような戦争はすべきではない、全世界の陸海軍を廃止しなければならないと、明治三十六［1903］年二月十二日、掛川在の南郷村で参議院の議長をやっていた河井［彌八］さんのお父さん［河井重蔵］の主催の政談演説会で述べております。この予言者の声を私はヨハネの声のように受けとめております。二十歳にして浅沼［稲次郎］とともに半殺しになった軍事教育反対の反軍国主義運動を早稲田大学の一角で起こしたのも、この田中正造の在野政治家の貫く抵抗の精神を実践したのにすぎないんです。

そして、軍事研究団反対運動をめぐる右翼学生との衝突で、戸叶は朝鮮人留学生に助けられている。反対運動の集会では司会の戸叶が壇上に立って開会を宣言するや右翼学生に袋叩きにされた際（先の引用の「二十歳にして浅沼［稲次郎］とともに半殺しになった」という部分はそれを指す）、戸叶を「救出してくれたのは、『三・一万歳事件』で高校時代に朝鮮独立運動で大弾圧と投獄の経験を持つ朝鮮の留学生達であった」[18]のである。また、これが契機となったのか、あるいはそれより先のことであったかはわからないが、戸叶は当時の朝鮮人留学生の心情を聞く機会を持っていた。これも後年の国会での発言となるが、戸叶は「あの万歳騒ぎ［三・一独立運動］のときに、私たちの早稲田大学における学友は、あの万歳騒ぎで中学、高等学校時代の十六、七からの少年が一年、二年の刑を受けて、後に大学へ留学してきておったのであります。私たちはその悲憤の情をつぶさに彼らから聞き、一応彼らは日本で勉強してアメリカに大部分は去っていきました」と述べている。[19]

大学卒業後、新聞記者となり、戦後、国会議員となった戸叶武は、前述のように7回ほど、安重根について触れている。それは主に、日本の対外姿勢のあり方、特に朝鮮とのかかわり、あるいは日本帝国の政治の反省について述べる文脈のなかで言及されている。彼は安重根の人物や思想についてそれほど詳しく触れているわけではないが、安が「まじめなクリスチャンの教育者」であり、それが「日本軍隊に協力することによって独立を完徹できる」と信じていたが裏切られて、伊藤博文暗殺に及んだ人物であるとの理解を示している。[20] そして、安重根は、イデオロギーの左右と関係なく、朝鮮民族の間で評価され、祖国のために命を捨てた人として銅像が建てられていることを紹介している。[21]

これに対して、伊藤博文ら、日本帝国の執権者たちを戸叶は否定的に評価する。伊藤については、「浅学非才」で、「欽定憲法の名のもとに統帥権を侵犯することができないような軍部官僚に都合のよい帝国主義憲法をつくり上げたその本尊」[22]であり、朝鮮の独立を約束したがそれを裏切った「うそつき」で「権謀術策をやったが、日本歴史の中に汚点を残した」[23]、「韓国の志士を操って、独立をさしてやるという名目のもとに犠牲を払わせて朝鮮を合併」した、と手厳しい。あるいは「伊藤博文や山縣や寺内や日本の軍部官僚」は「アジアのためにと言いながら信義を裏切る」政治家だとも述べている。[24]

戸叶がこうした評価を述べるのは、もちろん、軍備拡張と膨張主義の末に破滅した、近代日本の歩みを繰り返してはならないことを訴えるためであった。戸叶は安重根に触れたうえで日本の外交、政治全般のあり方に論を移し「戸叶武は社会党の一番の右派で、穏健派といわれていますが、事、反軍国主義運動に関しては命がけです。平和憲法をあなた［佐藤栄作首相］が変えるというなら、私は命がけであなたと戦います」と述べ[25]、「有事立法を口にする前に、戦争への道を封ずるような、自分だけじゃなく相手にも封じさせるような手を次から次へと先回りして打っていくのが日本の平和外交の躍動する姿ではないでしょうか。それができないような外務省はなくしてしまった方がいいのです。それをなすことのできないような見識を持たない総理大臣はとっととやめてもらいたい」と主張した[26]。

そうした平和的関係を作り出す外交のうえで、民族の心、相手の感情の尊重を重視すべきであるという主張が、戸叶の議論ではしばしばなされており、安重根への言及はそれと関係していた。とりわけ韓国・朝鮮との関係に関連した発言では「朝鮮民族の民族的な悲願、民族的な心理、民族的な感情というのを無視して、簡単に考えて取っ組んでいくとえらいことになる」[27]、「［安重根という］長い間圧政を受けたところの韓国におけるまじめなクリスチャンが、教育者が、鬼となって伊藤博文を射殺して倒れていかなければならない心情というものをくみ取るだけのゆとりがなければ、今後の日韓関係の調整は困難です」[28]と述べていることが注目される。

そして戸叶は三・一運動からちょうど60年後の1979年3月1日、韓国軍事独裁政権の民主化運動抑圧が激化しているなかで、日本政府の外交、政治姿勢について論じた際にも安重根について触れていた。そこでは、伊藤博文らの帝国主義的侵略の歴史、安重根が伊藤暗殺に至る経緯、三・一運動を闘った朝鮮人留学生からかつて話を聞いたことを述べ、「日本はこの朝鮮の民衆の心というものを知らないばかりに、軍部官僚に任せていたばかりに、あのような悲劇を繰り返した」との見解を示したのである。[29] 相手を尊重する、その心情を含めて理解に努め、それを基礎において、他国、他民族との関係を築くべきという姿勢を戸叶は重視した。そのことを、戸叶は、日本帝国の過去の歴史を振りかえり、強権的帝国主義によって抑圧を受けた安重根や三・一運動の参加者を想起しながら説いていたのである。

7　強権的帝国主義批判の意義と課題

本報告では、安重根に関心を持っていた、2人の日本人について着目し、そのバックグランド、執筆した文学作品や政治活動について見て来た。すでに述べたように、長谷川海太郎の作品「戯曲安重根」は、人間として悩む安重根を描き、抗日運動家の朝鮮人を無知蒙昧な暴徒ではないことに気付かせた。同時に、日本の膨張主義、日本人の好戦的愛国主義への批判を朝鮮人の台詞を通じて語らせていた。それは、自由民権の影響を受け、大正デモクラシーの時代に権力者と対抗しつつ言論活動を行っていた父親のもとで育ったことと無縁でないと推測できる。

一方、戸叶武は、産業優先政策の下で苦しむ民衆を救済しようとし軍備全廃を説いた田中正造に影響を受け、その後継者であり軍閥による韓国併合に批判的であったとされる父の戸叶薫雄の跡を継ぎ、政治家として活動した。そして、国会では、日本帝国の執権者たちを批判し、平和主義の堅持を説いた。その際には、安重根や三・一独立運動に言及しながら、朝鮮民族の心情を理解すべきことを述べていた。

この2人は、おそらく、生前、まったく接点をもたなかった。ただし、彼らは、日本帝国の執権者たちと対抗し、自由民権運動の影響を受けた父のもとに育ち、大正デモクラシー状況のなかで、リベラリズムに触れ、強権的帝国主義を批判した点で共通している。そして、長谷川海太郎は総力戦突入直前に急死するが、戦後、政治家として活躍した戸叶武は、自由民権運動から大正デモクラシーのなかに確認できるリベラリズムと他者の尊重、平和主義の継承を意識していた。

こうした思想を持っていた人びとは、同時代の日本人のなかで例外的でごく少数だと見なすべきだろうか。自由民権運動や大正デモクラシーの一定の広がりを考えれば、そうとは考えられないであろう。またそうであるとすれば、安重根を単純に危険で許すべからざるテロリストとは見ず、強権的帝国主義に対しても批判的に見ていた日本人は、ほかにもいたと推測される。

もちろん、そうであるからといって、日本帝国の侵略や植民地支配が免罪されるわけではない。そして、現代日本人にとって、それによって様々な被害を受けた人びとがいることを忘れず、そうした歴史を反省することは必要であり、重要である。同時に、日本帝国において執権勢力と対抗した人びとの多くが、軍備拡張や戦争、植民地支配に徹底的に反対することはなく、せいぜい、強権的帝国主義批判＝あまりにも露骨で抑圧的な政策は修正するべき、という程度の批判にとどまったこととの不十分性も認識する必要があろう。付言すれば、大正デモクラシー期に、軍国主義を批判し、植民地統治の改善を語っていた者であっても、その後、国策に積極的に協力するケースは特に珍しくはない。

しかし、過去の日本帝国において人びとの政治意識や行動を多角的に捉え、執権勢力とは異なる道を模索しようとしていた人びと、具体的には、自由民権運動と大正デモクラシーの担い手、20世紀初頭の社会主義者、戦間期のリベラリストや社会民主主義者に注目することはやはり重要である。彼らの指導や行動の限界、つまり、それがなぜ、徹底した帝国主義批判へ深化せず逆に変質していった場合があるのか、そもそもどうして広がりを持たなかったか、変質していったかを考えなければ、平和主義的な関係も他民族の尊重も実現しえないからである。

同時に、そこにおける良質な要素、その思想的継承の試みを見出していくことが、アジアの他民族に対する優位を核とする日本人のアイデンティティの変化を促すのではないだろうか。当然ながら、そのことは、日韓関係の改善に資するはずである。

注

1 本論文は、「第7回日韓国際学術会議シンポジウム―韓国ソウル安重根義士紀念館と龍谷大学安重根東洋平和研究センターをむすんで―」〈テーマ〉安重根《アンヂュングン》と北東アジアを取り巻く国際関係（2020年11月20日）で、発表されたものである。
〈主催〉安重根義士紀念館（韓国）・龍谷大学安重根東洋平和研究センター（日本）
〈協力〉龍谷大学図書館・駐大阪大韓民国総領事館・在日本大韓民国民団大阪府地方本部・コリアNGOセンター
〈場所〉安重根義士紀念館講堂（ソウル会場）・龍谷大学深草キャンパス22号館101号室（京都会場）or ZOOM配信

2 田中正造より逸見斧吉ほか宛書簡、1910年8月31日（由井正臣・小松裕編『田中正造文集』岩波書店、2005年）。

3 尹致昊の日記1939年10月16日付において、その話の記述が見える。これを語ったのは、東京で学んでいた彼の子どもに親切にしてくれた日本人女性である（尹致昊『尹致昊日記 11』大韓民国文教部国史編纂委員会、1989年）。

4 吉野作造「対外的良心の発揮」（『中央公論』1919年4月号）。

5 田中正造より逸見斧吉夫妻宛書簡、1909年9月10日（由井正臣・小松裕編『田中正造文集』岩波書店、2005年）。

6 三浦了覚『禅と武士道』（1915年、47頁）。

7 『朝日新聞』1983年4月8日夕刊「安重根復権へ日本で動き」では、史料の発掘や韓国の追悼式への日本人の参加などのことが紹介されている。また、1984年には中野泰雄『安重根 日韓関係の原像』が亜紀書房から出版されている。

8 ただし、この作品が日本で発表された直後に、それを朝鮮語に訳してあたかも創作のように装って出版しようとしていた動きがあったことが確認できる（『東亜日報』1931年5月15日、徐成甫「翻訳을創作然」）。

9 青野の主張が端的に表れているのは次のような文章である。すなわち「もし『おれの利益』を考へることが『人間らしさ』の名においてあらゆる物がゆるされるのなら、この世の階級的正義や集団に殉ずる犠牲など人間らしからぬものと頭から否定されなければならない。人間らしさからくる階級的裏切り、人間らしさからくる帝国主義への奉仕——一切はぞう悪の的でなくなる。しかも、これらの破廉恥が憎悪の的でなくなった世界では千万の被抑圧大衆は永遠に人間らしからぬ人生を強ひられなければならないだらう」（『東京朝日新聞』1931年4月3日付、青野季吉「文芸時評2『おれの利益』とは何か」）。

10 室謙二『踊る地平線 めりけんじゃっぷ長谷川海太郎伝』（晶文社、1985年、273頁）。

11 『第59回帝国議会衆議院議事 速記録』（第4号、『官報号外』1931年1月24日）。

12 例えば、『東京朝日新聞』1931年1月24日付社説は「誤れる対支認識」というもので、幣原外相の外交演説を批判する主張となっている。

13 なお、余談であるが、長谷川海太郎の弟である長谷川四郎は、やはり作家となり、1970年代には金芝河救援運動にも参加した。1976年に金芝河の作品である「金冠のイエス」が舞台化された際には、その演出も行っている(『朝日新聞』1976年10月13日夕刊「金芝河氏の権力風刺劇」)。

14 戸叶武『政治は足跡をもって描く芸術である』(戸叶武遺稿集刊行会、1988年、38〜39頁)。

15 戸叶薫雄が日本に戻ってのちに記した、『朝鮮最近世史 附・韓国併合誌』(蓬山堂、1912年)、でも特に統監政治や韓国併合への批判的記述は見当たらず、安重根の伊藤暗殺についても「謬れる排日思想を抱懐し敢て此蛮行を謀りしもの」と記している。もっとも、当時、韓国併合を否定し、安重根を評価することは、直ちに弾圧の対象となったであろうから、そうした記述が彼の本意に基くかは不明である。

16 1908年4月23日付、警視総監丸山重俊より外務部長鍋島桂次郎宛「政談演説会の状況の件」。この資料については、韓国国史編纂委員会の提供する韓国史データベース、https://db.history.go.kr:443/id/jh_091r_0050_0030の画像データを確認。なお、原文の片仮名を平仮名に変えている。

17 『早稲田大学百年史』ウェブ版。https: //chronicle100.waseda.jp/index.php?%E7%AC%AC% E4%B8%89%E5%B7%BB%E7%AC%AC%E5%85% AD%E7%B7%A8%E3%80%80%E7%AC%AC%E5%8D%81%E4%BA%8C%E7%AB%A0

18 戸叶武『政治は足跡をもって描く芸術である』(戸叶武遺稿集刊行会、1988年、81頁)。

19 『第87回国会参議院外務委員会会議録』(第6号、1979年3月1日)。

20 『参議院 外務委員会(第73回国会閉会後)会議録』(第2号、1974年8月29日)。

21 『参議院 外務委員会(第73回国会閉会後)会議録』(第2号、1974年8月29日)。ただし、戸叶はソウルのほかに、平壌にも安重根の銅像があると言っているが、これは誤解であろう。

22　『参議院 外務委員会（第73回国会閉会後）会議録』（第２号、１９７４年８月29日）。
23　『第87回国会参議院外務委員会会議録』（第13号、１９７９年５月28日）。
24　『第87回国会参議院外務委員会会議録』（第６号、１９７９年３月１日）。
25　『第66回国会参議院予算委員会会議録』（第１号、１９７１年７月22日）。
26　『第85回国会参議院外務委員会会議録』（第３号、１９７８年10月16日）。
27　『第46回国会 参議院予算委員会第二分科会会議録』（第２号、１９６４年３月26日）。
28　『参議院 外務委員会（第73回国会閉会後）会議録』（第２号、１９７４年８月29日）。
29　『第87回国会 参議院外務委員会会議録』（第６号、１９７９年３月１日）。

参考文献

『第46回国会参議院外務省委員会第二分科会会議録』、第２号、１９６４年３月26日
『第66回国会参議院外務省委員会会議録』、第１号、１９７１年７月22日
『第85回国会参議院外務省委員会会議録』、第３号、１９７８年10月16日
『第87回国会参議院外務省委員会会議録』、第６号、１９７９年３月１日
『第87回国会参議院外務省委員会会議録』、第13号、１９７９年５月28日
『参議院外務委員会（第73回国会閉会後）会議録』、第２号、１９７４年８月29日
『朝鮮最近世史附・韓国併合誌』（蓬山堂、１９１２年）
「金芝河氏の権力風刺劇」、『朝日新聞』（１９７６年10月13日夕刊）
青野季吉(1931)「文芸時評２『おれの利益』とは何か」、『東京朝日新聞』（１９３１年４月３日）
徐成甫(1931)「翻訳은創作然」、『東亜日報』（１９３１年５月15日）
戸叶武（1988）『政治は足跡をもって描く芸術である』（戸叶武遺稿集刊行会）

由井正臣、小松裕編（2005）『田中正造文集』（東京：岩波書店）
中野泰雄（1984）『安重根　日韓関係の原像』（東京：亜紀書房）
尹致昊（1989）『尹致昊日記11』（国史編纂委員会）
吉野作造（1919）「対外的良心の発揮」、『中央公論』（1919年4月号）
三浦了覺（1915）『禅と武士道』
室謙二（1985）『踊る地平線　めりけんじゃっぷ長谷川海太郎伝』（東京：晶文社）

第8章　ハルビン事件と夏目漱石——『門』の内と外

田口律男

1　はじめに

2023年3月3日に亡くなった日本のノーベル文学賞作家・大江健三郎（1935～2023）は、その受賞スピーチ[1]のなかで、イギリス出身の詩人オーデンの詩の一節を引きながら、「小説家」は「人類すべての被害を鈍痛で受け止めねばならない[2]」*Must suffer dully all the wrongs of Man* と語った。この *all the wrongs of Man* のなかには、戦前の帝国日本が行った「アジアにおける侵略者の役割」*the position of an invader in Asia* も含まれていた。

東アジアにおいて、いちはやく近代化を推し進めた帝国日本は、西洋列強とのせめぎあいのなかで、アジア諸国に、植民地支配と戦争による大きな犠牲を強いてきた。その爪痕は、現在も消えていない。大江は、その過程で生じた *wrongs* のすべてを「鈍痛」として受け止め、「人類の全体の癒しと和解」*a cure and reconciliation of mankind* の可能性を、文学を通して追求する覚悟を語った。しかし、それが容易でないことは、誰もが知るところだろう。

いっぽう日本国内に目を向けると、現代にも様々な *wrongs* が身近に発生している。2022年7月8日には、安倍晋三元首相が国政選挙遊説中に銃撃され、死亡するという事件が起きた。いわゆる要人襲撃だが、こうした暴力／テロルは、歴史上枚挙のいとまがない。山上徹也容疑者の裁判は、まだ正式には始まっていないが、その動機については、宗教団体「世界平和統一家庭連合」（旧統一教会）によって、自分の家族と人生が台無しにされたことへの強い怨みがあり、その矛先が、（この宗教団体と深い関わりがあったとされる）元首相へと向かったと言われている。その動機がどうであれ、この事件は、命の尊厳のみならず、民主主義や言論の自由を踏み躙るものとして、強い批判にさらされている。しかし、一部には、山上容疑者を「英雄」と見る向きもあるようだ。たとえば、山上容疑者をモデルにした映画[3]は、あくまでも虚構ではあるが、容疑者の妹に「民主主義を壊したのは安倍さんのほうだよ。誰が考えても民主主義の敵を攻撃したのは兄さんだよ。だから私は尊敬するよ」と、ラストシーンで語らせている。また、現代作家の島田雅彦（1961〜）は、あるインターネット番組で、「暗殺が成功して良かった」と発言したことで炎上し、あわてて訂正するという一幕もあった。

こうした暴力／テロルの歴史も、*all the wrongs of Man* の一つとして、私たちは「鈍痛」とともに受け止めなければならないだろう。そのためには、加害者を単なるテロリストとして断罪したり、逆に英雄視したりするのではなく、そうせざるをえなかった当事者の実存に迫り、その事件の深層を探る必要がある。文学は、こうしたアクチュアルな問題にも向き合うが、あくまでも文学固有の想像力《イマジネーション》や言語活動《ランガージュ》を通して行われることを忘れてはならない。

2　夏目漱石とハルビン事件—問題の所在

いま述べたことは、安重根（1879〜1910）をめぐる日韓の歴史認識の問題にもつながっていく。しかし、紙幅は限られているので、本稿は焦点を絞り、近代日本文学を代表する作家・夏目漱石（1867〜1916）と、安重根が引き起こしたハルビン事件（伊藤博文暗殺事件）とのかかわりについて、とくに連載小説『門』（『朝日新聞』、1910年3月1日〜6月12日）に注目しつつ、いくつかの考察を行いたい。夏目漱石にかんする膨大な研究史を繙いても、この問題に正面から取り組んだ論考は限られている。その大きな理由は、漱石自身がこの事件にかんして沈黙を貫いたからである。しかし、注意深くみれば、漱石テクストにはその痕跡が刻み込まれている。それを同時代言説と比較しながら考察するのが、本稿の目的のひとつである。以下、通説を踏まえて、いくつかの論点を提示しておきたい。

（1）漱石は、イギリスに官費留学し、東京帝大で英文学を講じたのち、経済的には不安定な小説家の道を選んだ。近代日本を代表する知的エリートの一人ではあるが、国家や権力には一定の距離をおき、自分なりの個人主義を貫いた。

（2）しかし、安重根に連帯しようとした社会主義者・幸徳秋水に比べれば、漱石の植民地主義に対する批判精神は希薄であった。また、身心に沁みついた衛生観念に基づく民族差別的な傾向性があったことも否定できない。しかし、帝国日本に支配される朝鮮の人々に対して、惻隠の情を抱いていたことは確かである。

（3）小説家としての漱石は、天下国家を語らず、恋愛や結婚、金銭問題に翻弄される小市民の日常生活を描いた。そこでフォーカスされるのは、実存と他者とのぬきさしならない「関係」である。連載小説『門』は、前作『それから』を受け継ぐかたちで、「徳義上の罪」（姦通）によって結ばれた夫婦の閉ざされた日常を描いている。そこでも、実存と他者との不可抗力的な「関係」が問われている。

（4）『門』（連載三の二）は、渦中のハルビン事件に触れている。「伊藤公暗殺の号外」を見た妻（お米）は、夫（宗助）に「どうして、まあ殺されたんでせう」と何度も問いかける。この小説が連載された『朝日新聞』は、すでに「伊藤公暗殺の理由十五箇条」（1909年11月18日）や「所謂暗殺の理由」（1910年2月11日）を報じており、その内容を想起しつつ読んだ読者も少なくなかっただろう。また、ハルビン事件という伏線が、この夫婦の物語にどう接続するかを期待しつつ読んだ読者もいたに相違ない。

（5）学業も出世も諦め、「腰弁」（下級役人）として生きる野中宗助は、伊藤博文の暗殺を「運命」と捉え、「伊藤さん見た様な人は、哈爾賓へ行つて殺される方が可いんだよ」（三）と皮肉を込めて答えている。こうしたアイロニーは、他の作家には見られない漱石独自のものである。さらにこの小説は、人や出来事が複雑に絡まりあって引き起こされる「残酷な運命」（十四）を描いており、植民地の影を織り込んだテクストとして読むこともできる。

以上のように整理しても、漱石のハルビン事件への向き合い方には、不透明なあいまいさが残る。そのあいまいさに対して、近年、韓国の研究者から鋭い批判が浴びせられるようになった。たとえば朴裕河[4]は、(1)と(2)の不徹底な関係をラディカルに問い詰め、漱石および漱石作品に骨がらみになっている進歩主義、近代主義、国家主義、帝国主義、男性中心主義、本質主義といった一連の負の傾向性を暴き、「漱石神話」を解体しようと試みた。また、都珍淳[5]は、歴史家の立場から、安重根に対する日本人作家(幸徳秋水・徳富蘆花・石川啄木・夏目漱石)の理解度を比較分析したうえで、「漱石は、ハルビン事件当時には中国と韓国に対して明確な偏見を有していた。『門』で伊藤の死を『やっぱり運命だなあ』と表現したことは安重根と立場が似ていると考えられるけれど、間違いなく『似て非なるもの』である。彼の視点から見た安重根は伊藤の死を英雄的にするための配役に過ぎない」——と厳しく査定している。

さらに日本においても、植民地主義の観点から、『門』の同時代状況や、作中人物の表象を再検証する動きが現れてきた。たとえば五味渕典嗣[6]は、「『門』の作品世界は、二〇世紀初頭の日本帝国にあって、ドメスティックなものが、いかにコロニアルなものに支えられていたかを端的に示している」として、弱肉強食の生存競争にさらされた作中人物の思考停止(それは「神経衰弱」と表象される)と、「朝鮮半島の植民地化に直接的・間接的に参与していると感じる想像力を、すっかり摩滅させられている」こととは、パラレルの関係にあると指摘している。(五味渕論文については後段でも触れる。)

本稿も、こうした問題意識を引き継ぐかたちで考察を進めるが、言語論的転回を経たテクスト論に依拠する筆者としては、作家漱石と小説テクストとは、いちおう分けて考えることにしたい。なぜなら、作品は当然作家が生みだすものではあるが、言語によって編まれたテクストは、つねに作家の意図を裏切ったり、逸脱したりする可能性を秘めているからである。

3　ハルビン事件をめぐる夏目漱石周辺の言説傾向

この節では、論点（2）を補いつつ、漱石および漱石周辺にいた知識人・言論人の言説傾向を確認しておきたい。

ハルビン事件からほどなく、大逆事件に連座し、処刑された幸徳秋水（1871〜1911）と、安重根とを結ぶミッシングリンクについては、先行研究がほぼ明らかにしている。秋月望[8]のまとめによれば、1910年6月1日、湯河原で拘引された幸徳秋水は、同年3月26日に旅順監獄で処刑された安重根の絵葉書を所持していた。（その実物は現在、明治学院大学図書館の沖野岩三郎文庫に保管されている。ただし、その絵葉書と大逆事件との直接の因果関係はない。）その絵葉書には、秋水の手書きによる漢詩と、サンフランシスコ平民社の岡繁樹による英語キャプション[8]とが添えられていた。

秋水が書き添えた漢詩は、「舎生取義／殺身成仁／安君一挙／天地皆振　秋水題」となっている（傍線は筆者による。以下同じ）。一行目は、『孟子』告子章句（上）十章の「生亦我所欲也　義亦我所欲也　二者不可得兼　舎生而取義者也」（生も亦た我が欲する所なり。義も亦た我が欲する所なり。二者兼ぬるを得可からずんば、生を舍てて義を取る者なり）を典拠とし、二行目は、『論語』衛霊公第十五の「子曰、志士仁人、無求生以害仁。有殺身以成仁」（子曰く、志士仁人は、生を求めて以て仁を害すること無し。身を殺して以て仁を成すこと有り）を典拠としている。

つまり秋水は、「義」や「仁」といった儒教的倫理に基づき、「安君一挙」を最大級に称賛しているのである。ちなみに二行目の「殺身成仁」は、獄中の安重根が揮毫した遺墨の一つ「志士仁人殺身成仁」と一致している。秋水は高知（土佐）の人脈を介して、この遺墨の存在を知り、そこに込められた安重根の精神に深く共鳴した可能性がある。秋水の植民地主義に対する認識については、ここで深追いする余裕はないが、以下の「声明」[9]に名を連ねていた事実を重く受け止めておきたい。

吾人は朝鮮人民の自由、独立、自治の権利を尊重し之に対する帝国主義的政策は万国平民階級共通の利益に反するものと認む、故に日本政府は、朝鮮の独立保障すべき言責に忠実ならんことを望む。（「社会主義有志者の声明」、『大阪平民新聞』、1907年8月1日）

こうした幸徳秋水の存在を、安重根が知っていた可能性は限りなく低いが、少なくとも幸徳秋水は、安重根の行動を義挙として捉え、連帯の意志を示していたことは確かである。それは前述した都珍淳や金正勲[10]らも認めるところである。

いっぽう夏目漱石の身近にいた知識人・言論人――たとえば東京朝日新聞社主筆の池辺三山（1864~1912）、同じく朝日新聞社会部長の渋川玄耳（1872~1926）、朝日新聞で校正係を務めていた石川啄木（1886〜1912）、統監府の御用英字新聞 *The Seoul Press*（セウルプレス）主筆の山縣五十雄（1869〜1959）らは、みな共通して、韓国併合の断行に否定的な立場をとりつつ、伊藤博文の漸進主義的な「保護政治」[11]を肯定する立場をとっていたことが確認できる。

たとえば、漱石を朝日新聞社に招き入れた池辺三山は、「対韓方針」（『中央公論』、1910年1月）のなかで、次のように述べている。

処で日本の是迄の統監政治、これは私は成功して居るとは認めて居ない。けれどもエライ失敗とも思はない。伊藤公自らも多分成功とは信じて居なかつたらう。若し成功と信じてゐたら統監を罷める時になつて迄も司法権を引上るとか軍部を廃止するとかいふ事はせなかつたであらう。（中略）……本当の朝鮮、本当の朝鮮人に安寧幸福を与ふる政治を行つたならば多数の人民が次第〳〵に安心し、次第〳〵に日本の政治に謳歌するやうに必らずなるだらうと私は信じて居る。

池辺三山は、伊藤博文亡きあとも「現状維持」を貫き、朝鮮民衆の「安寧幸福」を保障する穏健な「保護政治」を継続するよう提言している。また、漱石と学生時代から交流のあった山縣五十雄は、「唯一の対韓政策」（『中央公論』、1910年3月）において、次のように述べている。

特に余が在留日本人諸君に希望するは韓人との関係を改善するが為めに伊藤公の遺志を継ぎて彼等を同化するに努められたき事である、（中略）彼等を遇するに同情と深切とを以てし、誠実に彼等を教導し、日本人が此国に来たのは畢竟日本人自身の為めのみにあらずして、遂に韓人の利益となるべきことを悟らしむるに在る、恰も親が其子を愛する如く兄が其弟を導く如く、友人が友人に対する如く、同情と愛とを以て彼等に臨まば、彼等如何に頑冥なりとも遂に我が徳に化せられざるべき

山縣五十雄は、「伊藤公の遺志」を継ぎ、「同化」政策を推し進め、「同情と深切（と愛）」をもって朝鮮民衆を「教導」すべしと説いている。こうした言説は、当時においては、穏健な人道主義と見做されただろうが、こんにちから見れば、権力の勾配に無自覚な、すなわち被介入者の自律／自己決定を侵害する悪しきパターナリズム（父権的温情主義）の典型と言わざるを得ないだろう。[12] そのことは厳しく査定されなければならないが、当時の漱石周辺では、こうしたパターナリスティックな言説が支配的であったことは銘記しておきたい。また、山縣五十雄は、伊藤博文の銃撃事件にかんして、同じ文章のなかで、次のように述べている。

去年十月二十六日ハルビン停車場に於ける銃声は韓人の我国人に対する重なる怨恨の爆発したもので、煙の裡に敢なく絶息したる伊藤公は韓人を苦めたる総ての日本人に代りて死んだのである、（中略）願はくは伊藤公の死をして悪しき在留日本人の罪を贖はしめよ。

ここには、安重根の動機（怨恨）を推し量り、その原因を在留日本人の悪行に求め、その犠牲に

なって死んだ伊藤博文を悼む視点がある。韓国統治の前線に立っていた友人らのこうした言説が、夏目漱石に影響を与えた可能性は否定できない。事実、漱石自身も「満韓ところ〴〵」の旅の途中に書き留めた日記（1909年10月5日）のなかで、当の山縣五十雄らに会い、在留日本人の悪行の数々を聴いたうえで、「余韓人は気の毒なりといふ。山県賛成。隈本も賛成」と記している。こうしたパターナリスティックな傾向性は、それ以外にも確認できる。漱石は、1910年の韓国併合にかんしては沈黙を貫いているが、それに先立つ皇帝高宗の強制退位（1907年）については、珍しく弟子の小宮豊隆に次のような私信を送っている。

朝鮮の王様が譲位になつた。日本から云へばこんな目出度事はない。もつと強硬にやつてもいゝ所である。然し朝鮮の王様は非常に気の毒なものだ。世の中に朝鮮の王様に同情してゐるものは僕ばかりだらう。あれで朝鮮が滅亡する端緒を開いては祖先へ申訳がない。実に気の毒だ。

ここには、漱石の矛盾が露呈している。「非常に気の毒」という想いは、先に見た日記の「韓人は気の毒なり」とも一致しており、その心情に偽りはなさそうだ。しかし、「日本から云へばこんな目出度事はない」、「もつと強硬にやつてもいゝ」と吐露している以上、この「同情」もまた悪しきパターナリズムに近いものがあると言えるだろう。論点（2）で指摘した「惻隠」の情とはこのことである。

ところで、先に見た『中央公論』は、ハルビン事件の直後に、「対韓策を如何せん」（1909年12

月）という「社論」を掲げている。その主旨は、伊藤博文が説いた「保護国説」を踏襲するという一点に尽きるのだが、「暗殺」の是非に触れた一節があり、これまで注目されてこなかったので、以下に引用しておきたい。

吾人は暗殺を以て卑怯の極とし、如何なる場合にも之を是認すること能はず、武装なきものを殪すは、嬰児の手を捻るより尚ほ残酷成、（中略）然れども我が国には尚ほ動もすれば暗殺を是認せんとするものなきにあらず、西野文太郎[13]の墓に今尚ほ香華の耐えずといふに視よ、来島恒喜[14]のために堂々として追善法会を営みたるものありしに思へ、一身を犠牲にしたる志を美なりとし、其の兇手を逞くせる竟に寸毫の私讐あるにあらずとするも、其の手段の極悪なる、幾んど譬ふべきものなし、（中略）且つ吾人は問はんと欲す、西野、来島の徒に同情を寄与するもの、何ぞ伊藤公を暗殺したる安重根輩に同情せざるやと、其の日本人たるには同情するも、韓国人なるがために憎悪すといふは、士君子の口にだもすべき所にあらず、況んや之を憎悪するの極、坐ろに対韓策の変更を主張する如きをや。（中略）吾人は唯だ我が尊重すべき一元老、殊に韓国の恩人たる一政事家が、韓人の毒手に殪れたるに憤慨するがために、其の怒りを移して直ちに非保護国説を主張することを非とするのみ

ここには「暗殺」による体制変革の是非を問う視点がある。筆者なりに敷衍すれば、以下のようになるだろう。①「暗殺」は暴力であり、「卑怯」な振る舞いである。ゆえに、いかなる動機があった

としても、「暗殺」を是認してはならない。②それは安重根の場合も同じである。しかし、日本人による「暗殺」を称賛するなら、安重根の行いも称賛しなければ筋が通らない。③この度の事件に「憤激」して、「非保護国説」に転ずることも、暴力による体制変革に繋がる。ゆえに、これまでの「保護国説」を踏襲すべきである。――これは、やや屈折を含むものの、「暗殺」（暴力）による体制変革を否定する論理と言っていいだろう。ただし、「士君子」の言葉が示すように、この言説は儒教的倫理に基づくものであり、この論理自体にも矛盾や綻びがないとは言い切れない。なぜなら、現実の統治権力は、実際に様々な暴力[15]を行使してきたのであり、そもそも韓国の保護国化を狙った帝国日本の原暴力を等閑視した議論だからである。（ただし、その原暴力を、西欧列強が支配する19世紀の世界システムに帰責する論理もあり得るだろう。）とはいえ、ここには、まがりなりにも伊藤博文が説いた「保護国説」を踏襲し、ハルビン事件以後の混乱を鎮めようとするパターナリスティックな傾向性を読みとることができる。

以上、見てきたように、『中央公論』という比較的リベラルな媒体に依拠した夏目漱石周辺の知識人・言論人は、ハルビン事件を契機とする韓国併合の断行に批判的なスタンスをとり、伊藤博文が推し進めた漸進主義的な「保護政治」を支持する立場をとっていた。夏目漱石も立場的にはそれに近く、パターナリスティックな傾向性が認められた。しかし漱石は、現実問題にはコミットせず、個人主義の立場で小説を書き続けた。そこでは、実存と他者とのぬきさしならない「関係」が問われ、植民地の影も見え隠れしている。以下では、その内実を細かく割って吟味したい。

4 『門』のオブセッション――「残酷な運命」と植民地の影

論点（3）（4）（5）で触れたように、連載小説『門』は、前作『それから』を受け継ぐかたちで、「徳義上の罪」（姦通）によって結ばれた夫婦の閉ざされた日常を描いている。野中宗助とお米は、過去に友人（安井）を裏切り、姦通に近いかたちで結ばれた結果、世間から追われ、広島・福岡に流転したのち、東京の「山の手の奥」に逼塞して暮らしている。学業も出世も断念し、「腰弁」として生きる宗助は、生計に追われ、わずかな遺産相続や、弟の学費問題に翻弄される。また、妻のお米は不如意な暮らしのなかで、身心を病み、三人の赤子を喪ってしまう。そして二人は、「満洲」に渡ったとされる安井の影に怯え、「宗教」に救いを求めもするが、「残酷な運命」に糾われながら、身を寄せ合って生きていく。小説は、いくつかの懸念が去り、「本当に有難いわね。漸くの事春になつて」と安堵するお米に向かって、宗助は「うん、然し又じき冬になるよ」と応じるところで閉じられる。

このように『門』は、実存と他者との「関係」が不可抗力的に引き起こす「残酷な運命」を主題にしている。この夫婦を追い詰めるのは、「徳義上の罪」に対する社会的制裁としての経済問題のみならず、友人を裏切ったことに対する負い目や罪責感であることが理解できる。しかし、それ以上に、この夫婦は過剰ともいうべき強迫観念《オブセッション》に囚われている。宗助の場合、それは、「満洲」に去ったとされる安井との異常接近《ニアミス》の場面に露呈している。少し長くなるが引用してみよう。

宗助は夜具を被つた儘、ひとり硬くなつて眼を眠つてゐた。彼は此暗い中で、坂井から聞いた話を何度となく反覆した。彼は満洲にゐる安井の消息を、家主たる坂井の口を通して知らうとは、今が今迄予期してゐなかつた。もう少しの事で、其の安井と同じ家主の家へ同時に招かれて、隣合せか向合せに坐る運命にならうとは、今夜晩食を済ます迄、夢にも思ひ掛けなかつた。彼は寝ながら過去二三時間の経過を考へて、其クライマックスが突如として、如何にも不意に起つたのを不思議に感じた。且悲しく感じた。彼は是程偶然な出来事を借りて、後から断りなしに足絡を掛けなければ、倒す事の出来ない程強いものとは、自分ながら任じてゐなかつたのである。自分の様な弱い男を放り出すには、もつと穏当な手段で沢山でありさうなものだと信じてゐたのである。

小六から坂井の弟、それから満洲、蒙古、出京、安井、――斯う談話の迹を辿れば辿る程、偶然の度はあまりに甚だしかつた。過去の痛恨を新にすべく、普通の人が滅多に出逢はない此偶然に出逢ふために、千百人のうちから選り出されなければならない程の人物であつたかと思ふと、宗助は苦しかつた。又腹立しかつた。彼は暗い夜着の中で熱い息を吐いた。（十七）

ここには、この小説の核となる「残酷な運命」の内実が示されている。それは繰り返せば、いくつもの「偶然」が撚り合わされ、決定的な「クライマックス」（カタストローフ）を招き寄せる「関係」の力学である。宗助からすれば、安井との「偶然」のニアミスこそ「残酷な運命」の現前であったと言っていいだろう。とはいえ客観的に見れば、こうした「偶然」自体は、当事者の責任の埒外にあるのだから、極論すれば天変地異やアクシデントのように、（不運ではあっても）確率や統計の問題と捉えられないこともない。しかし、宗助はそういう理路には向かわず、生々しい恐怖に襲われる。それは、何に由来するのだろうか。

　作家漱石に目を向けるなら、これに類似するものを、ハルビン事件に接した反応に見ることができる。作家の黒川創[16]が発掘した『満洲日日新聞』所載の漱石のエッセイには、ハルビン事件の号外から受けた衝撃が吐露されている。「公の狙撃されたと云ふプラットフォームは、現に一ヶ月前に余の靴の裏を押し付けた所だから、希有の兇変と云ふ事実以外に、場所の連想からくる強い刺激を頭に受けた（中略）今朝わが朝日所載の詳報を見ると、伊藤公が撃たれた時、中村総裁は倒れんとする公を抱いてゐたとあるので、総裁も亦同日同刻同所に居合せたのだと云ふ事を承知して、又驚ろいた」（「満韓所感（上）」、１９０９年11月５日）――黒川創は、漱石の筆致に、「何かだらだらとはぐらかされているような退屈さ」があると指摘するが、むしろここには「強い刺激」に慄く身体感覚が認められる。同じ場所に立ったという足裏の感触。一歩間違えば、自分も旧友（中村是公）と同じく、「同日同刻同所」に居合わせ、凶弾を浴びたかもしれないという恐怖。そんな生々しいオブセッションがここにはある。こうした強迫観念は、漱石固有の傾向性と言えなくもないが[17]、ハルビン事件について多くを語らなかった理由は、それが他人事だったからではなく、こうした生々しいオブセッションを抑えようとする心理機制が働いた可能性も否定できない。少なくとも、ハルビン事件に接した漱石の身体反応と、『門』における宗助の身体反応とは、同じ周波数で共振していることを確認しておきたい。

　話をもとに戻せば、『門』の宗助は、安井から大切なものを奪った。その結果、安井は「あらゆる自暴と自棄と、不平と憎悪と、乱倫と悖徳と、盲断と決行と」（十七）に衝き動かされ、「冒険者《アドヴエンチユアラー》」

となって「満洲」を「漂浪」する。これもまた宗助のオブセッションが作り上げた「想像」に過ぎないが、安井（この名前から安重根を連想するのは恣意的だろうか……）の表象には、明らかに植民地の影が塗り込められている。「兎に角満洲だの、哈爾賓だのつて物騒な処ですね。僕は何だか危険な様な心持がしてならない」（三）――これはハルビン事件に触れた弟（小六）の世間並みの懸念に過ぎなかったが、宗助は安井とのニアミスを通して深甚なる恐怖を味わうことになる。あえて伏線という言葉を用いるなら、連載の早い段階で張られたハルビン事件の伏線は、安井と宗助のニアミスに変換され、周到に回収されているのである。

　いっぽうお米のシークェンスは、さらに複雑である。お米は、宗助のように安井の影に怯える様子は見当たらない。それは単にお米が安井とのニアミスを知らなかった（知らされなかった）からに過ぎないが、お米の置かれた境遇にも因るだろう。安井はお米を「是は僕の妹だ」（十四）と宗助に紹介していた。石原千秋[18]が推測するように、二人は、正式な婚姻関係ではなく「駆け落ち」、あるいは「内縁関係」であった可能性が高い。しかし、いったん「徳義上の罪」（姦通）に抵触する事態が生じた時、法的にも経済的にもヴァルネラブルな位置にあるお米は、『それから』の三千代がそうであったように、「死ぬ積で覚悟を極め」る必要があっただろう。ゆえにお米は、いまさら安井の影に怯えることはないに違いない。しかし、度重なる身心の失調と、三人の赤子を喪う経験とが、お米を追い詰めていく。お米のオブセッションが露わになる場面を見ておこう。

　彼女は三度目の胎児を失つた時、夫から其折の模様を聞いて、如何にも自分が残酷な母であるかの如く感じた。自分が手を下した覚がないにせよ、考へ様によつては、自分と生を与えたものゝ生を奪ふために、暗闇と明海の途中に待受けて、これを絞殺したと同じ事であつたからである。斯う解釈した時、お米は恐ろしい罪を犯した悪人と己を見做さない訳に行かなかつた。さうして思はざる徳義上の苛責を人知れず受けた。しかもその苛責を分つて、共に苦しんで呉れるものは世界中に一人もなかつた。お米は夫にさへ此苦しみを語らなかつたのである。（十三）

お米は、みずからの手で「三度目の胎児」を「絞殺」したというオブセッションに苛まれている。しかし、客観的な根拠があるわけではない。妊娠五か月目に「尻持を突いた」事実はあったにせよ、それが直接の原因であるとは限らない。にもかかわらず、お米はみずからを「残酷な母」と責めて止まない。

三好行雄[19]は、「夢十夜」の第三夜に顕著な子殺しのモチーフと関連づけながら、「……漱石の文学に時にくりかえされる幼きものの死、とくに闇から闇へのぶきみなイメージのともなうそれは、夜店の大道で小さな笊に捨てられていた赤ん坊の、あえていえば、両親の愛に飢えつづけて育った生いたちゆえのトラウマ（精神的外傷）と、決して無関係ではなかったはずである。『門』は、漱石のトラウマの所在をかいまみせた作品であった。」（傍点ママ）――と指摘している。作家／作品論にこだわり続けた三好行雄ならではの所説だが、漱石の精神的外傷と子殺しとがどう関係するかは必ずしも明確ではない。

そこで本稿は視点を変え、「三度目の胎児」の死因が「臍帯纏絡《さいたいてんらく》」とされていることに注目してみたい。テクストには「……胎児の頸を絡んでゐた臍帯は、時たまある如く一重ではなかつた。二重に細い咽喉を巻いてゐる胞《えな》を、あの細い所を通す時に外し損なつたので、小児はぐつと器官を絞められて窒息して仕舞つたのである。」（十三）――とある。これは当時の医学の常識からしても、やや不正確な言説と言わざるを得ない。たとえば、当時読まれていた医学書には、「臍帯纏絡」は、「分娩四回に一回は之を見る。就中児頸に纏絡（からまる、もつれる）するを多しとす。妊娠中に此事あるときは、胎児死することあり」[20]とあるが、「窒息」が原因であるとは明示されていない。また、「臍帯が固く頸の周囲に纏巻し若しくは真結節固く緊まるときには臍帯内の血行を阻げ為に胎児の死亡を来すことあり」[21]とあるように、「臍帯内の血行」が妨げられることが原因と説明されている。つまり、久米依子[22]が正しく指摘するように、「……出生前の胎児は肺呼吸するのではなく、臍帯から母体血で酸素を送られるのだから、臍帯が気管を絞めて窒息するという説明は誤り」である。

当時の医学的知識がどこまで一般に流布していたかは判然としないが、「臍帯纏絡」という医学用語をわざわざ持ち出し、それを「絞殺」と結びつける連想が尋常でないことだけは明らかだろう。テクストは続けて、お米が「動かしがたい運命の厳かな支配」を認め、「呪詛《のろい》の声を耳の傍に聞」（十三）き、さらに易者に「貴方は人に対して済まない事をした覚がある。其罪が祟つてゐるから、子供は決して育たない」と宣告され、「此一言に心臓を射抜かれる思ひがあった」（十三）と追い込んでいく。つまり、お米はみずからが犯した「罪」の因果応報として赤子の死を受け止めるがゆえに、赤子を「絞殺」したというオブセッションに囚われるのである。

しかし、ここで読者は立ち止まらざるを得ないだろう。そもそもお米が犯した「罪」とは、ひとえに安井を裏切ったことに起因するが、それは宗助同様、不可抗力的な「偶然」の産物であったはずである。まして、お米側に法的あるいは経済的な自己決定権があったはずもなく、我が子を「絞殺」したというお米のオブセッションは、明らかに軽重のバランスを欠いている。テクスト論的に見れば、お米のオブセッションの根拠は「空所」（W・イーザー）になっており、その過剰さ（あるいは欠如）ゆえに、読者は違和感とともに、なにがしかの想像力をかきたてられることになるだろう。ここで暗合一致するのが、ハルビン事件（すなわち伊藤博文が絶命した日）からちょうど5か月後の1910年3月26日に執行された安重根の「絞殺」である。「臍帯纏絡」を含む先の引用が新聞に掲載されたのは1910年5月1日。漱石がこの原稿を書いた時日は特定できないが、それほど時間的に隔たっていないことは確かである。安重根の死刑について、漱石は何も語っていないが、その事実を知っていたことは疑いない。「安重根死刑執行」（『朝日新聞』1910年3月28日）の記事は、『門』と同じ紙面に掲載されているし、満洲日日新聞社長であった旧友（伊藤幸次郎）から寄贈された『安重根事件公判速記録』（満洲日日新聞社発行、1910年3月）にも、「三月二十六日午前十時死刑を執行せられたり」と報告されている。この書への漱石の書き込み等は確認できないが、漱石がその事実を知らなかったことはあり得ない。

むろん、お米のオブセッションと安重根の絞首刑とを結びつける徴表は、テクスト内部には存在しない。それはテクストをとりまく同時代コンテクストからの観念連合に過ぎない。しかし、「臍帯纏絡」、「窒息」、「絞殺」といった不穏当な言葉の系列《セリー》から、安重根の絞首刑の連想までは、ほんのひとまたぎである。漱石のハルビン事件に対するオブセッションは、お米のオブセッションに分有され、それとは知れない形で伏線回収されていたのである。

論点（3）で述べたように、このテクストは、冒頭に近い場面で、渦中のハルビン事件について触れていた。その時点では、宗助は伊藤博文の暗殺を「矢つ張り運命だなあ」と傍観者的に語り、「己見た様な腰弁は、殺されちや厭だが、伊藤さん見た様な人は、哈爾浜へ行つて殺される方が可いんだよ」、「何故つて伊藤さんは殺されたから、歴史的に偉い人になれるのさ。たゞ死んで御覧、斯うは行かないよ」（三）――などと皮肉を込めて応答していた。先に触れた都珍淳は、この個所を引用し、「伊藤は死まで劇的であり英雄的であるという賛辞」と分析しているが、そこまで強いオマージュを読み取ることはできない。むしろ宗助は、「腰弁」であることを自嘲し、その対比として「偉い人」である伊藤を持ち上げながら、アイロニーを込めてその死を語っているのである。ゆえに、「矢つ張り運命だなあ」という言葉は、この段階では、場当たり的な放言にすぎなかった。しかし、『門』という小説は、宗助とお米の暗い過去に迫り、彼等の身心に内攻する「人に見えない結核性の恐ろしいもの」（十七）を掘り下げていく。そこで語られるのが、「平凡な出来事を重大に変化させる運命の力」であり、「残酷な運命」であった。ここで使われる「運命」は、ミクロな出来事の累積が、ある決定的なカタフトローフを招き寄せるものとして上書きされている。このように漱石の『門』は、ハルビン事件、および植民地の影を織り込んだテクストとして読むことが可能なのである。

5　暫定的なまとめ

漱石の『門』と、植民地主義との関係を最もラディカルに追究したのは小森陽一[23]であった。小森は、宗助・お米の身心、ならびに日々の暮らしの隅々に刻み込まれた帝国日本の植民地主義の痕跡を細部にわたって拾いあげた。また、論点（4）で示した「号外」をめぐるシークェンスと、新聞報道との共振関係についても的確に指摘している。さらに別のところ[24]では、「臍帯纏絡」を含む三度の赤子の死の語られ方に注目し、宗助／お米の非対称的なミスコミュニケーションについても言及している。こうした観点は、冒頭で触れた五味渕典嗣の「ドメスティックなものが、いかにコロニアルなものに支えられていたか」を問う問題意識にも受け継がれている。しかし両者は、上述したような宗助・お米のそれぞれの強迫観念《オブセッション》とハルビン事件との相関関係を見落としている。また、金正勲『漱石と朝鮮』（中央大学出版部、2010）は、宗助・お米・安井の三者関係のなかに、積極的に植民地の影を読み取ろうとしている。金正勲によれば、安井を裏切った宗助・お米の「罪」は、帝国日本が満洲（朝鮮）に対して行った「罪」とそのまま重なるという。しかし、これもまた上述のオブセッションとハルビン事件との相関関係を見落としているために、やや図式的な理解にとどまっていると言わざるを得ない。

本稿では、漱石がパターナリスティックな傾向性を持ちつつも、小説においては実存と他者とのぬきさしならない「関係」を問い続けたことを強調してきた。このことは、『門』というテクスト、および作家漱石を、現代においてどう評価するかという問題に直結する。小森らが指摘するように、確かに『門』には、帝国日本の植民地主義の痕跡が陰に陽に刻み込まれている。しかし、論点（2）で指摘したように、安重根に連帯しようとした幸徳秋水に比べれば、漱石の批判精神には限界があったことは否めない。とすれば、漱石のアプローチは、みずからの政治的文脈に無自覚な、内向きのアイデンティティ・ポリティクスに過ぎなかったのだろうか。この点について、最後に私見を述べておきたい。

帝国日本の植民地主義によって被害を受けた当事者（そこには過去／現在、被害／加害に限らず、修復的司法の恩恵を受けていないすべての人々が含まれる）からすれば、漱石文学の試みは生温く、曖昧なものに映るだろう。漱石自身のパターナリスティックな傾向性もその評価を助長するに違いない。しかし、文学者や小説家の仕事は、幸徳秋水のように現実問題に直接コミットすることばかりではないはずである。『門』の宗助やお米は、明らかに身心を病んだものとして表象されている。彼らの身体感覚に根ざすアクチュアリティは、この帝国日本の現実《リアリティ》からズレながら揺らいでいる。五味渕がいうように、そうした「神経衰弱」的な表象が帝国日本の植民地主義的現実を見えにくくする側面があることは否定できない。しかし、彼らは不可抗力的な「関係」が構造的に生み出した *wrongs* の強迫に脅える実存でもあった。冒頭で触れた大江健三郎の言葉を借りるなら、漱石の『門』は、帝国日本が生み出した *wrongs* を「鈍痛」として受け止めるテクストとして捉えることができる。

漱石周辺の知識人・言論人は、日韓併合に消極的な立場をとりつつも、他者である「彼ら」をどうやって「我ら」の内部に併合するかを前提にしている。そこでは、「我ら」と「彼ら」との間の共約可能性が問題にされる。悪しきパターナリズムもそこから派生すると言っていいだろう。
しかし、漱石の小説テクストにおいては、そうした二元論的なパラダイムが脱臼させられる。そこで問われるのは、あくまでも「我ら」の内部にある差異であり、しかも自らが生み出した「内なる他者」の回帰に脅える物語なのである。こうした文学テクストは、帝国の植民地主義を表立って批判することはないが、その欲望を非活性化し、時空を超えて、我々に問いを突き付けてくる。漱石の『門』は、帝国日本のネガを表象したテクストであり、ハルビン事件を別のかたちで再現した小説と言えるのである。

付記　本稿は、２０２４年２月20日、龍谷大学大宮キャンパスに於いて開催された、龍谷大学安重根東洋平和研究センター&圓光大学東北アジア人文社会研究所による日韓学術大会『安重根の東洋平和思想と東北アジアの未来共生』において報告した内容を論文化し、龍谷大学『社会科学研究年報第54号』に掲載したものである。対話の過程で、有益なご意見を賜った各位に、心から御礼と感謝を申し上げたい。

注

1　https://www.nobelprize.org/prizes/literature/1994/oe/lecture/　日本語版は、『あいまいな日本の私』（岩波書店、1995）所収。

2　日本語版「あいまいな日本の私」では、深瀬基寛の訳語を採用しているので、*wrongs*を「被害」としている。しかし、ここではより広く捉えて、「過ち」「悪事」といった意味で把握しておきたい。

3　足立正生監督作品『REVOLUTION+1』、2022、https://revolutionplus1.com/

4　朴裕河『ナショナル・アイデンティティとジェンダー――漱石・文学・近代』（クレイン、２００７）

5　都珍淳「韓国の安重根と日本の知識人たちの平和論比較」（『安重根・「東洋平和論」研究』所収、明石書店、２０２２）

6　五味渕典嗣「占領の言説、あるいは小市民たちの帝国」（『漱石研究』第17号、２００４年11月）

7　秋月望「沖野岩三郎文庫の安重根絵葉書」（明治学院大学『国際学研究』、２０２１年３月）

8　以下に英文キャプションと邦訳を引用しておく。

JUNG-KEUN AN

The Korean Martyr who killed Prince Ito at Harbin. As seen in this picture, the cut off Ring-Finger of the left hand represents the oath of a regicide, according to the old custom of the Koreans.

The characters of the upper corners of the picture is facsimile of the Poem written by D.KOTOKU , a prominent Japanese Anarchist, praising the brave conduct of the martyr.

（安重根　ハルビンで伊藤公爵を暗殺した朝鮮の殉教者である。この写真に見られるように、朝鮮の古い習慣によって切断された左手の薬指は、弑逆の宣誓をあらわしている。写真の上部に記された文字は、卓越した日本の無政府主義者・幸徳伝次郎が書いた漢詩の複写で、殉教者の勇敢な行動を賞賛している。）

9　この「声明」は、社会主義者・西川幸次郎（１８７６～１９４０）が中心となって起草したもので、片山潜派の『週間社会新聞』と、幸徳派の『大阪平民新聞』とに掲載された。詳しくは、吉岡吉典「明治社会主義者と朝鮮」（『歴史評論』、１９６５年６月）参照。

10　金正勲は、国籍や思想信条の違いを越えた安重根／幸徳秋水／中采浩という「越境的関係」を指摘している。(金正勲「夏目漱石と植民地支配―安重根の話題などをめぐって―」、第8回日韓国際学術会議シンポジウム予稿集、2022.2)

11 瀧井一博『伊藤博文』(中央公論新社、2010)に、以下のような指摘がある。「伊藤は韓国に「文明」を扶植せんとした。(中略)その文明とは殖産産業によってもたらされる物質的繁栄にとどまらず、民衆の精神的な開化を求めたものだった。そのために伊藤は教育改革と知の刷新を重要視していた。/(中略)伊藤にしてみれば、教育のような人間の精神構造の変革にかかわる問題は、決して一朝一夕に実現されるものではなく、一歩一歩着実に根付かせていく必要があったのである。ここでも彼は漸進主義の信奉者であり、またそうあらざるを得なかった。(中略)漸進主義による教育改革は、伊藤の保護政治を一貫する関心事だったと言える。」(310-311頁)

12 パターナリズムは、法学、倫理学、医療、福祉、教育などの分野で盛んに議論されている。パターナリズムそのものが否定されるわけではないが、何をもって正当化されるかについては、慎重な議論が求められる。一例として、中村直美『パターナリズムの研究』(成文堂、2007)参照。

13 西野文太郎(1865〜1889)は、山口県出身の国家主義者。伊勢神宮参詣で不敬な行動をとったという理由で、文部大臣・森有礼を暗殺した。

14 来島恒喜(1860〜1889)は、福岡県出身の国家主義者。外相・大隈重信の条約改正案に反対し、爆弾を投じて重傷を負わせた。

15 閔妃暗殺事件(1895)はその象徴であり、安重根もまたその暴力によって処刑された。

16 黒川創『暗殺者たち』(新潮社、2013)参照。

17 夏目鏡子『漱石の思ひ出』(改造社、1928)には、英国留学から帝大講師時代の漱石の強迫神経症的な振る舞いの数々が、妻の視点から活写されている。

18 石原千秋『反転する漱石』(青土社、1997→増補新版、青土社、2016)所収。

19　三好行雄『森鷗外・夏目漱石』（三好行雄著作集第2巻、筑摩書房、1993）所収。
20　竹中成憲『簡易産婆学』（第三版、半田屋医籍、1909年3月）
21　木下正中『産婆学講義下』（第四版、南江堂、1910年3月）
22　久米依子「「残酷な母」の語られ方」（『漱石研究』第17号、2004年11月）
23　小森陽一『ポストコロニアル』（岩波書店、2001）
24　小森陽一『漱石深読』（翰林書房、2020）

参考文献

「金芝河氏の権力風刺劇」『朝日新聞』、1976年10月13日、夕刊
戸叶武（1988）『政治は足跡をもって描く芸術である』（戸叶武遺稿集刊行会）
大江健三郎（1995）『あいまいな日本の私』（東京：岩波書店）
朴裕河（2007）『ナショナル・アイデンティティとジェンダー：漱石・文学・近代』（東京：クレイン）
都珍淳（2022）「韓国の安重根と日本の知識人たちの平和論比較」（『安重根「東洋平和論」研究』、東京：明石書店）
五味渕典嗣（2004）「占領の言説、あるいは小市民たちの帝国」（『漱石研究』第17号、2004年11月）
秋月望（2021）「沖野岩三朗文庫の安重根絵葉書」（明治学院大学『国文学研究』、2021年3月）
吉岡吉典（1965）「明治社会主義者と朝鮮」（『歴史評論』、1965年6月）
瀧井一博（2010）『伊藤博文』（東京：中央公論新社）
中村直美（2007）『パターナリズムの研究』（東京：成文堂）
黒川創（2013）『暗殺者たち』（東京：新潮社）
夏目鏡子（1928）『漱石の思ひ出』（東京：改造社）

石原千秋（1997）『反転する漱石』（東京：青土社）
三好行雄（1993）『夏目漱石』（『三好行雄著作集』第2巻、東京：筑摩書房）
竹中成憲（1909）『簡易産婆学（第三版）』（半田屋医籍）
木下正中（1910）『産婆学講義下（第四版）』（南江堂）
久米依子（2004）「残酷な母」の語られ方」（『漱石研究』第17号、2004年11月）
小森陽一（2001）『ポストコロニアル』（東京：岩波書店）
小森陽一（2020）『漱石探読』（東京：翰林書房）
金正勳（2010）『漱石と朝鮮』（東京：中央大学出版部）
金正勳（2022）「夏目漱石と植民地支配：安重根話題などと関連して」（第8回韓日国際学術シンポジウム、2022年2月）

第9章　安重根という想像力
——1980年代以降の韓国の小説と映画を中心に

尹《ユン》在《ゼ》敏《ミン》

1　はじめに

安重根のハルビンにおける義挙は、韓国人にとって今なお語り継がれ高く評価される事件として、事件そのもので韓国（人）のアイデンティティを規定する国家的・歴史的な遂行／実践とみなされている。それ故に韓国政府は安重根の義挙をナショナル・アイデンティティ、特に独立運動の本領と位置づけて、これを記念する様々な事業を続けている。武装独立運動の延長線上でその歴史的意義を称える建国勲章の叙勲（１９６２）や、義挙の瞬間を描いた民族記録画の独立記念館内展示、そして安重根の遺骸発掘事業（２００８）[1]などがそれである。

義挙への意味付与は国家的事業に限らない。民間主導による動きを抜きにしては、韓国におけるそれを十分に把握することができない。これと関連した歴史学界の努力は数えきれない。これは、その成果に基づいた大衆向けの歴史著作物が毎年のように出版されていることからも分かる。[2]

歴史学界以外で安重根の再認識にもっとも一助になっている民間団体にはカトリック教会がある。中でも1990年代の正義具現祠祭団の努力はとりわけ顕著である。義挙当時、ソウル大教区長だったミューテル神父は信心深いカトリック信者の安重根の殉国前に按手を行わないことで義挙の意味を神学的に否定した。しかし1993年8月16日、金寿煥《キム・スファン》（1922〜2009）枢機卿の追悼ミサにおいて義挙の正当性を認めて以来、[3]信者としての安重根の再認識や歴史化が行われている。[4]

メディアやジャンルを総網羅した民間文化界の活動と実践もまた看過できない。安重根の義挙は韓国史を素材にした歴史創作ものにおいて重要かつ多大なる象徴的な意味がある。上海で製作された初の抗日映画『愛国魂』（1928）や、独立後最初に公開された韓国映画『安重根史記』（1946）が義挙を描いている事実からも分かる。[5]安重根ものはジャンルやメディアを問わず絶えず生産され続けている。植民地時代の1930年代に試みられて以来、[6]韓国において安重根を描いた作品は韓国人の歴史的姿勢の変遷や多様性を表象している。近・現代韓国における安重根関連作品の象徴的意味と持続性はそれ自体が安重根研究のテーマとなり得る。しかしながら、従来の安重根関連作品に関する先行研究はいくつかのテクスト分析の研究に偏っており、その意義や歴史的再現の適正性[7]について考察するのが主な動向である。

本稿ではこの問題に着目して、韓国で作られた安重根関連創作物の想像力の諸様相に注目したい。ここで言う想像力とは、「歴史的安重根」に対する創作者または集団の姿勢を指している。韓国で生産された安重根ものは、安重根に対して歴史（学）的アプローチとは異なる仕方で安重根にアプローチする。歴史を取り扱う（ほぼ）すべての創作は、対象の単なる「ありのままの再現／再演」ではなく、自由な想像力の産物である。サルトルの言葉を借りれば、想像力は知覚的に自明なもの（évident）として実在（réalité）から距離を置くことのできる人間固有の感覚的能力である。認識的自明性を無化して（距離を置いて）特定の状況において非現実の感覚を志向する想像力は、先験的真理や自明の実在から人間を自由にさせる原理である。[8]

韓国での安重根関連の創作物は、今日の韓国（人）を形成する「歴史的安重根」という「自明で巨大な実在」を基盤にして成立している韓国人たちが、歴史に対して取ることのできる自由で流動的な実践の領域といえる。その全体的な展開を把握することは、国家及び民間で行われる「歴史的安重根」への実践同様に重要である。歴史への人々の自由なアクセスや奔放な想像力の事例ほど、共同体が内包する歴史的な価値観を正当化するものはない。この時歴史に対する各々の自由な想像力がいかなる形式や内容に基づいているか詳細に把握する作業（批評）は、歴史に対する共同体内部の可能性を探るうえで緊要のものである。「歴史的安重根」に対する批評とともに、「安重根に対する想像力」への究明が必要なのである。

そのためには何よりも、安重根もの創作物一切を渉猟する作業が求められる。そこで本稿ではその試論として、1980年代以降の安重根を主要な題材として扱う小説や映画にみられる態度を三つの類型（①商業主義的俗流ナショナリズム、②ナショナリズム歴史小説、③歴史に対するより自由な想像力）に分類して照明してみることにする。[9] 1980年代以後、安重根ものが集中する理由は、国家主義（体制側ナショナリズム）の検閲から相対的に自由な民主化の下で生産された「歴史的安重根」に対する自由な態度と想像力に注目すべきだという問題意識のためである。これは確かに韓国の安重根もの全体の一部に過ぎない。しかし、この一連の安重根ものは、それ以前（民主化以前）の安重根ものが生産されていた時代とは異なり、民主化以後のそれはこれからも続く「歴史的安重根」に対する自由な想像力の様相と密接に結びついている。このことは、その未来の方向に対する批判的判断の視座を据えるうえで一助となり得る。

韓国の安重根ものは、明らかに「歴史的安重根」に対する抗日ナショナリズムの磁場から急速に離れて生産されることはほとんどない。本論で扱う1980年代以後の安重根ものもまた同様である。こうした脈絡は、ややもすると韓国の安重根もの一切が、国家主義を強化するイデオロギー装置と誤解される余地がある。本論で検討するが、一部のテクストは意識的にそれを追求している。しかし、これは決して韓国の安重根ものの全貌とは言えない。今日の韓国人共同体の中での安重根とは、反帝国・独立国家をはじめとする「普遍的価値観」に基づいた自由な想像力の源だからである。今からその様相を見ていくことにしよう。

2　ナショナリズムの想像力I ── 商業資本的ナショナリズム

韓国の安重根関連創作物を論じるにあたり、まず抗日ナショナリズム的アプローチの様相について述べる必要がある。周知のように「歴史的安重根」に対する韓国（人）の認識は、基本的にハルビン義挙をテロと規定する国外（主に日本政府）の考え方に対抗して、国際法上における主権国家の「抵抗権」の論理を土台としている。[10]その認識は、自分の行為は列強諸国からの「保護」を口実にして韓国の主権を奪ったことに対する正規軍の特殊軍事作戦であるという安重根の法廷での最終陳述に基づいている。[11]

この論理こそ、韓国において安重根が抗日ナショナリズムの想像的表象として再生産される原動力である。ベネディクト・アンダーソンは、近代的な民族（nation）とは、特定の地域と構成員をつなぐ時間、空間感覚やイデオロギーを近代的テクノロジー・メディアによって広まる「構成された実体」と主張した。このように、メディアを通じて広がる民族のイデオロギーは「外」と自己を区別する排他的伝統を形成する。[12]これによると、民族を統合するイデオロギーとしてナショナリズムを広める様々な文化的創作物はそれ自体で政治闘争と切り離せない関係になる。初めの時期から韓国の安重根関連創作物のほとんどは帝国主義の列強による植民地経験やそれによる戦後処理問題といった、抑圧的な「勝者の歴史」に対する集団的闘争に参加する想像力を表象し続けてきている。ナショナリズムという政治闘争のイデオロギーを普及・拡散して帝国主義の植民地支配という「敗北」の歴史に基づいた「共感の共同体」を構成する企画に服務するのである。[13]

こうした傾向は21世紀にも続いている。相対的に膨大な資本と人力、技術を投じた創作物ほどこうした傾向が特に顕著である。映画『トマス安重根』（2004）と『英雄』（2022）がその最たる例である。21世紀に製作されたこの2本の映画は、それぞれ歴史活劇とミュージカルという、互いに異なるジャンルによって安重根の義挙の形象化を試みている。だが、当時としてかなりの制作費を投じた[14]扇情的な抗日ナショナリズムを志向する企画という面では同一線上にある。

まず、徐世源《ソ・セウォン》監督の『トマス安重根』（2004）を取り上げてみよう。この映画について断わっておきたいのは、その出来が非常に粗拙であり、監督の求める映画の意図を把握するのが困難だということである。例えば、こういうところである。この映画はオープニングシークエンスの前に「光復59周年・カトリック正義具現祠祭団創立30周年」を記念して製作されたことを述べる。つまり「歴史的安重根」を構成する最も重要な2つのテーマ（国家、神学）を穿鑿する映画的企みであることを表明しているわけである。「歴史的安重根」の神学的意義はハルビン義挙とカトリックの教理との間の緊張関係から生じる。ところが、この映画において「神学」は、カトリックではなくプロテスタント的企みや演出に終始する。オープニングシークエンス直後、ナチスに抵抗したプロテスタント教会の牧師であるディートリヒ・ボンヘッファーの有名な言葉がつづく。[15] 安重根義士の殉国で終わるエンドロールの際には、プロテスタントの賛美歌「わが魂の深き奥より」が流れる。『トマス安重根』は韓国カトリック界の安重根復権を反映した最初の安重根ものという重大な意義があるが、実際のところ監督徐世源の演出と映画製作の力量がまったく不足しているのが問題である。

「国家」に関わる演出は、神学的なそれより意図が鮮明かつ明確に具現されている。通常の反日ナショナリズムのイメージ（伊藤博文が主導した国権侵奪の過程、日本軍の民間人虐殺場面など）が反復的に配置される。この一連のイメージは安重根（劉五性扮）の義挙に至るまでの経緯を辿る過程で用いられるが、安重根が二丁拳銃で日本軍を撃退する香港ノワール的演出により、敵（日本）と味方（韓国）という明確な映画的意図が可視化される。

尹濟均《ユン・ジェギュン》監督の『英雄』も同様である。もちろんこの映画の出来そのものは『トマス安重根』とは比較にならない。全体的に明確筋の通った映画的企図（ミュージカル映画）を見事に貫徹しているからである。ところが、義挙の意味するものを扇情的かつ明確な抗日イメージに具現化するという面では『トマス安重根』と軌を一にしている面がある。

それはオープニングシークエンスの段階からして明らかである。カメラは1909年3月のロシアの煙秋の雪原の中心に一人立っている単独者安重根（チョン・ソンファ扮）を映し出す。安重根は「熱い祖国愛を胸に秘めて」指を祖国に捧げることを宣言する。その後、このミュージカルのオリジナル・オープニングナンバー「断指同盟」のイントロが流れる。断固かつ決然たる歌詞に相応しい、安重根役のチョン・ソンファのバリトン歌唱が変ロ長調で始まる。その瞬間、安重根の意志に従う独立軍の同志たちの断指の儀式と同時に、真っ白な雪原に彼らの血がボトボトと落ちて引き立っている。その後、安重根の血で書かれた「大韓独立」の文字が太極旗に刻まれ、日の出の空に太陽を隠した太極旗が掲げられる。

オープニングシークエンスで映える真っ白な雪原に落ちる赤い血のミザンセーヌ、つまり「白の上に赤を重ねる」イメージは『英雄』全体を貫くコンセプトである。それは満州一帯の雪原での武装闘争のなか死んでいった抗日独立軍の血、朝鮮半島を足場にして満州に進出する露骨な野心を陰険な歌詞で表現した「伊藤の野望」シークエンスの旭日旗、そして安重根の銃弾に倒れた「伊藤の血」というふうに繰り返される。旭日旗と「血」が交錯する『英雄』のミザンセーヌは、義挙の観客たちに韓国と日本の闘争関係をイメージさせる戦略の産物である。徹底して抗日の地平に安重根の存在と義挙を固定したのである。

『英雄』のミザンセーヌは、短調のナンバーで満たされた原作ミュージカルの壮厳な雰囲気を、商業映画的脈略で盛り上げることにある程度成功している。ミュージカル・ナンバーの意味を誰より正確に理解し表現できるチョン・ソンファと金勝洛（伊藤博文役）の熱演あってこそである。両俳優は安重根の伊藤博文暗殺を韓国人の視点から、敢えて赤色を至るところに重ね塗りしながら「義挙」を叫ぶ、ナショナリズム情緒に頼る商業映画の意図を見事に果たしている。

『トマス安重根』と『英雄』の両作は膨大な制作費と人力を投じて安重根という偉人の軌跡を捉える意欲的な企みである。ところが、2本とも大衆に受けなかった。全体的に出来の悪い『トマス安重根』は2万人という不振な興行成績に終わり、人々から忘れ去られていった。原作・ミュージカルの映画化という韓国映画界では先例のない挑戦的な試み[16]だった『英雄』は損益分岐点である350万が超えられないままOTTで公開された。

安重根の義挙を扱ったこの一連の映画は、1990年代以降の韓国文化界において顕著な、商業資本による俗流ナショナリズム企画物の慣習[17]の一例である。これらは今までの安重根関連創作物に関する研究や批評ではこれまであまり注目されていなかった。大衆的に失敗した商業映画のイデオロギーを分析することは、それの持つ意味を拡大解釈する余地がある。にもかかわらず、21世紀にもナショナリズムという集団的想像力の表象として安重根が駆り出されているという実態は押さえておく必要がある。大衆受けのためのイデオロギー装置としての「抗日ナショナリスト安重根」は、産業資本が魅力を感じるほどに、韓国において依然として強力な記号である。

3　ナショナリズムの想像力Ⅱ――「品性論的リアリズム」対「民族叙事詩」

韓国で生産された安重根ものの絶対多数は、抗日ナショナリズムの磁場から完全に離れてはいない。ただ、程度の違いがあるだけである。日本のアジア支配および侵略に対する抵抗の実践だったハルビン義挙が持つ歴史的象徴性の重大さゆえであろう。

抗日ナショナリズムに関わる安重根という「巨大な歴史的実体」は、韓国文学の歴史的想像力の強力な源でもある。それに該当する事例のうち「歴史小説」と呼びうる一連の実践は特に注目に値する。安重根を素材とした歴史小説の類は安重根の義挙の「アジアの平和」と反帝国主義的実践を、「普遍的な」韓国（人）という想像の共同体を想定することで真剣に専有しようとする。李浩哲《イ・ホチョル》の『カリェーウラー』（1986）と李文烈《イ・ムニョル》の『死をもって千年を生きる』（2009）[18]がそれである。両テクストとも抗日に基づいているが、前述の両映画にように直接敵にナショナリズムを称賛する商業主義に回収されることを拒んでいる。「歴史的状況と人物の実存つまり実際にあるがままの存在（Geradeso-Sein）を文学的手段をもって証明」[19]しようとするのみである。

先ず、『カリェーウラー』を見てみよう。この小説は「歴史状況小説」という企画を標榜し、安重根を文学の中に再現する企みである。「安重根義士の義挙に焦点を合わせて日韓併合にいたるまでの日本の近代化の過程と、伊藤博文や韓国の状況などを幅広く取り上げたのがこの『カリェーウラー』だ」[20]ここで言うところの「歴史状況小説」が具体的に何をさすのは明確ではない。従来の韓国の伝記形式の歴史小説から脱皮し、新たな観点と姿勢で安重根を想像しようとする企みと推測することができるのみである。それにもかかわらず、李浩哲自ら明かした命名を尊重して述べてみると、安重根関連創作物として『カリェーウラー』の最たる特徴は安重根のハルビン義挙を歴史的「状況」の結果と語っているところにある。哲学的な意味において状況とは、意識作用の土台で人間の自由に逆らうと同時に、意識が働くための必然的条件を成す事物の世界を指しているものと思われる。[21] 義挙の有する意味を自分の属するコミュニティ（民族―国家）を抑圧する歴史的条件に対する意識的な「自由なる抗い」として形象化するのである。

李浩哲は、明治維新以降の日本の軍部による帝国主義的膨張という「客観的な」歴史のなかの主要な行為者である伊藤博文という存在と、安重根という問題的個人とが同時に存在した時代の断面を、想像力によって再構成する。「独立軍義兵としての安重根がハルビン義挙を実行するに至る道程」と「明治維新以降日本の軍部による日韓併呑の過程」という2つの物語がほぼ同じ割合で織り込まれているのはこうした意図によるものと考えられる。

『カリェーウラー』はハルビン義挙に「朝鮮の人の誰の手によっても百回殺されて当然の者」[22]への民族的断罪という意味を与えているが、そのため義挙の主体である安重根を変った気質の「朝鮮の人」として形象化している点が興味深い。

「いつもそうだった。彼は物事を性急に衝動的に決めた。大事あるいは小事を問わずそうだった。一度決めたら水火も辞せず決行しようとする。彼のこうした性急さを心配して、彼の祖父は應七という名前すら重根に変えたのだった。万事に性急な性格を落ち着かせて粘り強く根を下ろし重々しく慎重であることを願う祖父の切願だっただろう。しかし改名したからといって、彼の生まれつきの性格が変るわけがない」[23]。

安重根の短気な性格と「重根」という名前の由来は彼を形象化する創作物において繰り返されてきたレパートリーである。その中でも、『カリェーウラー』だけの特徴は、安重根個人の気質に対して義挙にまで至らしめた最も重要な要因として注目し、これを一貫して前面に押し出すところにある。

「いま思うと、ウラジオストクに到着して下車するやいなや、その風刺漫画が目に入ったその時、電流に痺れるように巻き込まれた興奮は、その後伊藤博文、あの者を撃った瞬間まで毛ほども緩むことなくずっとピンピンに張り詰めていたのではなかったか。いや、その時よりも前、突然ウラジオストクに無性に行きたくなったあの時から、すでに彼は感電していたのである。体中熱くなる感覚で、その感覚は今この瞬間までそのまま続いている。狙撃した瞬間が最高潮の恍惚境だったとすれば、最高潮を間に挟んだ反対側の極にはウラジオストクに無性に行きたくなったあの日の落ち着かない興奮が位置していて、こちら側の極には今日この瞬間の穏やかな興奮が位置しているのだ[24]」。

このような「品性論的アプローチ」は義挙の持つ意義を縮小する可能性がある。しかし李浩哲は安重根独特の気質に基づいた義挙が民族の集団的意志の一つの表現であるとはっきり力説して、こうした解釈とは意識的に距離を取る。「わが国を丸ごと飲み込もうとしたことでこの地域の平和を脅かす現在の日本政治に対する、この民族が活気溢れている証拠の見せしめとして、彼は俺の目の前に立っていたのだ。ゆえに、もう伊藤個人の問題でもない。俺のこの日本に向けての警告の波紋が、そして我が民族としてはこの火種が熱く燃え上がってどれくらい拡がるかということだよ[25]」。

このような態度は、当時の文学界の代表的な民主化運動家[26]としての李浩哲の「民衆主義的リアリズム」に基づいた創作スタイルによる。特定のイデオロギーや規範に傾倒した作品は次第にその有効性を喪失しつつある趨勢のもとで、これは歴史小説としての『カリェーウラー』の限界と言える。安重根関連創作物という文脈でも『カリェーウラー』の限界は明瞭である。なにより「品性論的アプローチ」は義挙の主体の安重根に関わる複雑な想像的可能性を除去する。[27]とりわけ義挙の意義を安重根個人の気質や性格によって縮小しようとする公判記録上の日本司法省の立場とさほど掛け離れていないところに問題がある。

もちろん、「民衆主義的リアリズム」に基づいたこの小説の意図を日本の立場に追随しているといえば、意図を曲解するおそれがある。『カリェーウラー』の真の問題は、義挙という歴史的事件を「抗日」に基づいた集団的ナショナリズムに回収する試みから離れていない点にある。このような想像力は、『トマス安重根』や『英雄』などの俗流ナショナリズムとある程度相通じている。

「抗日」という集団感覚に逆らわない韓国の安重根ものは、意図せず俗流ナショナリズムの感覚と区別しづらい場合が多い。１９９０年代以降、抗日を素材にした様々な俗流ナショナリズムの創作物が溢れはじめて以来、それとは距離を取りながら安重根の生涯を新たな視点で眺めようとする文学的想像力が現れた。李文烈の『死をもって千年を生きる』(2009)はその最たる例の一つである。この作品は、従来の安重根ものが追従していた、義挙を形象化する抗日ナショナリズムのクリシェと距離を取ろうとする。そのために1990年代以降「歴史的安重根」に対する多様な思想的再評価を十分に反映し、安重根に対する従来の「歪曲された」姿勢を改めることを標榜している。

「我が民族の集団的記憶に埋め込まれた安重根という記録のファイルほど、色んな種類の封印によってひどく歪曲されたり縮小、隠蔽された例も少ない。一部は長い間の封印によりほとんど引き出せない状態になっているものもある。そうした歪曲の先頭には日本帝国主義が立っており、当時フランス外方宣教会の神父らの影響下にあったカトリック朝鮮教区があった。朝鮮の開化にはまったく敵対的だった固陋な勤王主義者らに負けないぐらい、すべての反逆を革命として美化せずにはいられなかった阿呆な共和主義者らがその後に続き、また政治・外交優先の独立運動路線と武装闘争路線、愛国啓蒙論の独善が手伝ってそれぞれそれなりの封印を加えた。彼らはそれぞれ自分の安重根を掲げて、そこに配置されている記憶を封印してしまった。

幸いにも独立とともに日帝の封印がほぼ解かれ、カトリック韓国教区も1980年代に入ると、信者の安トマスを完全に復権させた。北朝鮮の著作物を除いては、進歩派の著作物においてももはや安重根のイデオロギーと東学蜂起との衝突を隠さないし、安重根が勤王主義者だったか共和主義者だったかについても刺々しい問いを投げない。武装闘争優先の独立路線も愛国啓蒙運動の成果を無視しなくなり、政治・外交路線も武装闘争をテロリズムとして敬遠しなくなった。それにもかかわらず、この1年、わたしの意識を少なからず押さえ付けたのは、まだ韓国社会に深く残ったそうした昔の封印の跡であった[28]」。

『死をもって千年を生きる』は、20世紀後半から展開された歴史的安重根に関わる韓国においての複雑な思想的再評価を反映し、安重根の生涯を「民族の集団的記憶を我々が永く繰り返していくべき叙事詩として再構成[29]」しようとしている。そのために安重根を想像的に再構成する評伝（Critical Biography）を標榜する。義挙という事件よりも安重根の「（為）人」に注目し、従来の安重根関連創作物であまり取り上げられていない義士の生涯を豊富に取り扱おうとするのである。これにより従来の安重根関連創作物で取り上げられていない様々な様相に重きを置いて語られているが、これは21世紀の韓国においての安重根に対する歴史的再評価を反映している。10代の時、父安泰勲《アン・テフン》の麾下での東学討伐軍活動[30]や当時神学的に認められなかったカトリック信者として安重根の義挙が、戦後において霊性・解放神学の「抵抗権」の概念を先取りしたという評価[31]は21世紀の韓国社会において普遍化した「歴史的安重根」に対する認識に歩調を合わせたものである。

そして、こうした人物造形は、彼の生涯や業績の英雄化に繋がる。『死をもって千年を生きる』が描く安重根は、憂国の情に突き動かされて突っ走る伝記小説の丈夫的な人物である。これは独立軍の指揮官として、判断ミスにより麾下の部隊が全滅の危機に陥って退却した際の、安重根の心境を表した部分からもうかがえる。

「言われてみれば確かに貴方の言葉が正しい。その昔、楚覇王の項羽が烏江で自決したのは二つの悔しさがあったからでしょう。一つ目は江東の親戚に合わせる顔がないということで、もう一つは江東が小さいとはいえ王となられるには十分という言葉に怒りを抑えられなかったからでしょう。特に西楚覇王になって天下に号令し、英雄を名乗った項羽に、小さき江東に戻って小さき王にでもなれと言われるのはどれだけ屈辱的だったでしょうか。しかし、あの時に項羽が一度死んでしまうと、天下に二度と項羽はいなかったので、実に残念でなりません。敢えて比べてみますと、今日この安應七が置かれた状況もそれと同じです。この安應七がここで一度死んでしまえば、世に二度とこの国と民族のために命をなげうつ安應七は現れないでしょう。そうしていざ大事を成すべき時になげうつ命がなかったら、どんなに口惜しいことでしょうか？　そもそも英雄というものは能く身を屈することも、逆境に耐えることもできるものだと伺っています。私が遠く海外に出てきた目的を果たすためにも、当然貴方の言うことに従いますとも！」32

これは安重根を想像する作家李文烈の姿勢に基づいた創作である。李文烈にとって「歴史的安重根」のすべての行為は、人格的にすでに出来上がっている叙事詩的な英雄の一代記としてとらえられなければならないように思われる。李文烈の描く安重根は一片の内的葛藤もなく、自ら丈夫であり「英雄」と称している。信仰と武装闘争という思想的矛盾を取り扱う際も同様である。信仰的な父であるヴィルヘルム神父が積極的に引き留めたにもかかわらず、「外国人だから信用できない」と考えて武装闘争を続けていく。[33]

『死をもって千年を生きる』において、安重根の信仰を持つ者としての姿は副次的なものである。それは安重根の内面の個人性の一面というより、旧韓末の西北地域の新興豪族として新しい時代に歩調を合わせた父・安泰勲の思想的遺産として描かれる。[34] このように安重根は父の遺した物質的土台とカトリックという基盤上において、自分だけの武装闘争を続けていく中でハルビン義挙を実行するに至り、旅順刑務所で短い生涯を閉じている。彼に関する裁判記録、それからきれいでブレのない遺墨と「思想」の片鱗、何より義挙を称賛してやまなかった当時の歴史的大物ら（梁啓超、孫文、袁世凱）の評価が「英雄安重根」への明確な証拠として示されて小説は終わる。

『死をもって千年を生きる』に現れた李文烈の想像力や企画意図は明確である。21世紀の韓国社会で通用される「歴史的安重根」を、韓国（人）の超歴史的集団精神として形象化することである。

「曾て祖国のための献身を神聖な義務と自任してきた安義士の順直で敬虔な魂は、一度祖国に呼ばれると、整然たる伝記でも記すように生きてきた30年あまりの短い生涯を惜しみなくその祭壇に捧げ奉った。国権侵奪の元凶である新興帝国主義日本の梟雄を、鼠の子を踏み潰すが如くに撃ち殺して、大韓義軍参謀中将として毅然として死を受け入れる姿には敬意を持たざるを得ない粛然たるものがある。このように断固かつ自明の道を一度たりとも躊躇せず駆け抜けた彼の花火のような生涯は、我らが集団無意識の中に不滅の記憶として燃え上がるだろう[35]」。

李文烈にとって安重根の一代記は、一個人の歴史的・政治的な選択を超える崇高なもの（the sublime）[36]と関わりがある。李文烈にとって安重根とは、特定の歴史や時代的限界の中では評価され得ない、永続的な価値たるべき対象である。安重根についての李文烈の企画はベネディクト・アンダーソンが戦没者追悼碑のたとえでもって説明した、想像の共同体を形成する超歴史的な象徴物という意味を安重根に与える想像力である。これは一見21世紀の韓国において展開された安重根に関する歴史的・思想的成果を反映しているようだが、安重根の一代記全体を、歴史を超越した崇高と犠牲として意味付けるという面で、脱歴史的な政治的想像力である。[37]『死をもって千年を生きる』は「歴史的安重根」を「戦没者の墓碑化」する全面的な企画として、大衆に追随する商業主義とは意識的に距離をおいている。同時代のどの安重根ものよりも露骨に民族国家と安重根の積極的な結合を図っている。

4 安重根という想像力——思弁的想像力と輪廻的想像力

韓国において安重根関連創作物の想像力がナショナリズムから離れるのは容易ではない。「歴史的安重根」へのアプローチが、ハルビン義挙に対しての植民地時代の総督府や現在の日本当局（の一角）の「貶め」に対する批判及び再認識と切っても切れないためである。もちろん今日の韓国における「歴史的安重根」研究は、優勝劣敗・弱肉強食的帝国主義批判や反対という普遍的文脈を標榜して、これを喚起することに少なからず貢献している。しかし、その成果が安重根とナショナリズムとの大衆的レベルの癒着を完全に解消するに至っているとは言えない。そのためには抗日ナショナリズムと意識的に距離をとる姿勢に基づいた多様な想像力がもっと生み出される必要がある。

韓国においてこれに挑戦する有意義な安重根関連創作物がないわけではない。ハルビン義挙に失敗したという仮定から始まる代替歴史物『碑銘を求めて』(1995)、『2009ロスト・メモリーズ』(2005)、それから小説『ハルビン』(2022)がこれに属すると考えられる。この一連の安重根ものは、安重根の義挙の意義をナショナリズムではなく、通常の時代及び歴史認識と距離をとる否定作用の想像力として活用している。

朴巨一『碑銘を求めて』と『2009ロスト・メモリーズ』を検討してみよう。両テクストは、ハルビン義挙が失敗に終わり、日本帝国主義の植民地支配が今も続いているという設定を中心とする代替歴史物である。厳密に言えば安重根関連の創作物とは言いがたいが、その破格的な設定のための決定的な導火線として安重根のハルビン義挙を取り上げている点で注目に値する。『碑銘を求めて』と『2009ロスト・メモリーズ』は、「義挙の失敗により朝鮮の永久植民地化に至った」という設定を共有しているが、以降のストーリの展開や取り扱うメッセージは異なっている。[38] それについて詳細に取り上げるのは本題から離れるため、両代替歴史物に共通する設定の安重根にアプローチする姿勢や想像力の意義のみを簡単に検討する。

両テクストの設定は、安重根を近・現代韓国史のもっとも重要な分岐点を作った人物とみなす思弁的アプローチという点で興味深い。それは当時の「歴史的安重根」と関係ないとは考えられないが、安重根に関わる経験的因果関係や証明の領域から最もかけ離れた発想である。もちろん、いかに思弁的アプローチに徹底していても歴史的法則という「状況」を形式的に排除することは出来ない。むしろ思弁は徹底的に「歴史的事実」という範疇のなかで行われる。一般的な歴史創作物は経験的なレベルで再現できると認識される限りで想像力を展開する。一方、代替歴史のジャンルでは「歴史の制約」を徹底的に非経験的に再組織する。『碑名を求めて』の代替歴史の設定を検討してみる。

１９１０年に朝鮮を併合した日本は朝鮮に対する統治を強め、１９２０年代の前半までは朝鮮を大陸進出の確実な拠点とした。１９２０年代の後半と１９３０年代の前半には内閣と軍部との協力のもと国際世論を無視し、中国の東北地区つまり満州を占領して勢力圏内に収めた。引き続き１９４０年代の前半にはアメリカから「満州国問題」への理解を得ることに成功したことで東アジアにおいて指導的位置を占め、第２次世界大戦ではアメリカやイギリスに友好的な中立路線を保って大きな繁栄を遂げた。（中略）長い間軍部が政治の主役となったことで起きた問題が社会を不安にさせ、特に１９５０年代から１９６０年代まで長期にわたって政権をとった東条英機内閣が残した負の遺産が社会発展を妨げていた。

世界はアメリカとロシアをそれぞれその中心とする二つの勢力圏に分けられていた。しかし以前強国だったイギリスとフランスは今も植民帝国としての姿を保っていて国際的に大きな影響力を持っていた。ドイツは占領国のアメリカの援助によって敗戦の廃虚から立ち上がり強国に成長していたが、アメリカとロシアとが分割占領したポーランドは結局東西に分裂してしまった。中国は黄河を境に中華民国と中華人民共和国が対立していて、民族の力量が内戦により消耗していった。が、中華民国・中華人民共和国、それから満州国の三国に分断された状況を克服すべきだという民族的覚醒が次第に積極的な行動に現れ始めていた。[39]

歴史的人物と事件に基づいているが、その因果関係をとことん任意に結びつけ、反転していることが分かる。経験主義的歴史認識の面において、これは証明または反証そのものが不可能なので意義を有することができない。ハルビン義挙の失敗により永久植民地になるという発想の歴史的・再現的適正性を判断する「客観的な」方法がない。もっぱら歴史に対する「想像力」という領域においてのみ意義がある。

究極的にこうした想像力が意義を有する理由は、「歴史的安重根」という「自明で巨大な実在」に対する非経験的再組織として、歴史に対する無限に自由な姿勢とアプローチの可能性だからである。偶然のことをさらに複雑な秩序の存在と両立できるようにするという点で思弁的想像力に属するこうした姿勢は歴史（秩序）に対し人間のとれる無限の自由領域を示唆している。『碑名を求めて』と『2009 ロスト・メモリーズ』の想像力は安重根という「自明で巨大な歴史的実体」とそれに基づいたあらゆるイデオロギーに対して、韓国人がとれる「自由な」知的・感覚的力量の産物である。[40]

2022年に刊行された金薫《キム・フン》の『ハルビン』の想像力はこれとは違った仕方で、義挙の意味を自由に再構成している。この小説は「歴史的安重根」に関わる一件の枝葉の事柄にこだわる。「作者のことば」から引用してみよう。

「安重根は逮捕されたあと、日本人の検察官が行った最初の尋問で自分の職業を「猟師」だと述べた。起訴された後、法廷では「無職」と述べた。安重根の仲間であり共犯の禹徳順は自分の仕事について「煙草売り」と一貫して主張した。

猟師・無職・煙草売り。この三つの言葉の純粋性がこの小説を執筆する間、灯台のようにわたしを導いてくれた。この三つの言葉は生命の肉として生きていて、世のいかなる威力にも頼っていない。それは青春の言葉だった。この青年らの青春は次のステップでの完成を図る待機の時間ではなく、新しい時間を創造するエネルギーとして爆発した。

この青年たちの生涯において、それから捕まった後の捜査や裁判の過程において、猟師・無職・煙草売りという三つの言葉は他の多くの言葉を揺さぶり起こして時代の悪に立ち向かう力の隊列を組んだ。起きた言葉は観念や抽象の束縛を解いてなまの力で起き上がり、言葉どうしで引き合いながら進む壮観を呈しているが、あのみすぼらしい三つの言葉はその先頭に立っていた。

（中略）安重根を彼の時代の中に閉じ込めるわけにはいかない。「無職」で「猟師」である安重根は弱肉強食の世の中の運命にむかって絶えず声をかけてきている。安重根は言葉を繰り返す。安重根の銃は彼の言葉と異なっていない」[41]。

金薫は自身の文学的な企みが裁判記録に残された短い陳述から始まったことを明示している。ところが、「はじめに」において言及した都珍淳《ト・ジンスン》の批判[42]からも分かるように、「歴史的安重根」の視点においてはこうしたアプローチは針小棒大かも知れない。一般的に安重根のあの発言は、彼の抱く義挙の目的や思想に先行すると考えづらい。都珍淳の言葉通り裁判の初め頃の状況に基づいた戦略的発言と考えた方が妥当と思われる。[43]

しかし、「歴史的常識にそぐわない」という批判では十分ではない。『ハルビン』は「歴史的安重根」に対する修正主義的な企みではなく、安重根を通した著者の歴史的姿勢に基づいた想像的な企てだからである。重要なことは、歴史的飛躍を冒してまで「猟師・無職・煙草売り」にこだわる金薫の姿勢が何を意味するかだろう。

それを知るためには『ハルビン』の構成を検討せねばならない。内容面でこの小説は、他の安重根関連創作物同様、ハルビン義挙までの義士安重根の人生の一断面を想像力を働かせて再構成している。『ハルビン』の特異なところは義挙の対象である伊藤博文へのまなざしにある。伊藤は他の安重根関連創作物において描かれる「国権侵奪の元凶」であると同時に、金薫の注目した「猟師・無職・煙草売り」と正反対側にある、近代とともに到来した時代精神とその方法の表象として描かれている。

『ハルビン』は大韓帝国の国権の侵奪を主導した伊藤の内面や自意識を、想像を発揮して比較的詳細に再構成している。朝鮮王朝の滅亡や韓国人の「臣民化」を勢いよく進める行動の源には「文明開化」を始めとした単一的な近代性とその基準に対する確信が存在している。こうした内的論理に基づき、伊藤博文は朝廷の「士大夫」が治めていた時間を一掃し、新たな秩序である近代的標準時(GMT)の代理人を自任する。

「伊藤は韓国統監として赴任した後、ソウルの多くの公共建物に時計を設置した。建物の正面に巨大な時計をセットし、すべての執務室と会議室に掛け時計を掛けた。統監府に集まる朝鮮の大臣らは掛け時計の下で統監の施政演説を聞かされた。伊藤は時間が帝国の公的財産という認識を朝鮮の士大夫に植え付けようとしたが、彼らに時間の公共性を理解させようがなかった。伊藤自身、説明する言葉を持っていなかったこともあるが、時間を計測し、時間を私的内密性の領域から引っ張り出しては公的秩序の中に編入することこそ文明開化の入り口と説いても固陋な朝鮮の高官は聞く耳を持っていないだろう[44]」。

「文明開化の代理人」という伊藤の自意識は時間的領域にとどまらない。近代的な測量術と航海図法を「全世界を記号でつなげ再編成する力の核心部[45]」と信じる彼の内面において朝鮮半島はすでに日本帝国の支配下にある。「朝鮮が平和と独立を同時に享受する方法は帝国の枠内へ入ることだ[46]」という確信に満ちた独白からもうかがえる。伊藤はいかなる内的な揺れもなくこれを展開していく。そうして伊藤は新しいテクノロジーである新聞と写真を用いた文化工作(「満月台の写真」)を通じて自分の「思想」をイメージをもって説き[47]、朝鮮を踏み台にした鉄道による大陸進出や将来の東亜統治を構想するためハルビンに向かう。

伊藤の性向や内面は、帝国のエリート的かつ最高位官僚的理想とイデオロギーそのものである。彼は朝鮮侵奪を文明開化のための「善」と確信している。そうして彼は王とエリートたちが国の主権を譲渡するという文書上の「印章の力」をもとに、これに抵抗する民草の抵抗を徹底的に無視する。日本に対抗する朝鮮の人々の心境を全く理解もできないし、窺おうともしない。心と行いが専ら近代的な時代精神とテクノロジーを「帝国の膨張」のために動員することに傾ける。[48]

安重根はこれと反対の内面と性情を持つ存在である。これだけなら他の安重根ものと変わらないところである。安重根を想像する『ハルビン』ならではの特異な点は、義挙をナショナリズムのようなイデオロギーではなく、極端なエリート主義・帝国主義に反対する情動的反発のような行動として形象化しているところにある。安重根にとって義挙は「伊藤の生涯の軌跡をすべて遡って無化する」[49]ことが不可能な中で彼に出来る次善の策である。それは伊藤個人に対する恨みというより、伊藤という存在が体現する思想や仕方に対する「除去」の意志である。こうして「とにかく伊藤を抑えねばならないという」説明しようのない「深い病のような思い[50]」にとらわれていた安重根はある日、「満月台の写真」を見て、「自覚症状のない古くなった癌のように心の奥にわだかまって[51]」いた、伊藤を殺さねばならないという内面の声に導かれてハルビンに向かう。

『ハルビン』で安重根は、まるで伊藤を殺すための輪廻的存在のように描かれているが、「作家の言葉」でに言及された「猟師・無職・煙草売り」はまさにこの文脈で理解せねばならない。「文明開化」の外側の単独者的人生（猟師）、ルンペン（無職）、都市下層民（煙草売り）は伊藤が体現するエリート・官僚主義・近代テクノロジーのまったく反対側を示す言表である。金薫にとって（歴史的な適合性はさておき）ハルビン義挙はこれに対する反作用である。それは時計・鉄道・測量・軍事を効率的に規格化する官僚的エリート専門家主義（professionalism）的な統治では完全に統制することも抑えることも出来ない、偶発的であり無定型的なある種の解放的情動に基づく。

ハルビン義挙にアプローチする金薫の姿勢は確かに批判の余地がある。義挙の意義を制度・テクノロジー・エリート体制を否定するアンチテーゼとして想定する脈絡がそうである。金薫の文学的企図は、安重根が表明した義挙の意義やその思想的地平を果敢に消去して、「安重根をあの時代の中に閉じ込められない銃で語る青年の純粋性」に再構成する。こうした姿勢は、義挙の意義を疎外された者による反制度的テロあるいはサボタージュへと修正したり、少なくともこれになぞらえる文脈だと考えられたりすることもあり得る。ハルビン義挙において「猟師・無職・煙草売り」のような、近（現）代的「文明開化」から疎外され抑圧された人達の存在論的抵抗の文脈が読み取れないのではない。しかし、それが完全にそれ自体を表象するものへと収斂されるかは疑問である。義挙後の彼の残した記録が物語っているように、安重根の伊藤射殺は明らかに、近代エリート独特の志士的行為により近いものとして理解される。

安重根にアプローチする『ハルビン』の企図は、金薫が眺める最近の時代認識に基づいている。2010年代に入って金薫は、急激に進んだ貧富の格差や社会的に疎外された下流階級の労働者の現実[52]、国家や社会システムが責任の所在を放棄したことなどを特定の政派やイデオロギーではなく、彼らの経験的人生と身体を中心に概観する作業を続けている[53]。「猟師・無職・煙草売り」という記号にこだわった安重根の形象化はその延長線上で行われたように思われる。それは人類が近代（資本主義、官僚制的国家統治）に入ってから現れたあらゆる人間疎外に対する原初的抵抗の、韓国においての始発に当たる。「弱肉強食は国と国の関係のみならず社会経済的強者と弱者の関係にまで拡がっている。安重根の殉国は弱肉強食という人間の現実についてより深い省察を促している。この問題は依然と全地球的で全人類的である[54]」『ハルビン』は近代社会に入って以来疎外された人々を概観する歴史的表象として安重根を想像するために、歴史的な飛躍を覚悟した創作物である。

5 おわりに

ここまで、1980年代以降の韓国の小説や映画に体現された安重根に対する想像力の様相について検討した。当該時期の韓国で作られた安重根ものは、ハルビン義挙に対する抗日ナショナリズムの文脈から完全に離れていない。それは21世紀に製作された、「多額の資本」を投じた商業映画（『トマス安重根』、『英雄』）から分かるように、帝国主義による植民地支配という「敗北」の歴史をもとにした「共感の共同体」と共謀することもある。商業映画だけではない。当時の「歴史的安重根」認識に基づいた文学的企図としての一連の歴史小説（『カリェーウラー』、『死をもって千年を生きる』）も一定部分は同様である。それらは直接的に商業主義的俗流ナショナリズムに収斂してはいないけれども、安重根の生涯を創作者個人の求める民族アイデンティティの材料にしている点においてはナショナリズムに服務しているといえる。もちろん、韓国において安重根に対する想像力が抗日ナショナリズムの磁場のみで成立しているかというと、決してそうではない。近現代韓国史の最も重要な分岐であるハルビン義挙の成否を歴史に対する思弁の手がかりとしてアプローチする代替歴史物（『碑名を求めて』、『2009 ロスト・メモリーズ』）や、自身の文学的企図に基づいて歴史的飛躍を断行した事例（『ハルビン』）からも分かる。

ナショナリズムという磁場のもとで生産されたこの一連の安重根関連創作物は、外部の視線からは排他的な「政治闘争」の情動を推しすすめているように見えるかも知れない。もちろんそのような側面もないことはない。しかしながら、韓国の安重根関連創作物は基本的に「外」に向けた歴史的発話というよりは、韓国という国民国家（nation-state）内部のアイデンティティに関する歴史が呼ぶ「普遍的韓国人」を想定した自由な想像力である。要するに、「歴史的安重根」に対する韓国（人）内部の複雑で多様な再帰的（reflexive）態度の様相であり遂行といえる。

安重根のような「巨大にして自明な実在」の如き歴史的対象を素材とした創作は、国のアイデンティティに関係する「共感の共同体」を構成する最も重要な材料とならざるを得ない。それは国民国家の構成員間の内部の結束を図る一方、「外」あるいは内部の他者を分離・排除する排他的な機制の一助にもなる。韓国の安重根ものに見られる「自由な想像力」の様相は、「歴史的安重根」を中心とした結束と排除の境界線が決して単一でもなく、自明のものとして存在してもいないことを示唆する内部発話である。それは歴史に対する内部構成員それぞれの多様な態度に立脚した創造的企図として、「われわれ」を区画する不可避の時・空間的な区切りやイデオロギーの限界を、その内部で絶えず調整していく過程で生まれる文化的実在である。巨大な歴史的存在としての安重根は、今日の韓国の自由なアプローチや表現の証拠であると同時に、それが有する可能性と限界を試す場なのである。

注

1　２００８年に中国政府の協力のもとで行われた安重根遺骨発掘は結局失敗に終わった。韓国政府は２０１９年に南北共同で安重根の遺骸発掘を再び推進しようと試みたが、ついに成功しなかった。それ以降、国として行う遺骨発掘事業はこれといった進展がないが、民間では今も努力が続けられている。これに関する最近情報はチョン・キョンテ、「［取材ファイル］安重根義士の遺骨発掘、手が止まってから15年……残った可能性は?.」、『ＳＢＳニュース』(2023.5.23.)を参照。https://news.sbs.co.kr/news/endPage.do?news_id=N1007203508

2　いわゆる「歴史的安重根」と名付けるべき本格的な歴史系著作物の出版の勢いは２０２０年代に入ってもなお続いている。代表的なテクストとして全遇容『民族の英雄　安重根：強者が弱者を抑圧しない世界を夢みる』(ハンギル社、２０２２)、金三雄『安重根評伝』(時代の窓、２０２３)などを参照。

3　「金枢機卿、安重根(トマス)義挙の正当性を認める―追悼ミサの説教にて公式宣言」、『カトリック新聞』1993.8.29.、1面。https://m.catholictimes.org/mobile/article_view.php?aid=299705

4　申雲龍「韓国カトリック界の安重根記念事業の展開とその意味」(『歴史文化研究』41、韓国外国語大学歴史文化研究所、２０１２、41-82頁)を参照。

5　申光澈「安重根を見つめる二つのまなざし：南北朝鮮映画が再現した愛国的人物の軌跡」(『人文コンテンツ』1、人文コンテンツ学界、２００３、２２７-２３１頁)を参照。

6　植民地時代朝鮮における安重根関連創作物に関しては崔珍碩「１９３０年代日本・朝鮮における安重根語り：「安重根」と「ハルビン駅頭の銃声」を中心に」(『大東文化研究』94、成均館大学大東文化研究院、２０１６、４５１-４７４頁)を参照。

7　これに関する最近の先行研究は以下の通りである。都珍淳「安重根：禹徳淳のアイデンティティと金薫の(『ハルビン』:「猟師」、「無職」、「煙草売り」対「義兵」、「大韓国人」、『韓国独立運動史研究』81、韓国独立運動史研究学界、２０２３、１８７-２３３頁)、孫科志、柳浩寅「安重根義士による伊藤博文狙撃事件の芸術的解釈：鄭基鐸と彼の映画〈愛国魂〉」(『統一人文学』95、建国大学人文学研究院、２０２３、65-１０５頁)など。

8　ジャン・ポール・サルトル、尹貞姙《ユン・ジョンイム》訳『想像力の問題』（ギパラン、2010）324-326頁を参照。特に、実在からの存在者の自由の原理として意識の否定作用と無（néant）については『存在と無』（鄭昭盛訳、東西文化社、2012）19-29頁を参照。

9　本考で取り上げる安重根関連創作物や書物は以下の通りである。小説：李浩哲『カリェーウラー』（ハンギョレ、1986）、卜巨一『碑名を求めて』（東亜出版社、1995）、李文烈『死をもって千年を生きる』（アールエッチコリア、2022）、金薫『ハルビン』（文学トンネ、2022）。映画『トマス安重根』（2004）：『2009ロスト・メモリーズ』（2005）、『英雄』（2022）

10　これに対する韓国的立場を取り上げた論文は曺洪龍「『テロ』と『抵抗権』の区分基準に関する研究：安重根義士のハルビン義挙を中心に」（『韓国軍事学論集』71、陸軍士官学校花郎隊研究、2015、19-46頁）を参照。

11　「安重根義士の最終陳述」『史料から見た韓国史』、国史編纂委員会・我が歴史ネット（オンライン）.http://contents.history.go.kr/mobile/hm/view.do?levelId=hm_121_0120

12　ベネディクト・アンダーソン著、徐智源訳『想像の共同体：ナショナリズムの起源と流行』（ギル、2018）82頁を参照。

13　「敗北」の経験を創作物を通して想像的に再構成して「共感の共同体」を統合する文化工程は韓国だけの問題ではない。それはアメリカのベトナム戦争での敗戦と日本の太平洋戦争での敗戦に対する想像力からも分かるように、近代ナショナリズムの一般的な特性である。酒井直樹、チェ・ゾンウク訳（『日本・映像・米国：共感の共同体と帝国的国民主義』（グリーンビ、2008、28-37頁）を参照。

14　『トマス安重根』は約60億ウォン、『英雄』は約130億ウォンの制作費が投じられたことが知られている。2004年の当時韓国映画の制作費として60億ウォンはかなりの高額である。国内ミュージカル映画の成功例が皆無のなか、2022年の『英雄』の130億ウォンも巨額の制作費と言われている。

15 「気が狂った運転手に車を任せると、車内の全員は死ぬ。ヒトラーは気の狂った運転手なので、人々を助けるためには気が狂った運転手を引っ張り出すしかない」。

16 舞台で人気の出たミュージカルの映画化は、1960年代以降ハリウッドのミュージカル映画製作の慣習となり、ミュージカル映画の製作方法のひとつとして根を下ろした。閔庚元、『ミュージカル映画』（コミュニケーションブックス、2013、xi頁）を参照。

17 ナショナリズムの商業主義的な結託は、1990年代の韓国において顕著である。黄鍾淵、「民族を想像する文学─韓国小説の民族主義批判」（『浅はかなもののカーニバル』、文学トンネ、2001、88頁）を参照。これに関するより詳細な事例を取り上げた最近の研究は尹賢明「映画『南伐』に見られる日本懲らしめの情緒：1990年代の韓国の社会的雰囲気をめぐって」（『開かれた精神 人文学研究』23、圓光大学人文学研究所、101-134頁）を参照。

18 原題は『不滅』である。2009年1月1日から同年12月25日まで『朝鮮日報』に連載された。この題名は2022年の改訂版刊行の際、上記の題名に改題された。本考では原作者の意見を尊重し、改題された題名と改訂版を出典にしている。

19 ゲオルク・ルカーチ、李・ヨンウク訳『歴史小説論』（ゴルム、1987、44頁）

20 李浩哲『カリェーウラー』（ハンキョレ、1986、7-8頁）

21 ジャン・ポール・サルトル『存在と無』（鄭昭盛訳、東西文化社、2012）を参照。李浩哲の「歴史状況小説」においての状況がサルトルのいう意味の「状況」かどうか定かではない。しかし、実存主義が流行していた戦後世代の文学者にサルトルの実存主義が与えた影響を考えると、サルトルに基づいている可能性が高いと思われる。

22 李文烈、前掲、77頁。

23 同上、46-47頁。

24 同上、22頁。

25 同上、143頁。

26 1970・80年代における李浩哲の在野民主化活動の略歴を知るには、李浩哲「簡単な本人履歴書」（『私たちは今どこに立っているのか』48-54頁）を参照。

27 もちろん、『カリェーウラー』は歴史学界や神学界において、安重根の複合的な側面や「思想」に対する再評価の動きが起こる前に書かれた作品であることを考慮せねばならない。

28 李文烈『死をもって千年を生きるⅠ』（アールエッチコリア、2022、8-9頁）。

29 同上、9頁。

30 同上、47-77頁。

31 同上、362頁。

32 同上、224頁。強調は引用者。

33 同上、121頁を参照。

34 安泰勳のカトリック入信過程については李文烈『死をもって千年を生きるⅠ』（アールエッチコリア、2022、160-175頁）を参照。

35 李文烈『死をもって千年を生きるⅡ』、432頁。

36 Jean-François Lyotard、Trans. Elizabeth Rottenberg、*Lessons on the Analytic of the Sublime*, Stanford University Press、1994, pp. 23-29を参照。

37 世俗イデオロギーとしての国家と革命を超歴史的に支える殉教と犠牲の弁証法については林志弦『犠牲者意識民主主義：苦痛を競争する地球的記憶競争』（ソウル：ヒューマニスト、2021、118頁）を参照。

38 簡単に説明すると、次のような違いがある。卜巨一の『碑名を求めて』は京城生れの無名の詩人であり大手企業の課長である「朝鮮系日本人」木下英世（朴英世）が日本により忘れられた朝鮮語文学や朝鮮史を追跡することで「朝鮮人のアイデンティティ」に目覚めていく内的な冒険を辿る。『2009 ロスト・メモリーズ』は朝鮮独立団体を捜査していた日本のエリート警察である「朝鮮系日本人」阪本正行（張東健扮）が歴史的な覚醒をしていくSFアクション物である。全体的なあらすじは次のようである。朝鮮に対する日本の永久支配が実はタイムスリップの出来る高句麗の遺物（月霊）を使った「歴史歪曲」であることに気づき、そのことを利用して過去に戻ってハルビン義挙を手伝う。

39 同上、12-13頁を参照。

40 クァンタン・メイヤスー、オム・テヨン訳『形而上学とエクストロサイエンス・フィクション』（형이상학과 과학 밖 소설、理学社、2021）28-29頁を参照。

41 金薫「作家の言葉」（『ハルビン』、文学トンネ、2022、303-307頁）。

42 都珍淳は金薫は裁判記録上の「猟師・無職・煙草売り」という言表への過剰な意味付けを通じてハルビン義挙の意味を歴史的安重根から急進的に引き離すと批判している。「安重根の『無職』は職業義兵の腹話術であり、傍点は『無職』ではなく『義兵』にあった。しかも『国家』の『義兵参謀中将』というのだ」都珍淳「安重根：禹徳淳のアイデンティティと金薫の『ハルビン』―『猟師』・『無職』・『煙草売り』対『義兵』・『大韓国人』」、192頁。

43 ちなみに「猟師・無職・煙草売り」の発言に対する李文烈の立場は以下の「常識」に基づいている。「安重根はハルビン駅で単身で狙撃に臨む際、心に決めた通りに徹底的に自分を隠した。親類や仲間、友人が自分のせいで日本から被害に遭わされないようにするためだった。誰が聞いても曖昧な回答だったが、溝淵はそれ以上問いただざず次に移った」（李文烈『死をもって千年を生きるⅡ』、334頁）

44 金薫、前掲、13頁。強調は引用者。

45 同上、16頁。

46 同上、83頁。

47　同上、49-52頁を参照。

48　「東京から下関までは列車で、下関から大連までは汽船で、大連から旅順・奉天・長春を経てハルビンまでは再び列車で移動することになっていた。明治維新以降アジアの海と大陸は一本道でつながっていた。伊藤はそのつながっていることの意味を深く刻んだ。灯台と鉄路がつながったことでアジアは新たに生まれ変わりつつあった」前掲、105頁。

49　同上、89頁。

50　同上、88頁を参照。

51　同上、97頁を参照。

52　金薫「ご飯 1」(『インスタントラーメンを作りながら』、文学トンネ、2016) 70-75頁を参照。

53　金薫「生きていく人達：セウォル号4周年」(『鉛筆で書き』、文学トンネ、2019) 251-262頁を参照。

54　金薫「安重根殉国113周年『ハルビン』作家金薫に聞く」(『月刊中央』4月号、中央日報社、2023、215頁)

参考文献

〈資料〉

「安重根義士の最終陳述」、国史編纂委員会・我が歴史ネット、『資料から見た韓国史・近代』。http://contents.history.go.kr/mobile/hm/view.do?levelId=hm_121_0120

金薫 (2022)『ハルビン』(坡州：文学トンネ、日本語訳・蓮池薫、新潮社、2024)

卜巨一 (1995)『碑銘を求めて』(ソウル：東亜出版社)

李文烈 (2022)『死をもって千年を生きる I・II』(ソウル：アールエッチコリア)

李浩哲（1986）『カリェーウラ』（ソウル：ハンキョレ）
徐世源監督（2004）《トマス安重根》
尹濟均監督（2022）《英雄》
李シミョン監督（2005）《2009ロストメモリーズ》

〈論著〉
金三雄（2023）『安重根評伝』（ソウル、時代の窓）
金薫（2016）『インスタントラーメンを作りながら』（坡州：文学トンネ）
金薫（2019）『鉛筆で書き』（坡州：文学トンネ）
都珍淳（2023）「安重根、禹徳淳のアイデンティティーと金薫の『カルビン』－「猟師」「無職」「煙草売り」対「義兵」「大韓国人」」（『韓国独立運動史研究』81、韓国独立運動史研究学会）
閔庚元（2013）『ミュージカル映画』（ソウル：コミュニケーションヌックス）
孫科志・柳浩寅（2023）「安重根義士による伊藤博文狙撃事件の芸術的解釈：鄭基鐸と彼の映画『愛国魂』」（『統一人文学』95、建国大学校人文学研究院）
申光澈（2003）「安重根を見る二つの視線：南北韓映画が再現した愛国的人物の軌跡」（『人文コンテンツ』1、人文コンテンツ学会）
申雲龍（2012）「韓国カトリック系の安重根記念事業展開とその意味」（『歴史文化研究』41、韓国外国語大学校歴史文化研究所）
尹賢明（2022）「映画『南伐』に現れた日本膺懲情緒：1990年代の韓国社会雰囲気と関連して」（『開かれた精神人文学研究所』23、圓光大学校人文学研究所）
李浩哲（2001）「単純な本人履歴書」（『私たちは今どこにいるのか』、ソウル：国学資料院）

林志弦（2021）『犠牲者意識民族主義：苦痛を競争する地球的記憶戦争』（ソウル：ヒューマニスト）
全遇容（2022）『（民族の英雄）安重根：強者が弱者を抑圧しない世界を夢見る』（ソウル：ハンキル社）
曺洪龍（2015）「『テロ』と『抵抗権』の区分基準に関する研究：安重根義士のアルビン義挙を中心に」（『韓国軍事学論集』71、陸軍士官学校花郎台研究）
崔真碩（2016）「１９３０年代日本・朝鮮における安重根叙事：「安重根」と〈ハルビン역두の銃声〉を中心に」（『大同文化研究』94、成均館大学校大同文化研究院）
黄鐘淵（2001）『浅はかなもののカーニバル』（坡州：文学トンネ）
ゲオルグ・ルカーチ（1987）李ヨンウク訳『歴史小説論』（ソウル：ゴルム）
ベネディクト・アンダーソン（2018）徐智源訳、『想像された共同体：民族主義の起源と普及に関する考察』（ソウル：キル）
酒井直樹、崔チョンオク（2008）『日本・映像・米国：共感の共同体と帝国的国民主義』（ソウル：グリンビ）
ジャン・ポール・サルトル（2010）尹貞姙訳、『想像界』（ソウル：キパラン）
ジャン・ポール・サルトル（2012）鄭昭盛訳、『存在と無』（ソウル：東西文化社）
クァンタン・メイヤスー（2017）オム・テンヨン訳、『形而上学とエクストロサイエンス・フィクション』（ソウル：理学社）
Jean-François Lyotard（1994）, trans. Elizabeth Rottenberg, *Lessons on the Analytic of the Sublime*：Kant's Critique of judgment, [sections] 23-29, Stanford, Calif.: Stanford University Press.

〈その他〉

金薫（2023）「安重根殉国１１３周期、『ハルビン』の作家金薫に問う」（『月刊中央』２０２３年４月号、ソウル：中央日報社）

チョン・キョンテ（2023）「［取材ファイル］安重根義士遺骸発掘、立ち止まって15年…残る可能性は？」、《SBSニュース》2023.5.23. https://news.sbs.co.kr/news/endPage.do?news_id=N1007203508
「金枢機卿、安重根（トマス）義挙の正当性を認める：追慕ミサの説教にて公式宣言」、『カトリック新聞』1993年8月29日、1面。https://m.catholictimes.org/mobile/article_view.php?aid=299705

（翻訳：崔世卿《チエ・セキョン》）

第10章　安重根を歌う——安重根関連の韓国詩歌研究

朴秉勳《パク・ビョンフン》

「彼の正大なる義挙を歌おう」（『万古義士 安重根伝』中）

1　はじめに

１９０９年、安重根（１８７９〜１９１０）がハルビンで伊藤博文を狙撃した事件は、国内外の多くの人々に深い印象を与えた。そしてこの事件は小説・伝記をはじめ演劇や詩歌など様々な形で描かれた。これらに関しては研究も盛んに行われているが、詩歌のジャンルに限って言えば、中国で作られたものを取り上げた研究が幾つかあるだけで、韓国人によって創作された詩歌についてはさほど研究されていない、というのが現状である。

崔亨旭は、安重根関連の中国の詩歌に関して精力的に研究を行っており、従来の先行研究を網羅的に紹介する一方[1]、『晩清期刊全文数拠庫（１８３３〜１９１１）』や『民国時期刊全文数拠庫（１９１１〜１９４９）』等のデータベース、朴殷植『安重根伝』（1912）、鄭沅『安重根』（1917）、鄭湝『安重根伝』といった伝記、金宇鍾・崔書勉『安重根：論文・伝記資料』(1994)、華文貴『安重根研究』(2009)、金柄珉・李存光『中国現代文学与韓国資料叢書』(2014)、李存光・金宰旭『中国現代文学与韓国文献補編』(2020)等の安重根関連の研究および中国現代文学資料叢書から49編の資料を提示した。[2] 崔はこれらの主なテーマとして、①安重根の義挙に対する称揚と彼の殉国に対する哀悼、[3] ②属国であった韓国への認識と第三者的な立場からの複雑な思い等を挙げる一方、[4] 詩歌の中で安重根が①「刺客」・「侠士」、または②「英雄」・「志士」として描かれたことを指摘し、分析を行った。[5] 他にも、梁啓超が安重根について詠った詩文を詳細に分析したこともある。[6]

韓国人によって創作された安重根関連の詩歌に関する研究としては以下の論文がある。朴桓は、ロシアの沿海州で安重根への追慕熱気が熱いことを指摘しながら、彼の地における安重根関連詩歌の現況と受容のあり方を明らかにした。[7] また申雲龍は、ロシアをはじめアメリカ・中国等で、演劇や写真を通じて安重根を追慕し彼の遺旨を受け継ぐ動きがあることを取り上げつつ、そちらでの唱歌の創作と普及について概観した。[8] なお、宋英順は、李光洙の長詩「獄中豪傑」・「熊」が実は安重根に関する詩であることを明らかにした。[9] だが、以上で述べた諸研究は、韓国人によって創作された安重根関連の詩歌全般を取り上げたものとは言い難い。韓国の伝統的な詩歌としては漢詩・歌辞・時調等の様々なジャンルがあり、これらは開化期と植民地期を経て変容していく。なお、この時期には唱歌という新しいジャンルも流行った。そこで本稿では、安重根関連の詩歌の中で漢詩・歌辞・唱歌の三つにしぼって検討したい。[10] ただし、それぞれのジャンルについて詳述する余裕はないので、ここではひとまず、「日帝強占期」[11] における安重根関連詩歌資料の概要を述べることにしよう。ここでいう安重根関連詩歌からは、安重根自身が作った詩は除外して、安重根および彼の義挙と関連した詩歌を指す。安重根に関連した内容は数節しかなくても、安重根関連詩歌として扱う。

ところで安重根自らも「丈夫歌」を作り[12]、筆で書いた詩を残した[13]。つとに桂奉瑀は安重根の詩的才能を高く評価して、彼を詩神・詩仙・詩王と称えていた[14]。なお、安重根を追慕する歌は、近代印刷技術の発達を背景に「安重根義歌」「大韓義士安重根氏追悼歌」「安重根追悼歌」等の題目で新聞に載せられたり、伝記などに収録されたりした。本稿では日帝強占期において、伝統的な詩歌のジャンルである漢詩・歌辭と、当時新しく流行っていた唱歌ジャンルの中で、安重根を題材とした詩歌を提示しつつ、当該のジャンルが安重根への追慕や彼の遺旨を継承しようとする動きにどのような影響を及ぼしたかを検討する。こうした試みは、主として小説・伝記・演劇に限られていた従来の安重根関連文学研究の範囲を広げる一方、安重根への追慕や抗日意識の鼓吹において詩歌が働いた役割を明らかにしようとする点で意義を持つ。

2　安重根関連の韓国の漢詩

大韓帝国末期の知識人層には依然として漢詩の素養が求められた[15]。漢籍を識る儒学者として同時代の現実に対する憂患意識を示した場合もあった。たとえば梅泉黄玹（1855〜1910）は識者層の責任を痛感して、「絶命詩」を詠んで殉国した。西洋の新学問が従来の儒学を批判しながら台頭した植民地期（日帝強占期）にも、漢文リテラシーを身につけて漢詩を作る知識人層はなお存在しており、漢詩は一つのジャンルとして生き延びていた。彼らは流入したばかりの近代メディアである新聞や雑誌に漢詩を寄せる一方、朝鮮時代の知識人と同様に個人文集を編んだ。ところで、安重根関連の漢詩は新聞・雑誌よりは個人文集で多く見受けられる。文集は著者の没後に門中で編纂される場合が多いため、その編纂時期はかなり後になるが、以下の文集の刊行年度は日本による植民地時代から解放以後にわたる。

1909年10月26日の安重根の義挙後、植民地期（日帝強占期）の知識人たちは安重根の伝記を読んだ感想を漢詩で詠ったが、それを公にするのを憚ったので、主として解放後出版された個人文集に収録されたものが今に伝わるようになった。

「聞安義士重根殺伊藤博文」（鄭機淵）、「聞哈爾濱消息 以詩弔安重根義士」（成煥孚）、「聞義兵将安重根報国讎事」（金澤榮）、「聞安義士重根殺邦讐」（鄭宅中）、「聞十三日報 效朱子七首詩意」（曺兢燮）といった漢詩は題名に「聞」を冠したことからも推測される通り、安重根について報じた新聞記事を読んだ直後の感想を書いたものであり、主に1909年の安重根義挙に焦点が当てられている[18]。例えば、「聞十三日報 效朱子七首詩意」は題目に「13日の消息を聞いて（聞十三日報）[19]」という表現が用いられたことから、この漢詩が義挙の直後に作られたと考えられる。それぞれの詩は文集ではひとまとめにされているため一篇一篇の作成時期は分かりにくいが、その具体的な創作時期は義挙当時と推定される。

一方、安重根の義挙後、彼に対する熱烈な関心に応える数多くの安重根伝記類が登場した[20]が、そのうち朴殷植の『安重根』（1914）[21]は最も多くの人気を集めて、『新興学友報』[22]および『独立新聞』[23]にも

表１　個人文集の中の安重根関連の漢詩[16]

番号	漢詩の題名	作者	出典
①	聞安義士重根殺伊藤博文	琢窩 鄭機淵（1877～1952）	琢窩文集（1954）巻 1, 22a
②	聞哈爾濱消息 以詩弔安重根義士	正谷 成煥孚（1870～1947）	正谷遺集（1976）巻 2, 32a
③	聞安義士重根殺邦讐 三首	菊圃 鄭宅中（1851～1925）	菊圃遺稿（菊圃處士晉陽鄭公遺稿, 1987）19a（全 1 冊）
④	聞十三日報 效朱子七首詩意 次其韻	心齋 曺兢燮（1873～1933）	巖棲集（未詳）巻 4, 5b-6b
⑤	聞義兵將安重根報國讎事 三絶	滄江 金澤榮（1850～1927）	韶濩堂集[17] 巻 4, 21a-b
⑥	讀安義士重根傳	立巖 南廷瑀（1869～1947）	立巖集（1955）巻 2, 35a
⑦	讀安烈士重根傳爲題 三首	澤齋 柳潛（1880～1951）	澤齋集（1977）巻 2, 226
⑧	讀安義士傳	靜軒 郭鍾千（1895～1970）	靜軒文集（1975）巻 1, 12b-13a
⑨	題安重根傳後	蔡圃 姜柄旻（1844～1928）	蔡圃遺集（1941）巻 1, 1b
⑩	讀金滄江誄安重根詩 因次其韻	河鳳壽（?～?）	柏村先生文集（1959）巻 1, 34a
⑪	歎安義士重根 二首	是菴 李直鉉（1850～1928）	是菴文集（未詳）巻 1, 37b-38a
⑫	悼安義士重根 二絶	老柏軒 鄭載圭（1843～1911）	老柏軒先生文集（未詳）巻 3, 22a-b
⑬	輓安義士重根	懼齋 崔鶴吉（1862～1936）	懼齋先生文集（1939）巻 1, 45a-b
⑭	挽安義士	菊圃 鄭宅中（1851～1925）	『菊圃遺稿』, 19b（全 1 冊）
⑮	哭安義士重根 二絶	石愚 黄柄瓘（1869～1945）	石愚遺稿（1978）巻 1, 1b
⑯	（十哀詩）安應七重根	韓齋 鄭奎榮（1860～1921）	韓齋集（1943）巻 3, 40b
⑰	挽安義士應七重根	訥菴 李之榮（1855～1931）	訥菴集（1962）巻 1, 47a
⑱	挽義士安重根	癡齋 徐翰基（1857～1926）	癡齋遺稿（1939）巻 1, 5b-6a
⑲	追挽安烈士重根	巨山 姜天秀（1863～1951）	巨山遺稿（1991）巻 1
⑳	嗚呼賦	滄江 金澤榮（1850～1927）	韶濩堂集　巻 6, 28b-29b

連載されたほどだった。日本植民地時代の文人たちは、断片的な新聞記事以外にも、安重根の伝記を読んで感動して漢詩を詠むこともあった。すなわち⑥「讀安義士重根傳」（南廷瑀）、⑦「讀安烈士重根傳爲題」（柳潛）、⑧「讀安義士傳」（郭鍾千）、⑨「題安重根傳後」（姜柄旻）などの漢詩は、その題からして安重根伝記の影響が感じられる。例えば、郭鍾千「読安義士伝」の冒頭には「秋の灯り、声を高くして安公の伝記を読む。人を感慨に浸らせ、多く嘆き悲しませる」[24]とあり、安重根伝記の影響を端的に窺わせる。

漢詩作者の中では金澤榮に注目する必要がある。金澤榮は１９０５年に韓国を離れ、上海付近の南通に定着して著述・出版に邁進したが、安重根に格別な関心を示し、安重根を偲んで「擬祭安海州文」（1910）という祭文を書き、⑳「嗚呼賦」（1910）では国の滅亡を嘆きつつも、安重根に触れながら希望を見つけようとし、[25]「書安明根事」（1916）では安重根の従兄弟安明根を取り上げた。また、いち早く安重根の伝記「安重根伝」を収録した『滄江稿』（1911）を刊行し、[26]後に朴殷植の『安重根』（1914）を踏まえて誤りを訂正した「安重根伝」を『韶濩堂集』（1916）に収録した。[27]

彼の詩文集『韶濩堂集』は6つの刊本、さらには合わせて14種の改訂版がある。[28]初刊本（1911）の詩集の部分には彼の詩が年代順に収録されている。己酉稿の詩⑤「聞義兵将安重根報国讎事」は安重根義挙の年である１９０９年に書かれたものである。

平安壮士目雙張／平安道の豪傑が二つの眼を見開いて
快殺邦讎似殺羊／羊を殺すように国の仇敵を殺した

死ぬ前に良い消息を伝え聞き　／未死得聞消息好
菊花の傍で狂ったように歌い踊った　／狂歌亂舞菊花傍
ウラジオストク港の空を旋回していたハヤブサ　／海蔘港裏鶻摩空
ハルビン駅前で赤い稲妻が炸裂した　／哈爾濱頭霹火紅
六大洲の多くの豪傑たち　／多少六洲豪健客
秋風に一時に箸を落としたであろう　／一時匙箸落秋風
古から滅びない国があったものか　／從古何嘗國不亡
いつも幼子のような哀れな臣が金城湯池を崩壊させた　／纖兒一例壞金湯
空を支えるこの手を得るようにして　／但令得此撐天手
滅んだこの時にこそ、むしろ義挙の光を放つのだ　／却是亡時也有光[29]

この詩は韓国のみならず、安重根に関心を持っていた多くの中国人が熱読した朴殷植の『安重根』[30]にも収録されたということに大きな意味がある。この『安重根』には周曾錦の詩「読安重根伝」も載っているが、この詩は、実は、金澤榮が周曾錦に頼んで書かせたもので、元来は周曾錦の『蔵天室詩』に「韓国金滄江囑詠安重根烈士事」という題名で収録されていたものが、朴殷植の『安重根』では「読安重根伝」と、タイトルが変えられたのである。ここには、金澤榮が再刊本『安重根』の刊行に当たり、周曾錦に安重根に関する詩を頼んで、自分の詩と一緒に載せたという背景がある。よって、「読安重根伝」での「安重根伝」とは朴殷植の『安重根』ではなく金澤榮の「安重根伝」を指す。[31]

このような逸話は、当時国境を超えて形成されていた漢字文明圏内の知識人ネットワークの存在を想起させる。

最後に、上海で開かれた安重根の追悼会について簡単に触れておきたい。朴殷植は『安重根』の附録に、追悼会に関して次のことを述べた。

某年3月26日（安公の殉国日）、海外のどこかで追慕大会を開催した。参加者たちは厳かな服装で、顔には血涙が流れていた。この日は寂しい冷たい風に雨まで降りしきり、まるで空も地も悲感にくれているようであった。その日の哀悼文はハングルで書かれたものが多かった。［同人、可人、嘯印、復源、天悟、霹児、少滄、友血、李超、鶴皐、樸泳、鉄漢、武寧、秦夢、鋭鋒、漢一、石麟、桓童、亨媛などは皆ハングルで哀悼文を書いた。］ここにはハングルの活字がないため、それらを収録することはできないので、ただ漢文で書かれた聯と詩をいくつか附録として載せた次第である。[32]

尹炳奭は、この追悼式が安重根殉国3周年であった1913年10月26日に上海で行われ、朴殷植・申圭植、および同済社の関係者が参加したと推測している。[33] ハングルで書かれた追悼文とは、歌辞のようなジャンルであった可能性もなくはないが、概ね一般的な追悼文の形式だったであろう。朴殷植は中国で『安重根』を刊行する際、ハングルの活字が入手できなかったため、安重根を追悼する詩文のなかで漢詩のみを附録として収録したという。ここには同人、無名、三岡、警儂、東醒による聯、そして醒庵、志山、滄洲、青齢、一石、般吾、鉄児の詩7首が収められている。その7首のうち追慕に関する言及がみられる「青齢」と「般吾」の詩のみ紹介する。

大義と忠節は日月の明　　　　　　　大義貞忠日月明
六大洲の健児たちは英雄の名声を仰ぐ　六洲健客仰雄名
壮烈なるかな安公を追慕する会　　　　壮哉追慕安公会
すべての山川が尽く誠を献ぐ　　　　　水水山山盡獻誠[34]

堂々たる義気は秋城に似て　　　　　　堂堂義氣似秋城
千載に芳しく流る烈士の名　　　　　　千載芳流烈士名
一たび哭き一たび歌う追慕の日　　　　一哭一歌追慕日
吾が熱血を傾けて吾が誠を表す　　　　傾吾熱血表吾誠[35]

安重根追悼の日を迎えて、安重根の義を太陽と月になぞらえ、六大洲の人々と自然（水水山山）までもその名を仰ぎみて誠の心を捧げている、と強調するかと思えば、慟哭し歌いながらわが熱血で真心を表わすと述べて追悼の日の感情を噴出してもいる。1913年の日本植民地時代当時、抗日の意志を固め、漢詩によって安重根を追悼する光景から、文学による抗日運動の側面が再び確認される。これは一面では、漢詩の創作によって安重根を讃える行為が、個人的な側面のほかに共同体的な側面もあることも示している。

漢文識者層は、韓末・日帝治下でも依然として漢詩を創作して識者層の憂患意識を表現しており、安重根に対する哀悼はそうした憂患意識の一作用とみることができる。東アジアの共通文語としての漢文の特性上、中国人も漢詩を作って安重根を追慕し、中国での追悼会でも漢詩によって安重根を讃えた。漢詩は、長い伝統にもとづいて個人の感情を表出するのに非常に適したジャンルだったので、安重根関連の漢詩は、識者層の憂患意識とかみ合って、安重根に対する追慕の念を巧みに表現することができた。

3　安重根関連の韓国の歌辞

歌辞《カサ》は朝鮮時代のみならず日本植民地時代まで、筆写本などのかたちで活発に創作・伝播された。漢詩・詩調・歌辞などの伝統詩歌のジャンルは、親しみ深さを基盤として、近代期に入っても依然としてその力を発揮したのである。歌辞という古いジャンルを時代にふさわしい新しい思想を結合させて近代期に歌われた歌辞は啓蒙歌辞などと呼ばれており、『大韓毎日新報』の「社会灯」コーナーに載せられた啓蒙歌辞では、安重根の伊藤博文狙撃に対して謝罪団を構成して親日行為をする人々を批判するなど、当時の社会認識を歌辞というかたちで表したりもしている。[36]

ところで安重根関連の歌辞は、主に創意歌辞において義兵運動など抗日関連の複数の人物に言及する中で、安重根を抗日の記号として部分的に呼び出している場合が多い。

まず、賁西金大洛の「憤痛歌」[38]がそれである。金大洛は、西山金興洛（安東出身で退溪李滉の学統を

表２「安重根関連歌辞」

番号	タイトル	作者名	出典
1	憤痛歌	金大洛	白下日錄 下
2	大韓復讐歌	金斗萬	韓国歴代歌辞文学集成
3	申議官倡義歌	申泰植	韓末義兵資料集[37]
4	無題（獄中歌）	未詳	韓国歌辞文学館
5	驚歎歌	鄭壽承	萬世仙話

受け継いだ人物）のもとで学び、大韓協会の安東支部を組織し主権保護活動を行った。そして１９１１年１月には中国の間島に亡命し、民族運動に投身し、１９１４年に69歳で死去した。[39] 彼は、『西征録』（1911）、『白下日録 上』[40]（1912）、『白下日録 下』（1913）で亡命後の生活を日記に残した。「憤痛歌」は個人の感情を詠った作品というよりは、民族という立場から植民体制への対抗意識を表した歌辞だと言える。この中で特に安重根に関連する箇所を挙げておく。

西小門外で首切りにされた洪在鶴に再拝し、
ハーグでの談判後血を流した李儁氏に痛哭し、
鐘楼の街で（李完用を）刺した李在明に賀禮し、
ハルビンを望みながら安重根に酹酒し、
閔泳渙宅の竹の見物と崔益鉉の魂を呼び返す。
上下千載を見渡れば古今に優れた人物が沢山いる。

上記で言及された人々は、安重根と同様に自らの安全を顧みずに抗日運動に身を投じた人々である。洪在鶴（１８４８〜１８８１）

は1881年に開化政策を主導していた金弘集・李裕元らの官僚、さらには国王まで批判する辛巳斥倭疏を提出し、斬刑に処せられた。李儁（1859～1907）は1907年にオランダのハーグで開催された第2次万国平和会議に特使として派遣され、韓国独立への支援を要請したが、各国の代表たちから共感を得ることはできず、1907年7月14日に殉国した。李在明（1887～1910）は1909年に伊藤博文を殺そうとして平壌駅で待ち伏せしたが安昌浩の説得で断念し、同年12月に明洞聖堂前で乙巳五賊の一人である李完用に重傷を負わせたことで逮捕され、翌1910年9月に死刑に処された。閔泳煥（1861～1905）は大韓帝国で内部大臣・軍法校正総裁などを務めたが、1905年に乙巳併合条約の強制調印後、国民に覚醒を呼びかける遺書を残し、故郷で自決するという抵抗の死を選んだ。彼が亡くなった後5か月後、家の中で赤い斑点のついた竹が生えると、人々はこれを「血竹」と呼び、彼に対する追悼の熱気も高まった。崔益鉉（1833～1906）は乙巳併合条約後、抗日義兵運動を行なった。全羅北道の泰仁で義兵を募り、義兵を率いて淳昌で日本軍および関東軍と戦ったが、逮捕されて對馬島に流刑され、1906年に殉国した。崔益鉉の遺体は日本から釜山を経て、故郷である忠清道定山に運ばれたが、彼を追悼する人々が押し寄せて墓地に到着するまでに半月もかかるほどであった。

金大洛は死を厭わず日本に抵抗した人々の名前を挙げながら、今後もこのような人物が続々と現れるだろうと確信していた。抗日意識を象徴する人物として歌辭のなかで言及された安重根も、抗日の決意を強固にする存在だったのである。

次に、潤愚金斗満（1872～1918）が1918年に作った「大韓復讐歌」がある。[41] これは国権の回復を求める倡義歌辞である。

柏洞書堂に仰ぎみる　日月のごとき貞忠、響山先生
七日にして餓死された伯夷・叔斉の高い忠節
わが東国に再びあらわれ　望拝してから
英陽に帰ると　東海の白く白い千丈水に
不死の忠魂金道鉉が　魯仲連の百世古義
わが東国を見なおせば　二水三山どこにある
永川一処を眺めれば　赤手空拳の鄭煥直
父子とも没し憐れなり　秋霜のごとき大将旗に
朕望二字をかかげつつ　出師未捷で死んだから
壮士英雄涙する　伊藤博文を射殺せる
安應七はいずくにか丈夫の烈気凜凜と
斗牛の間に広がれり　水火択ばず崔益鉉
異域の鬼神とはなれど　十年持節北海上に
蘇中郎に従うか　国家の柱石閔泳煥が
危きを見て命を授く　壮なるかな殺身成仁の美名
千秋の史冊は枯れるとも　血竹は青々たり

歳寒にして凋れざる　松柏のごとき　自決した趙秉世
社稷とともに亡ぶとて　妻子までも死んだから　一家忠烈立派なり
こんな忠烈またとなし　何代も賢無しは昔話
東方が褊小だとて　人までも褊小だろうか（「大韓復讐歌」）

庚戌国恥の憤激にたえず断食に入り、1910年10月10日に国に殉じた響山李晩燾（1842～1910）から、慶尚北道の英陽を中心に義兵を起こして、のちに師の李晩燾の自決後、戦国時代の斉国の節義の象徴である魯仲連の「踏海」の故事にならって、遺詩を残して東海に入り踏海殉国した碧山金道鉉（1843～1907）、高宗の密旨をうけて義兵を起こし、息子の鄭鏞基とともに殉国した慶尚北道永川の鄭煥直（1843～1907）に続いて安重根が歌辞に登場しており（「伊藤博文を射殺せる／安應七はいずくにか／丈夫の烈気凛凛と／斗牛の間に広がれり」）、その後に閔泳煥・趙秉世が言及されている。

三番目に、島庵申泰植（1864～1932）の「申議官倡義」があり、「倡義歌」とも呼ばれる。これもやはり倡義歌辞といえるもので、独立運動家のさまざまな歌辞作品[42]の一つである。原本は失われて、子孫が筆写したものが残っている。

凶慝なる伊藤博文は　大鳥圭介を渡海させ
満洲・台湾盗み取り　朝鮮の降書を求め来た時

萬国に公布して　自主独立せしめると
億兆蒼生扇動し　甘言もって誘いつつ
統監を自称しては　国権を掌握し
姦臣を料理して　山林川沢を凌奪す
千斬万戮しても足らず　殺されて惜しまれないのも当然（…）
国運が不幸だとて　こんなことがあるものか
忠義烈士は幾人で　乱臣賊子は幾人か
聡明人に過ぐるとも　歴々と言いつくせようか
万古の忠臣崔勉菴は　対馬島で餓えて死に
事君節忠の李儁氏は　万里の他国外国へ行き
万国公会列座中　肝を出して血を吐いた
閔忠貞の楼軒閣に　四節竹が自生して
節々ごとにただ忠節　葉っぱごとに義字となる
三戒大将元龍八は　原州の獄で餓死し
白頭書生安重根は　数万余里のハルビンで
伊藤博文殺害し　旅順口にて絞首刑され（「申議官倡義歌」）

伊藤博文が満州と台湾を盗み取り、朝鮮にやってきて自主独立させると甘言を弄して国権を侵奪したのだから、殺しても惜しいことはなくて当然だと述べた。そして忠義烈士として崔益鉉・李儁・閔泳煥・元容八[43]に言及した後、ハルビンで伊藤博文を殺害して、旅順口で絞首刑に処されたとして安重根を挙げている。

四番目に「獄中歌」がある。これは歌辞文学館に所蔵されている歌辞[44]で、もともと題名はなかったが、高淳姫によって命名された。[45] 彼は「獄中歌」について、440句（4音譜1句）の長編歌辞であり、1924年に大邱の監獄で創作されたもので、作家は安東の名門家系出身の40歳前後の独立運動家、直接的には朝鮮独立運動後援義勇団事件で逮捕されたものと推定した。そして独立運動家の歌辞として、申泰植の「倡義歌」と同様に独立運動家の投獄当時および監獄生活を扱っている。[46] この「獄中歌」では閔泳煥・李儁、そして安重根に言及している。

五大逆が濁乱した乙巳条約は痛忿にたえぬ
丞相祠堂の緑竹は葉々が訴え
ハーグより来る便り、千古の烈士が割腹したと
ハルビンの霹靂火がまどろんでいた目をぱっと覚ますが
国士無双行くところなし（「獄中歌」）

作者は乙巳五賊（五大逆）によって乙巳条約が結ばれた状況に痛憤している。そして、乙巳条約のために自決した閔泳煥の邸宅の青竹[47]の葉一枚一枚が訴えており、乙巳条約の不当性を知らせるために

オランダのハーグで開催された万国平和会議に特使として派遣された李儁烈士は割腹し、[48]安重根のハルビン義挙に、眠っていた目もぱっと覚めたと述べる。

五番目に『万世仙話』がある。『万世仙話』は1910年から14年にかけて、鄭寿承が書いた歌辞集であり、東学教団の一つである雲林教の経典としても用いられた。[49]一種の新宗教歌辭であるこの歌辞は強い時代認識を示している。『万世仙話』の「驚歎歌」では崔益鉉・閔泳煥・安重根が言及される。

万古忠臣　崔勉菴は第一功名と刻み、
当世忠臣　閔忠節は第二等と刻み、
万古烈士　安重根は烈士の中で第一とする、
第一功名　刻んでおいて名を千秋まで伝えよう（「驚歎歌」）

庚戌年（1910年）6月（旧暦）に作成されたこの歌辞は、韓日強制併合の前、日本に激しく立ち向かい、殉国した崔益鉉・閔泳煥・安重根の3人をそれぞれ「万古忠臣」「当世忠臣」「万古烈士」と呼んでいる。崔益鉉は第一の功名、閔泳煥は第二の功名としてを据え、そして安重根は烈士の中で最も優れているため、崔益鉉と同様に第一の功名に位置づけ、その名前が千年後まで伝えられなければならないと強調している。学界にはほとんど知られていない新宗教教団の歌辞の中で、安重根を烈士として位置付けながら彼の偉業を称えていることは興味深い。

他にも「詠史類」[50]に属するクォン・ビョンソクの「大韓五千年歌史」などがあるが、この作品は1

960年に成立したため触れない[51]。

全体的には、歌辞では安重根一人に焦点を当てるよりも、抗日意識を象徴する人たちの一人として位置付けられ、社会的に抗日意識を呼び起こそうとする傾向があった。これは、漢詩が個人の内面で安重根を追悼し、回顧することとはいささか異なる。つまり、漢詩に比べて歌辞では安重根とその義挙が、抗日意識を表すためのさまざまな人物および事件の一つとして部分的に登場する。これは、安重根が抗日の一記号として作動するアイコン化されていく姿をよく示している。一方で、歌辞が当時の時代像をただちに反映する新聞などで開化歌辞として登場したり、新宗教などで経典の内容の一部として現れたりと、多様な姿を見せている点が興味深い。これは、歌辞が伝統にとどまらず、形式を維持し続けながら新しい思想を載せる枠組としての柔軟性を持っていることを示す部分といえよう。

4　安重根関連の韓国の唱歌

唱歌を厳密に定義するのは容易ではないが、とりあえず開港期に西洋の影響を受けて創作されるようになった一種の西洋式詩歌として理解しても差し支えはなかろう。閔庚燦は、次のように唱歌を包括的に定義する。

音楽的な意味での唱歌とは、1945年以前に韓国に輸入されたすべての西洋の歌、および童謡・大衆歌謡・歌曲などに分化する前に、我が国の人々によって作られた西洋式の歌の総称である。唱歌の範疇には、讃美歌をはじめとする西洋の歌だけでなく、清日戦争と露日戦争の際にもたらされた日本の軍歌や、植民地政策を通じてもたらされた日本の唱歌も含まれる。[52]

メロディのある歌である唱歌は、漢詩や歌辞とはまた異なる心の感発を起こした。安重根関連の唱歌としてまず検討すべきものは、民族意識と反日意識を鼓吹するために創作された抗日唱歌である。抗日唱歌はその性格上、日帝当局の禁止と抑圧の対象にならざるを得なかった。1915年、警務部が韓英書院から発行された唱歌集を摘発した事件について見てみよう。

抗日唱歌は、総督府当局の弾圧により表面上は姿を消したが、志のある人々によって密かに本が作られ、歌われ続けた。例えば、尹致昊が運営する開城の韓英書院で1915年発行された抗日唱歌集は、第1次で40部、第2次で99部が印刷されたが、その後まもなく京畿道警務部によって摘発された。その序文には次のような文章が書かれていた。

国家の興亡は国民の精神にかかっている。国民の精神を感発させるのには、歌が一番良い。したがって、欧米諸国では巨擘の詩人、音楽家の微妙な詩や歌で国民の精神を養成した。わが海東の祖国には古来歌がなかったわけではないが、その内容が大抵淫蕩放逸なものだったので、我々大韓の志士・仁人は皆これを遺憾と思っていた。ところが今、博識者が著作した微妙な歌が少なくないと思われるが、各地に散在して纏まっていない。そこで同志たちが互いに参詣して現在の諸大家の歌曲を種々集めて編纂したものを唱歌集と名付けた。（以下略）

（京畿道警務部報告、『警高機發』第527号、「不穩者発見処分1件」、1915年11月13日）[53]

韓英書院刊行の唱歌集の序文では、国家の興亡は国民の精神にかかっており、それを感発させるには歌が最も効果的であるため、国民の精神を養成するために様々な大家の歌を収集編纂して発行した唱歌集であることを明らかにしている。これは当時の唱歌の機能と目的に対する認識をはっきりと示してる。こうした性格を有する唱歌集に対して、当局は法的規制の整備、音楽教科書の国定教科書化、唱歌集の押収と発売禁止、歌唱の統制、レコードの検閲と発売禁止および押収、不穏な唱歌の摘発と処罰など、弾圧の措置をとった[54]。逆に言えば、このような抑圧は音楽を通じて抗日と独立運動が行われたことを物語ることでもある[55]。

国内での弾圧により、唱歌集は海外で制作されざるを得なかった。海外で作られた抗日唱歌集として代表的なものには『最新唱歌集 附楽典』（1914）と『愛国唱歌』（1916）がある[56]。北間島の光成中学校で音楽教材として使われた『最新唱歌集 附楽典』は、1915年の日帝当局の報告書にその存在が言及されたにも関わらず、実体は不明なままであったが、1997年に国家報勳処によって発掘・出版されて初めて公に知られた抗日唱歌集である。一方、『愛国唱歌』は1916年にハワイ・ホノルルで発行された67ページの謄写本で、楽譜付きの77曲が収録されている。この本は原本が残っており、2011年8月24日に国家登録文化財に指定され、現在は忠清南道天安市の独立記念館に所蔵[57]されている[58]。二つの唱歌集にはともに安重根を歌った「英雄模範」が収録されている。『最新唱歌集附樂典』では98頁[59]、『愛国唱歌』では51頁にある[60]。では、歌辞全体を見てみよう。

1番：雞林の国で犬や豚になろうとも、日本の臣下にはならないと
　死を恐れなかった朴堤上の忠誠は、我らのお手本。
2番：日本の人君を下男として使い、日本国の王后を
　下女として使おうとした昔于老の壮気は、我らのお手本。
3番：主辱臣死の心、錦山の戦いで素手で敵と戦いながら
　一人残らず皆殺しした趙重峯の七百義士は、我らのお手本。
4番：閑山島の永登浦で亀甲船に乗って、日本軍艦数千隻を
　残さず沈没させた李舜臣の計略は、我らのお手本。
5番：紅衣姿の天降将軍、左衝右突しながらネズミのような倭の軍士を
　あちこちで戦い殺した郭再祐の勇猛は、我らのお手本。
6番：義兵を起こして戦い、対馬島へ流刑され、日本の水と穀物を
　食べずに死んだ崔益鉉の節気は、我らのお手本。
7番：年老いた泥棒伊藤博文がハルビン着いた時、三発三中で殺した後
　大韓万歳を叫んだ安重根の意気は、我らのお手本。[61]

全体で7番からなる『英雄模範』について簡単に説明しておこう。1番では、朴堤上（363〜419）の忠誠心を歌っているが、鶏林の国はすなわち新羅を指す。『三国史記』によれば、彼は日本

に行って新羅の訥祗王の弟である未斯欣を新羅に逃がした。日本の王は朴提上を流刑にして火あぶりにし、首を刎ねた。一方、『三国遺事』には「金堤上」と名で記され、訥祗王の弟を逃がした後、日王から、臣下になれば大きな褒美を授けると言われて、雞林の犬・豚になろうとも、倭国の臣下にならないと答え、悲惨な最期を迎えたと伝えられている。「雞林の国で犬や豚になろうとも、日本の臣下にはならないと、死を恐れなかった」というのがそのことである。2番では、新羅の将軍昔于老の壮気を歌っている。『三国史記』によれば、西暦253年に昔于老が「近いうちにあなた方の国王を塩田の奴隷にし、王妃は飯炊き女にしよう（早晩、以汝王為塩奴、王妃為爨婦）」と日本の使者に戯れ言を言ったことから、日本の王は新羅を攻撃した。結局昔于老は責任を取り、日本によって薪の山で焼かれて死亡した。3番では、壬辰倭乱の際の義兵将軍重峰趙憲（1544～1592）の700名の義士を歌っている。趙憲は文人たちを率いて敵に立ち向かい清州城を取り戻したが、1592年8月の錦山戦闘で700名の義兵とともに戦死した。「主辱臣死」、つまり君主が恥辱を受けると、それを洗い清めるために臣下が命を絶つという表現を用いて、趙憲のことを描いている。4番の李舜臣、5番の郭再祐もまた壬辰倭乱の際の活躍で名高い人物であり、6番の崔益鉉についてはすでに述べた。最後の7番で安重根のハルビン義挙を歌い、彼の意気を手本とすべきだと力強く結びつけている。

唱歌を通じて安重根をはじめとする歴史上の抗日人物たちが想起され、民族が直面した困難を乗り越えようとしたのである。彼らについてよく知らなかった人も、唱歌を歌うことで彼らに纏わる歴史を学び、自身もまたその人物たちを手本にしようと心を引き締めたのであろう。このような内容の歌が収められていたため、唱歌集が検閲の対象となったのである。

日帝強占後、国内の独立運動が難しくなると、満州・ロシア・中国・アメリカなどで軍官学校が設立され独立軍を養成した。代表的な例を挙げれば、1911年6月に吉林省の柳河県三源浦に設立された新興武官学校（初めは新興講習所）は1920年に閉鎖されるまでに3500人の独立軍を養成した。新興武官学校では軍事訓練に加えて、唱歌の授業を通じて抗日唱歌[62]を教え、独立意識を鼓吹させた。従来の研究によれば、ここでは「新興武官学校校歌」、「新興学友団団歌」、「新興学友団歌」、「失楽園」、「精神歌」、「愛国歌」、「少年男子歌」、「祖国生覚」、「独立軍勇進歌」、「国恥追念歌」、「渡江歌」などの唱歌が歌われた[63]。この中で、「独立軍勇進歌」は1917年から1920年半ばまでの海外の抗日運動関連の資料で「独立軍歌」の名称で確認されている[64]。この歌は、抗日歌集『光復の山びこ』、『倍達の脈搏：独立軍詩歌集』に収められており、全6番のうち第3番に安重根が登場する。これもまた、安重根の意気を独立軍の中に生かして、「怨讐」である日本を倒そうとする強い意志が表れている。海外で訓練を受けた多くの独立軍の心の中で、安重根は抗日の象徴として位置づけられ、独立軍はこれらの歌を歌いながら厳しい困難を克服したのである。

1番：遼東・満洲の大野で女真国を討滅し、国を築かれた
　東明王と李之蘭の勇進法にならって、我々もそのように敵を打ってみよう。
（くりかえし）行こう、戦場へ行こう、戦場へ、剣水刀山を越えて進み、
　独立軍よ、奮発して勇気を出し、何度死んでも進みましょう。
2番：閑山島の倭敵を打ち倒し、清川江水の水兵百万を殲滅された

李舜臣と乙支公の勇進法に倣って、我々もそのように敵を打ってみよう。
3番：腹を切って万国会に血を撒き、六穴砲で満軍中に怨讐を射殺した
李儁氏と安重根の義勇心にならって、我々もそのように敵を打ってみよう。
4番：血戦八年、同盟国を打ち倒し、イギリスの拘束から解放されたアメリカ独立軍
ナポレオンとワシントンの勇進法にならって、我々もそのように敵を打ってみよう。
5番：大砲弾は雷のように轟き、槍剣の輝きは稲妻のように光り輝く
我々の軍隊が射撃突撃しながら前に進めば、敵の頭は落葉のように落ちるだろう。
6番：横浜と大阪で敵を討ち、東京に入り、すばやく東西南北を攻め落とし
国権を回復する我が独立軍、勝ち鼓と万歳の響めき、天地が揺り動くだろう。[65]

一方、1917年にウラジオストク韓人新報社が発刊した『愛国魂』には閔泳煥・趙秉世・崔益鉉・李儁・李範晋・李在明・安明根といった殉国先烈の略伝が編述されているが、この中に、朴殷植の『安重根伝』が「万古義士安重根伝」という題名で抄訳されている。[66]「万古義士安重根伝」には「禹徳淳歌」(会った、会った、仇おのれに会った)という、沿海州で歌われた「安義士追悼歌」が前に載せられていた。前の例が部分的にのみ安重根を扱っているとすれば、これは安重根を9節全般にわたって歌っている点が大きな違いである。安重根の義挙を扱った後、安重根より先に逝った勉菴崔益鉉と忠正公閔泳煥が天国で迎えてくれるとして、現在の自分たちはその後を継いで未来の伊藤博文に匹敵する者になることを決意している。

1節：忠義烈烈　安義士は　大韓国民の代表だ
　ハルビンのある日の朝　六発銃声轟轟と
　（くりかえし）英雄だ　英雄だ　万古英雄安義士だ
　国のために捧げた身は死んでも霊光なり
2節：五条約と七条約を　無理強いして締結した
　怨讐日本人伊藤博文　孤魂になると誰が知ろうか
3節：両国の軍事が別れ　天下の耳目を驚かす
　国の羞恥を雪いだので　壮なるかな　快なるかな
4節：国権回復のその日は　民族保全のこの時だ
　美しく輝いた名前は　千秋万歳に遺伝する
5節：俠士・摂政は無双なり　匹夫・荊卿がかなうだろうか
　われらのために身を捨てたのに　誰が悲しまないだろうか
6節：悲しい涙　悲しい歌　かなたの忠魂を追悼しよう
　義士　義士　安義士よ　どうか目を瞑られよ
7節：崔勉菴と閔忠正は、天国から歓迎し
　生きている我々は　東の半島にて後を継ぐ
8節：別の伊藤がまたいるか　どうぞ心配なさらずに

われわれの鋭利な刀で　万の伊藤に立ち向かう
9節：万歳万歳万々歳は　大韓帝国万々歳
万歳万歳万々歳は　安義士の万々歳[67]

4で取りあげた安重根関連の唱歌は「英雄模範」、「独立軍勇進歌」、「安義士追悼歌」の3編だが、「英雄模範」、「独立軍勇進歌」では断片的に安重根の名前が言及される程度である。しかし、歴史的な抗日関連人物を順番に歌って抗日の意志を固める中で、当時では一番最近の人物である安重根の名前は、いっそう格別に迫ってきただろう。リズムのある音楽の特性上、文学性を込めるのは難しいが、日本に対抗した韓国の英雄たちを順次呼び出して抗日意識を鼓吹する中で、安重根が大きな位置を占めていたと言える。

5　おわりに

安重根は反日のアイコンとして位置付けられたので、彼について歌うということは抗日意識の表出および抗日運動と直接的・間接的に結びついていた。漢詩の場合、個人の文集を通じて安重根の義挙と彼の死に対する共感・追慕・怒りなどが表現され、朴殷植の『安重根』伝記においては、1913年10月26日に上海で行われた安重根殉国3周年追悼会の様子は、印刷環境の不備のため、漢詩を通じてのみ伝えられた。識者層に内在した憂患意識が安重根関連の漢詩とかみ合って、安重根に対する追慕の感情が表された。

歌辞は主に義兵歌辞・倡義歌辞において義兵運動といった抗日関連のさまざまな人物に言及する中で、安重根を抗日の記号として部分的に召喚した場合が多かった。洪在鶴・李儁・李在明・閔泳煥・崔益鉉・李晩燾・金道鉉・鄭煥直・申泰植・元容八などの人物とともに安重根が呼称された。また、新宗教に関係する人物によって創作された歌辞などを通じて、安重根関連の歌辞の様々な側面を提示した。

唱歌は従来の伝統的な詩歌のジャンルとは異なり、西洋の影響を受け、直接的には日本を通じて国内に急速に広まり、メロディをつけて歌うという特徴から、抗日意識を高める上で効果的であった。このため、日帝当局は法的根拠を整え、抗日意識が込められた唱歌集を押収・捜査、さらには関連する人たちを処罰したが、これは漢詩や歌辞のジャンルでは見受けられない現象であった。多くの唱歌集が失われたが、今でも資料が残り、当時の歌が安重根の義挙を想起させ、民族意識を高めたことを鮮やかに伝えている。

漢詩と歌辞は、日本植民地時代においてすでに過ぎ去った時代の遺産として片付けられたジャンルだったが、依然として大きな力を発揮しており、同時代の情感、すなわち植民地時代の痛みと抗日に対する意志を安重根というアイコンによって込めていた。また一方で、新たに流入した唱歌もこのような役割の一助となっていた。

本稿では、安重根に関連する詩歌を、漢詩・歌辞・唱歌というジャンルを通じて主に資料的側面に焦点を当てて分析した。安重根に関しては多くの研究があるものの、上記のジャンルに対しては研究の蓄積が少なく、ここでも踏み入った分析はできなかった。今後、資料の収集にもっと力を入れて研究を進展していきたい。

注

1 梁貴淑［ほか］「梁啓超の詩文に表れた朝鮮問題に対する認識」（2003）、李騰淵・梁貴淑「中国近代期の詩歌に表れた朝鮮問題に対する認識」（2004）、金晋郁「安重根の義挙から見た中国知識人の朝鮮認識に関する研究」（2005）、蔣曉君「中国近代文学の中の安重根像に関する研究」（2009）、文大一「現代中国に於ける韓人題材の詩歌に表れた〝抗日〟と〝独立〟の様相に関する研究」（2017）、牛林杰・湯振「東アジアにおける現代文学の中の韓国抗日英雄叙事」（2017）などを取り上げた。 崔亨旭「安重根義士を題材とした中国詩歌の研究Ⅱ：特別な他者及び第三者的認識と感情の表現を中心に」（『中国語文学論集』137、中国文化研究学会、2022、168頁 脚注2）。

2 崔亨旭「安重根義士を題材とした中国詩歌の研究Ⅱ：特別な他者及び第三者的認識と感情の表現を中心に」（『中国語文学論集』137、中国文化研究学会、2022、190—191頁）。

3 崔亨旭「安重根義士を題材とした中国詩歌の研究Ⅰ：詩歌の概要と安重根への哀悼・讃揚に関する内容を中心に」（『中国文化研究』58、中国文化研究学会、2022、171—172頁）。

4 崔亨旭「安重根義士を題材とした中国詩歌の研究Ⅱ：特別な他者及び第三者的認識と感情の表現を中心に」（『中国語文学論集』137、中国文化研究学会、2022）。

5 崔亨旭、「安重根関連の中国詩歌の中の人物像に関する研究」（『東洋学』93、檀国大学東洋学研究院、2023）。

6 崔亨旭「梁啓超『秋風断藤曲』の探求：安重根の義挙を賛美した中国近代の代表的な知識人の歌とその思

い」(『東アジア文化研究』49、漢陽大学東アジア文化研究所［旧漢陽大学韓国学研究所］、２０１１)、崔亨旭「梁啓超の詩文の中の安重根像に関する研究：朝鮮皇室及びエリート層の人物との対比を含めて」(『東アジア文化研究』82、漢陽大学東アジア文化研究所、２０２０)。

7　朴桓「ロシア沿海州における安重根」(『韓国民族運動史研究』30、２００２)。

8　申雲龍「安重根の義挙に対する国外韓人社会の認識と反応」(『韓国独立運動史研究』28、２００７)。

9　宋英順「李光洙の長詩と安重根との関連性：「獄中豪傑」と「熊」を中心に」(『韓国詩学研究』35、韓国詩学会、2012)。

10　安重根関連の時調はごく少ないので検討対象から外した。また自由詩といったジャンルも考慮に入れるべきではあるが、本稿では取り上げなかった。今後の課題としたい。

11　「日帝による強制占領」を指す。具体的には安重根義挙の日(１９０９年10月26日)から解放までの期間を対象とする。

12　安重根はまず漢詩を作ってハングルにも訳した。「丈夫歌」は以下の論文で原典批評および意味分析がなされており、大いに役に立つ。崔元植「東洋平和論から見た安重根」(『民族文学史研究』第41輯、民族文学史学会、２００９)。安重根が直接書いた漢詩は本論文のテーマから外れるため扱わない。

13　崇実大学博物館所蔵の安重根義士遺墨は彼が旅順の獄中で残したものである。

東洋大勢思杳玄　東洋の大勢を思うとはるかに暗く
有志男兒豈安眠　志ある男子はどうして安眠できようか
和局未成猶慷慨　平和の時勢は成らずなげかわしい
政略不改眞可憐　政略を改めないのは憐むべきである

安重根の遺墨に関しては次の論文が詳しい。都珍淳「安重根の近輩遺墨と境喜明警視」(『韓国近現代史研究』１０４輯、２０２３)。

14 「不倶戴天の敵である伊藤博文を殺そうと蔡家溝に向かう前夜、同志の禹徳淳と共に悲憤慷慨しながら唱和した歌の詞を聴いてみよう。いかにも激しく、いかにも壮快で、いかにも忠直である。（省略）我らがこの歌を歌うたびに怨みの毛が笠を刺し、熱い涙が衣袖に滴る。一幅の地図と匕首で、永永無窮に生きようとする秦始皇を刺し殺そうとした大胆な男荊卿が、「風はもの寂しく、易水は寒々としている。勇壮な男子は、ひとたび去れば、二度と再び還ってこない」と易水歌を歌ったことに対して、我らは心からの同情の涙を流すが、それさえも、公の詩歌に比すれば、事の成功と失敗は言うまでもなく、人のために仇を討ったという意味で、それ（易水歌）以上の価値を認めざるを得ない。（省略）公は太白山の梨木の下に降臨された詩神であり、東海の蓬莱・方丈を往来する詩仙であり、無窮なるこの世の中で第一の詩王である。」（尹炳奭『安重根伝記全集』、国家報勲処、１９９５、５１８頁）。

15 端的な例として、知識人の責任について詠った「絶命詩」の作者黄玹が挙げられよう。

16 1〜18番は、大邱カトリック大学の安重根研究所で刊行された以下の資料をもとにしたものであるが、目録の作成に当たって、解放のものと中国人によって創作された漢詩は入れなかった。朴珠編『新発掘のトマ安重根義士追慕詩』（大邱カトリック大出版部、２０１９）。今回は、詩の創作時期や文集の刊行年代については調べがつかなかった。今後の課題とさせていただきたい。

17 『韶濩堂集』刊行関連事項は脚注29参照。

18 ならば、これらの詩が義挙とほぼ同時期に創作されたと考えても差し支えないだろう。

19 義挙の日である１９０９年10月26日は旧暦で１９０９年9月13日である。

20 安重根伝（金澤榮、１９１０）、大韓偉人 安重根伝（哀汕子 洪宗杓、１９１１）、三韓義軍参謀中将 安重根伝（白山逋民、１９１３）、安重根（滄海老紡室、１９１４—15）、万古義士 安重根伝（桂奉瑀、１９１４）、安重根伝（李建昇、１９１０年代）。これ以外にも開放前に中国人によって安重根の伝記が刊行された。安重根伝（葉天倪）、安重根（鄭沅）。尹善子「中国人によって著述された安重根伝記に関する研究」（『教

会史学』９、水原教会史研究所、２０１２、２５２頁）参照。

21 中国上海の大同編輯局が１９１２年に出版した東西洋偉人叢書に掲載された後、序文・題辞などが追加されて、「滄海老紡室」という著者名で、同じ大同編輯局で再刊された。

22 新興学友団が１９１３年に創刊した雑誌。新興学友団は１９１３年に西間島柳河県三源浦で組織された独立運動団体である。（新興学友報2巻1号（1916.10.）～2巻2号（1917.6.））。その後も掲載されたかは定かではない。申雲龍「安重根の義挙に対する国外韓人社会の認識と反応」（『韓国独立運動史研究』28、独立記念館韓国独立運動史研究所、２００７、１２４頁、脚注90番）参照。

23 中国で韓国人が発行した大韓民国臨時政府の機関紙。１９２０年6月10日から4回にわたって連載された。

24 「秋灯大読安公伝、令人懐感多慨慵」

25 「…ああ、哀しみよ、もう終わりだな／嗚呼哀哉已矣兮
われ、鬼神と天命にはどうしょうもない／吾其無如鬼而無如天
ただ、祖宗の儒者を崇めることこそ／独祖宗之崇儒兮
ついに義士安重根を得た／其終也得一義士安重根
彼の生き生きとした様子よ／彼生気之凜然兮
誰が国が滅んだというのか／孰云国之尽圮
英霊よ、私を顧みてください／庶英霊之顧我兮
秋蘭を以て川辺で待ちたい／搴秋蘭以竢乎江之涘」

この詩は、韓日強制併合の消息に接して詠ったものである。『韶濩堂詩集定本』巻6、賦、「嗚呼賦 庚戌」。
解釈は古典綜合ＤＢによる。

26 尹善子「中国人によって著述された安重根伝記に関する研究」（『教会史学』９、水原教会史研究所、2012）。尹善子によるとこの伝記はもっとも早い時期に出されたもので、一万部が印刷されたと言われる

（尹善子、153頁）。この事実は当時金澤榮の「安重根伝」がかなり広く読まれたことを物語っている。

27 『韶濩堂集』が改訂される度に「安重根伝」も部分的に書き直された。崔爀玉「金澤榮による安重根の形像化検討」（『東洋漢文学研究』35、東洋漢文学会、２０１２、３６６-３６７頁）。

28 『韶濩堂集』の初刊本は『滄江稿』（１９１１-１９１２）、再刊本は『韶濩堂集』（１９１６）、『韶濩堂續集』（１９１９）、三刊本は『精刊 韶濩堂集』（１９２０）、『精刊 韶濩堂集補』（１９２１）、『韶濩堂三集』（１９２２）、四刊本は『合刊 韶濩堂集』（１９２２）、『合刊 韶濩堂集補遺』（１９２２）、『韶濩堂集續』（１９２４）、『借樹亭雜收』（１９２５）、五刊本は『重編 韶濩堂集精』（１９２４）、六刊本は『韶濩堂全集』（１９２５）、『韶濩堂全集補遺』（１９２５）、『韶濩堂續集』（１９２７）である。鄭出憲（佔畢斎研究所長）「『韶濩堂集』解題」（古典綜合ＤＢ）を参照。

29 引用に当たって初刊本ではなく、『韶濩堂集』巻4に載せられた詩を用いた。「己酉稿」の訳は韓国古典綜合ＤＢによる。

30 朴殷植、『安重根』、大同編輯局（中国上海）、１９１４年頃か。

31 金澤榮と周曾錦に関しては、楊雪「中国亡命期における金澤榮の交遊詩に関する研究：張謇との交友を中心に」（ソウル大学修士論文、２０１７、１４４-１４６頁）を参照した。

32 尹炳奭『安重根伝記全集』（国家報勳処、１９９５、３５６頁）。原文は次の通りである。「某年三月二十六日（安公殉国日）、由海外某所、挙行追悼大会、儀容荘厳、血涙淋漓、是日也風凄雨苦、天地為悲、当日誄詞、韓文為多（同人、可人、嘯印、復源、天悟、霹児、少滄、友血、李超、鶴皐、樸泳、鉄漢、武寧、秦夢、鋭鋒、漢一、石麟、桓童、亭媛等 均有文詞、演説、悼歌）此間無韓文印字、未得選載、只取漢字聯型与輿詩若干首録于左」（『安重根』「追悼会附録」）。

33 尹炳奭『安重根伝記全集』（国家報勳処、１９９５、３５６頁）。

34 同上書、２６０頁。

35 同上書、260頁。

36 「時聞瑣録」(1909.11.11.)、「社会灯」(1909.12.24.)、「社会灯」(1909.12.29.)、「社会灯」(1910.1.13.)、「罪人処判」(1910.1.15.)、「社会灯」(1910.4.2.)、「社会灯」(1910.4.14.)「小盗大盗」(1910.4.27.)などである。『大韓毎日新報』(1904年7月~1910年8月)の発行人は英国人ベセルだったことから、一種治外法権的な保護を受けており、日露戦争後の日本の言論統制の中でも検閲を免れることができた。

37 独立記念館・韓国独立運動史研究所編『韓末義兵資料集』(独立記念館・韓国独立運動史研究所、1989)。

38 金大洛は『白下日録 下』(1913年6月4日の日記)で次のように創作の動機を述べた。「ハングルで『憤痛歌』一編を作ったのは、悲痛な気持ちを表現し、婦女子たちにも私が最近経験した困難を知らせるためである。一応歴史家の筆法に従ったが、これもまた私の本領に該当するものである。後日この文章を読む誰がこれを見て涙を禁じ得るだろうか」(金大洛『国訳 白下日記』、安東独立運動記念館 編、景仁文化社、2011)。

39 1990年に建国勲章愛族章が追叙された。

40 書名の中の「白下」とは「白頭山の下」を指す。

41 この歌辞は、当時は広まらず原本も失われたが、金斗満の又従弟で門人の紫隠金斗七の暗誦によって残った。『韓国歴代歌辞文学集成』(krpia)『大韓復讐歌』の解題参照。

42 高淳姫は、公式に追叙された独立運動家の歌辞作品として、以下のものを挙げている。李中麟の《入山歌》、金大洛の《憤痛歌》、金祚植の《聞韶金氏世徳歌》、羅喆の《重光歌》・《離世歌》、金洛の《遊山日録》、申泰植の《倡義歌》、宋基植の《麟谷歌》などである。また、日帝強占期の現実に対する慨嘆がこれらの作品の特徴であると述べた。高淳姫(2019)「日帝强占期〈獄中歌〉研究」(『韓国詩歌文化研究』43、韓国詩歌文化学会)129-130頁。

43 元容八(1862~1907)。江原道原州で義兵を起こした。

44 オンライン閲覧可。www.gasa.go.kr　UCIは次の通り。G001+KR08-4850000101101.D0.V00003194

45 高淳姫、前掲論文。

46 同上論文、107～125頁。

47 閔泳煥の自決後、彼の衣と短刀を保管していた脇部屋から緑竹が生え出たとされ、血竹とも呼ばれた。これを見るために集まった群衆の人波でごった返したといわれている。

48 割腹は事実ではないが、李明花は李儁の死をめぐる物語が独立運動の精神的基盤になったという意味で重要だと指摘する。「ハーグ特使が国外の独立運動に及ぼした影響」（『韓国独立運動史研究』第29輯、2007）。

49 詳細は次の論文を参照されたい。朴秉勳「東学歌辭『万世仙話』研究」（『宗教と文化』44、ソウル大学宗教問題研究所、2023）。

50 歴史的事実を素材にした歌辞のジャンルであり、詠史・詠史詩・史詩に大別される。詠史文学については次の論文を参照のこと。崔斗植「韓国詠史文学研究」（建国大学博士論文、1987）。

51 歌辞の本文は次のとおりである。「だれにも伊藤博文は我らの仇敵／北満洲視察のため満州に行くという知らせを聞いて／我らの義士安重根が禹徳淳、曹道先と／劉東夏と一緒に行ってハルビン駅で／伊藤博文を銃殺した。時は四千二百四十三年／十月二十六日。その後安義士は／日本人に捕らえられて旅順で死刑にされ…」詠史類の歌辭は日帝強占期にも活発に創作されたため、他の詠史類歌辭に安重根と関連した内容がある可能性が高いが、それについては今後の課題としたい。

52 閔庚燦『韓国唱歌の索引と解題』（韓国芸術綜合学校、1997、1頁）。

53 朴燦鎬『韓国歌謡史』（玄岩社、1992、50‐51頁）。

54 金秀賢「日帝強占期の音楽統制と愛国唱歌に対する弾圧の事例：新聞記事から」（『韓国音楽史学報』66、韓国音楽史学、2021、5頁）。

55 金秀賢「日帝強占期の音楽統制と愛国唱歌に対する弾圧の事例：新聞記事から」（『韓国音楽史学報』66、韓国音楽史学、2021、8頁）。

56 他にも抗日・愛国唱歌集として孫鳳鎬 編『唱歌』（1910、写本）、安繡山所蔵本『旧韓末愛国唱歌集』、孫承鏞 編『唱歌集』（写本）、明東学校『新撰唱歌集』（1913）などがある。

57 資料番号 3-008961-000

58 仁川コンサートチェンバーは2023年4月、松島新都市のトライボウルで「韓国移民史120周年記念レコード発売公演：1916 ハワイ・ホノルル 愛国唱歌」を開催し、YouTubeにも歌を公開した（https://www.youtube.com/playlist?list=PLtrVjK8DOoNagi5MGj8ST6XiHpHfPrYEx）。

59 国家報勲処の資料集では142頁。

60 この作品に付された番号は51番である。

61 国家報勲処『最新唱歌集 附楽典』、142頁。原文を分かりやすく訳した。

62 独立軍が歌う歌という意味で「独立軍歌」とも呼ばれた。

63 李明淑「新興武官学校の歌から見る抗日歌の創作・共有・伝承」（『歴史と現実』124、韓国歴史研究会、2022）。李明淑は許銀（許銀 口述・卞昌愛 記録、『いまだ私の耳に西間島の風音が』、民族問題研究所、2013）、元秉常（元秉常、「新興武官学校」、『独立運動史資料集』10、独立有功者事業基金運用委員会、1976）などの新興武官学校関係者の記録に曲名が明示されている場合はそのまま表記し、それ以外は魯棟銀の『抗日音楽330曲集』（魯棟銀『抗日音楽330曲集』、民族問題研究所、2017）に記された曲名で表記している。本稿もこれに従った。

64 李明淑「新興武官学校の歌から見る抗日歌の創作・共有・伝承」（『歴史と現実』124、韓国歴史研究会、2022、385頁）。

65 韓哲洙 編（『倍達の脈搏：独立軍詩歌集』、松山出版社、1984、84頁）。

66　尹炳奭、前掲書、41〜42頁。
67　尹炳奭、前掲書、365〜366頁。

参考文献

〈原典・翻訳書類〉

国家報勲処編（1996）『最新唱歌集 附楽典』（国家報勲処）
金大洛（2011）『国訳 白下日記』（安東独立運動記念館 編、景仁文化社）
金ハクギル（1995）『啓蒙期詩歌集』（文芸出版社）
独立軍歌保存会編（1982）『光復の山びこ：独立軍歌曲集』（世界福音化運動本部出版部）
独立記念館韓国独立運動史研究所編（1989）『韓末義兵資料集』（独立記念館韓国独立運動史研究所）
民族學校（2005）『抗日民族詩集』（栄光図書）
朴珠編（2019）『新発掘のトマ安重根義士追慕詩』（大邱カトリック大出版部）
申雲龍［ほか］（2014）『（安重根資料集11）韓国人執筆の安重根伝記1』（チェリュン）
――――（2016）『（安重根資料集13）韓国人執筆の安重根伝記3』（チェリュン）
尹炳奭（1995）（『安重根傳記全集』、国家報勲処）
鄭寿承『万世仙話』
韓哲洙編（1986）『倍達の脈搏：独立軍詩歌集』（独立軍詩歌集編纂委員会）

〈単行本〉

閔庚燦（1997）『韓国唱歌の索引と解題』（韓国芸術綜合学校）
朴燦鎬（1992）（『韓国歌謡史』、玄岩社）

厳万洙（2001）『抗日文学の再照明：詩歌を中心として』（弘益斎）
趙容万、宋敏鎬、朴炳采（1982）『日帝下の文化運動史』（玄音社）
〈論文〉
高淳姫（2019）「日帝強占記『獄中歌』研究」（韓国詩歌文学研究』43、韓国詩歌文学学会）
権純会（2016）「新発掘の時調唱歌集 三題」（『古典と解釈』21、古典文学研究学会）
金甫暻（2010）「詩歌創作における次韻の効果と意義について――蘇軾の詩歌を中心に」（『中国語文論叢』45、中国語文研究会）
金秀賢（2021）「日帝強占期の音楽統制と愛国唱歌に対する弾圧の事例：新聞記事から」（『韓国音楽史学報』66、韓国音楽史学）
金鍾澈（2013）「金澤榮の『安重根伝』立電と上海」（『韓中人文学研究』41、韓中人文学会）23-55頁
都珍淳（2023）「安重根の近藿遺墨と境喜明警視」（『韓国近現代史研究』104）
文大一（2016）「梁啓超の尙武精神と韓国近代文人との関連の様子」（『中国語文論訳叢刊』39、中国語文論訳学会）
朴秉勳（2023）「東学歌辭『万世仙話』研究」（『宗教と文化』44、ソウル大学宗教問題研究所）
朴桓（2002）「ロシア沿海州における安重根」（『韓国民族運動史研究』30、韓国民族運動史学会）
潘恵盛（2022）「国内で歌われた愛国唱歌の展開様相：1910年を筆写された愛国唱歌集を中心として」（『韓国音楽研究』72、韓国国楽学会）
――（2021）「孫承鏞袖珍本唱歌集の特徴と価値」（『東洋学』85、壇国大学東洋学研究院）
宋英順（2012）「李光洙の長詩と安重根との関連性：「獄中豪傑」と「熊」を中心に」（『韓国詩学研究』35、韓国詩学会）
宋英順（2012）「李光洙の長詩に現れた叙事性研究：「獄中豪傑」と「熊」を中心に」（『韓国文芸批評研究』37、韓国

現代文芸批評学会）
申雲龍（2007）「安重根の義挙に対する国外韓人社会の認識と反応」（『韓国独立運動史研究』28、韓国独立運動史学会）
梁貴淑、金喜成、蒋暁君（2008）「中国近代关於安重根形象的文学作品分析」（『中国人文科学』39、中国人文学会）
楊雪（2017）「中国亡命期における金澤榮の交遊詩に関する研究：張謇との交友を中心に」（ソウル大学修士論文）
尹善子（2012）「中国人によって著述された安重根伝記に関する研究」（『教会史学』9、水原教会史研究所）
李・ユンゾ、金亨泰（2022）「近代啓蒙期の詩歌に具現された人物の類型と主題意識の研究：『大韓毎日申報』を中心に」（『東洋古典研究』88、東洋古典学会）
李明淑（2022）「新興武官学校の歌から見る抗日歌の創作・共有・伝承」（『歴史と現実』124、韓国歴史研究会）
李明花（2007）「ハーグ特使が国外の独立運動に及ぼした影響」（『韓国独立運動史研究』29、韓国独立運動史学会）
李恩英（2006）「哀祭文の特徴と変遷過程」（『東方漢文学』31、東方漢文学会）
趙 珖（2000）「安重根研究の現況と課題」（『韓国近現代史研究』12、韓国近現代史学会）
崔斗植（1987）「韓国詠史文学研究」（建国大学博士論文）
崔焕玉（2012）「金澤榮による安重根の形像化検討」（『東洋漢文学研究』35、東洋漢文学会）
崔元植（2009）「東洋平和論から見た安重根の『丈夫歌』」（『民族文学史研究』41、民族文学史学会）
崔亨旭（2022）「安重根義士を題材とした中国詩歌の研究Ⅰ：詩歌の概要と安重根への哀悼・讃揚に関する内容を中心に」（『中国文化研究』58、中国文化研究学会）
――（2022）「安重根義士を題材とした中国詩歌の研究Ⅱ：特別な他者及び第三者的認識と感情の表現を中心に」（『中国語文学論集』137、中国文化研究学会）
――（2023）「安重根関連の中国詩歌の中の人物形像に関する研究」（『東洋学』93、檀国大学東洋学研究院）
――（2020）「梁啓超の詩文の中の安重根像に関する研究：朝鮮皇室及びエリート層の人物との対比を含めて」

（『東アジア文化研究』82、漢陽大学東アジア文化研究所）
――――（2011）「梁啓超『秋風断藤曲』の探求：安重根の義挙を賛美した中国近代の代表的な知識人の歌とその思い」（『東アジア文化研究』49、漢陽大学東アジア文化研究所［旧漢陽大学韓国学研究所］）
黄渭周、金大鉉、金鎮均、李相弼、李香培（2013）「日帝強占期伝統知識人の文集刊行の様相とその特性」（『民族文化』第41輯、韓国古典翻訳院）

〈データベース〉

国立中央圖書館（https://nl.go.kr/）
慶尙国立大學校 古文獻圖書館 南冥學古文獻システム（http://nmh.gnu.ac.kr/service）
韓国古典綜合DB（db.itkc.or.kr）
韓国歴代文集DB（db.mkstudy.com›ko-kr）
韓国歴代歌辭文學集成（www.krpia.co.kr）

第11章　一つの事件、二つの視点
――安重根義挙を素材とした中国近代小説の韓中先行研究に対する批判的検討

李《イ・》定《ジョン》河《ハ》

1　はじめに

「伊藤は官員たちと話をしていたが、誰も人々の中から人が飛び出してくるとは思いもしなかった。彼は銃を手にして、伊藤博文に向けて銃を『パン！　パン！　パン！』7発撃った。伊藤が銃弾を受けて地面に倒れるのが見えた。安重根は大声で『韓国万歳！』と三度叫び、その後兵士たちに捕まって官庁に移送された」[1]。

1910年から11年の間に中国で創作された『英雄涙』は、安重根が伊藤博文に向かって銃を撃った後、毅然として逮捕される様子を描いている。安重根のハルビン義挙直後、報に接した中国人たちがこの事件を題材にして創作した作品はこれにとどまらず、詩・演劇・伝記などジャンルを問わず多彩であった。特に小説分野では、長編小説・短編小説・章回小説・伝記小説などさまざまな形式で再現され、その創作期間もまた相当な長期にわたった。早くも１９０９年またはその翌年に書かれたと推定される黄世仲の「朝鮮血（伊藤伝）」から、１９３２年に出版された沈桑紅の『朝鮮遺恨』まで、20世紀初頭の約30年間にわたり書き続けられてきた。これらの小説の内容は、主に伊藤博文を主人公として登場させ、彼が日本を近代国家へと発展させていく過程を羨望の語調で描写すると同時に、彼の帝国主義的野心を警戒してもいる。安重根は通常、小説の最後に現れて、伊藤博文を狙撃するエンディングを担う。これらの小説の創作意図も大体似通っている。序文から著者は日本による朝鮮の併呑を目の当たりにして危機感を感じたと告白しつつ、「急ぎ国を保全する方策を立て」て、自分の小説の読者たちの「烈々たる愛国心を呼び起こす」ことを希望する。[2]

安重根のハルビン義挙は、主体－安重根に代表される韓国、対象－伊藤博文に代表される日本、そして場所－義挙が発生したハルビンに代表される中国が共有する事件である。20世紀初めの中国がこの事件を再現する仕方は、当時の中国知識人が、自分たちが生きている時代と隣の朝鮮に対する認識を探求するうえで格好のテキストである。そこで、亡国という歴史の当事者である韓国人研究者と、小説創作の主体であった中国人研究者は、20世紀初頭に書かれた、安重根を題材にした小説に関心を持って研究を進めた。この章ではこれを対象に比較研究を進めることにしたい。小説を通して再現された事件を、今日の私たちはどのように解釈するのか、特定の解釈を可能にする社会・文化的機制は何か、それこそが本稿を通して得ようとする答えである。作品自体に対する既存の研究が、小説が創作された20世紀初頭という時代的・社会的背景での中国人を理解する助けになるとすれば、研究史的アプローチは、120年余り前に創作された小説を消化する現代の韓国人と中国人双方の意識を示すものと期待される。19世紀末〜20世紀初めは、伝統時期の朝貢—冊封関係を基盤としていた東アジア秩序にロシア・イギリス・アメリカなどの多様な国家が編入されて、さらなるグローバルな東北アジア体制に転換する時期だった。その中心にあった安重根義挙を再現した小説が今日の韓国と中国でどのように読まれたかを確認するこの作業を通じて、わたしたちが過去の傷を克服し、連帯と協力に進むために何が必要なのかを模索することができるだろう。

2 先行研究の比較検討

韓中研究史の比較研究にあたって、先行研究が韓中のどちらに属するものかを判断する際、本稿では研究者の国籍ではなく、論文が発表された学術誌の所在国を基準にした。例えば、中国籍の研究者が韓国の学術誌に発表した論文は韓国の研究成果とし、逆に韓国籍の研究者が中国の学術誌に発表した論文は中国の研究成果として数えた。これは、研究者の国籍によっても研究者の問題意識は異なるが、論文の内容を詳細に検討した結果、それよりは論文を読むと推定される読者の国籍の方が内容により影響を及ぼしていることが判明したからである。これに関連して、詳細な内容については第3節で扱う予定である。

韓国のKCIと中国のCNKIでは、碩士（修士）学位論文も含めて、それぞれ16本の論文を確認することができた。韓国の先行研究16編のうち6編は中国人研究者の論文で、1編は中国人留学生の修士論文である。[3]「2002年中国所蔵近代韓・中知識人『韓国』題材作品の発掘と研究」プロジェクトおよび、「2004年近代韓中作家の朝鮮（韓国）題材作品の翻訳と研究」プロジェクトが、韓国学術振興財団（現在の韓国研究財団）の基礎学問育成支援国内外地域研究――海外国学分野研究プロジェクトとして採択され、2004年から08年までの間に多くの成果をあげた。これらの研究プロジェクトによって、柳昌辰・鄭栄豪・李滕淵・文丁珍などの中国小説研究者によって、安重根義挙を題材とした20世紀初頭の中国小説が集中的に研究された。中国の先行研究の15編の論文のうち、1編は韓国人と中国人の研究者による共著論文であり、修士論文は5編が含まれている。[4]中国では、中国国家社会科学基金重大項目として、それぞれ2015年に「二十世紀東亜抗日叙事文献の整理と研究」プロジェクトが、そして2016年に「中韓近現代文学交流史文献整理と研究」プロジェクトが選定および実施された。また、2020年には「半植民と植民解放の中国現代文学研究」が一般項目として選定された。その中で山東大学の韓国学科教授牛林杰は、韓国で2編、中国で1編の研究論文を発表して大きな成果を挙げているが、これらはすべて「二十世紀東亜抗日叙事文献の整理と研究」プロジェクトの一環として出された成果である。

韓国の場合、安重根を題材にした20世紀初頭の中国小説研究は、国家研究プロジェクトに選定された2004～05年に集中していることがわかる。当時は、国家主導で安重根遺骸発掘プロジェクトが行われていた年であり、このような状況を背景に安重根義士の研究がより活発になったのかもしれない。また「安重根が題材の20世紀初めの中国小説」という研究対象は韓国では大衆的なテーマではなく、中国小説研究の一分野、そして特定時期に限定されたテーマだったことを示している。一方、中国では2007年以降ほぼ毎年異なる研究者によって論文が発表されており、時期別に多分野の専攻者の間で持続的に関心を持たれていたことが見てとれる。清末民初の海外亡国史を扱った文学作品に関する修士論文が5編もあるが、これらは朝鮮だけでなく、ベトナムやポーランドなどの国々が植民地化される過程を描いた文献を研究対象としている。韓国ではこのようなテーマの研究は稀であるが、これは「朝鮮の亡国が一国史か、それとも世界史の一部なのか」という問いに対する韓中の研究者の立場が異なることから生じた結果だと思われる。つまり、中国では安重根義挙を題材にした近代中国小説に関する基礎研究が、外国亡国史研究の一環として続けられてきた。一方、このように19～20世紀の間に植民地となった国家間の相互作用と連帯の可能性について韓国ではこれまでほとんど議論されなかったが、これもまた西洋白人男性中心の既成の歴史記述に対する新しい代案になる可能性もあるとみられる。

研究対象に選ばれた作品にも国ごとの特徴があった。韓中両国の研究者が共に注目した作品もあれば、そうでない作品もある。全32編の先行研究で扱われた安重根義挙を題材にした20世紀初頭の中国小説作品は、計11編であり、次の表に示す通りである。早い作品としては1909年に連載された「亡国涙」があり、遅いものでは1932年に出版された『朝鮮遺恨』がある。一方、先行研究では双影の「亡国英雄の遺書」が『礼拜六』第91期に掲載されたと紹介されてきたが、筆者が直接北京の国家図書館で雑誌のマイクロフィルムを確認した結果、第90期であることが判明した。

	ジャンル	作家	タイトル	連載された新聞／出版社	連載／出版年度
1	短篇	胡顯伯	亡国涙	図畫日報（第 89 號～第 140 號）	1909
2	長篇	黄世仲	朝鮮血（伊藤伝）	南越報	1909 ～ 1910
3	伝奇	王钟麒	藤花血	民吁日报	1909.11.08 ～ 14
4	長篇	鶏林冷血生	英雄涙	上海書局	1910 ～ 1911
5	伝奇	貢少芹	亡国恨伝奇	中西報／広益叢報	1910 ～ 1911
6	短篇	海漚	愛国鴛鴦記	民権素（第七冊）	1915
7	長篇	倪軼池，荘病骸	朝鮮痛史・亡国影	愛国社	1915
8	短篇	雙影	亡国英雄之遺書	禮拜六（第九十期）	1916
9	短篇	資弼	安重根外伝	小説新報（第 5 年第 1 期）	1919
10	長篇	楊塵因	絵図朝鮮亡国演義	益信書局	1920
11	長篇	沈紅桑	朝鮮遺恨	上海沪報館	1932

*ARABIC1 先行研究で取り上げられた、安重根義挙を素材にした 20 世紀初頭の中国小説

両国で最も多く研究された作品は『英雄涙』である。著者の鶏林冷血生の正体は明らかになっていない。小説は全4巻26回の長編である。小説の大半は、伊藤博文が日本を近代国家にすることに成功して朝鮮を併合していく過程にあてられている。一方、安重根は幼少期にしばらく登場すると、青少年期にアメリカに留学し、小説の終盤である第24回で再登場して、ハルビン駅で伊藤博文を狙撃する。韓国では『英雄涙』は、安重根平和研究院で編纂された『安重根資料集』の一部の『英雄の涙』として翻訳された。関連研究は２００２年に選定された研究プロジェクトの課題として、２００４年から本格的に進められた。中国では１９６６年に稗秋が「吉林作家的両部愛国小説」という短い論文で主要な内容と作者の正体を探って以後、11編の論文でこの作品が研究対象として取り上げら

れた。このように、『英雄涙』が両国においていち早く、しかも数多く研究されたのは、他の作品より発掘時期が早かったことと、当時の中国人と後世の小説の創作に大きな影響を及ぼしたからと考えられる。『英雄の涙』の解題で、翻訳者の中雲龍は、『英雄涙』を翻訳した背景を次のように述べる。

「冷血生の代表作は『醒世小説英雄涙』と言えよう。……ところで安重根の義挙に対する東北三省の清国人たちの反応は非常に熱いものがあった。これは、中国初の安重根関連小説である『醒世小説英雄涙』が１９１１年の瀋陽の同志会を背景にしている事実から証明される。この小説の意味は、有名な小説家の蕭軍が自分の父親に『醒世小説英雄涙』を読んで、「安重根義士を見ろ、策略をそなえた立派な男じゃないか！　お前にこれができるか！」と言われたほどで、蕭軍自身も「安重根義士を崇拝する点において、私と父は同じ心であった」と回想して、「息子には安重根のような人物になれと」訓戒したことからもうかがえる」[5]。

『英雄涙』は１９１０年から11年の間に連載されたと推定されるが、「亡国涙」が１９０９年、長編小説「朝鮮血（伊藤伝）」と伝奇「藤花血」も１９０９年または１９１０年の連載で、いずれも『英雄涙』より早く世に出た。にもかかわらず、『英雄涙』を「中国初の安重根関連小説」と呼ぶのは、前述の三つの小説が厳密には「長編小説」とは言いがたいためである。「亡国涙」は計28節だが、実際に新聞に連載された時は挿絵が三分の二を占めており、文章は小さく横に寄せられていて、内容自体は膨大ではない。「朝鮮血（伊藤伝）」は全１００回に達する長編小説と推定されるものの、１９１０

年2月14日に連載された第62回から1910年5月7日の第100回までしか残っておらず、完全なテキストを研究することができない。最後に「藤花血」は伝奇であり、戯曲の脚本として用いられたために除外されたと思われる。中国の学者崔一も「雞林冷血生の『英雄涙』は真に安重根を主人公とした最初の中国小説である」と評価したが、その理由はここにある。[6]また『英雄涙』は影響力も他の小説より大きかったようだ。中雲龍が言及した蕭軍のように、中国近代の知識人が直接小説に感化された例があるだけでなく、当時の日帝が小説の発売と流布を禁止したという事実からもその影響力がうかがえる。日帝がこの小説が韓国人と中国人の抗日思想を鼓吹することを恐れるほどだったのである。[7]これだけではなく、『英雄涙』は、安重根の義挙を題材にした後の小説のモデルになったとみられる。たとえば『絵図朝鮮亡国演義』は登場人物と設定が『英雄涙』と酷似しており、模倣作または改作と推定される。

『英雄涙』以外に研究された作品は、「愛国鴛鴦記」「朝鮮血（伊藤伝）」『朝鮮痛史・亡国影』「安重根外伝」「亡国英雄之遺書」「絵図朝鮮亡国演義」「亡国恨伝奇」「亡国涙」の順に続くが、そのうち『朝鮮痛史・亡国影』の場合、韓国での論文は6編もあるのに比べて、中国では1編しかない。6編の韓国の論文はすべて「2002年中国所蔵近代韓中知識人の『韓国』題材作品の発掘と研究」プロジェクト、および「2004年近代韓中作家の朝鮮（韓国）題材作品の翻訳と研究」プロジェクトの研究成果である。『朝鮮痛史・亡国影』は『亡国影』と縮めて呼ばれもする全20回の長編小説で、木皮散客という話し手が登場して朝鮮の滅亡の経緯を語り、愚かな中国人を戒める内容の話である。『英雄涙』が伊藤博文の活躍を強調するのに対して、『亡国影』は朝鮮の滅亡の原因が大院君・閔妃・

高宗そして李完用などの内部権力者にあることを強調するが、『英雄涙』と同様に安重根の義挙は小説の最後で語られる。それにもかかわらず、この小説が特に韓国で多く扱われたのは、この研究を行った李滕淵・鄭栄豪・柳昌辰の3人の学者が、安重根自体よりも、むしろ中国の小説作品を通して近代中国知識人の時代認識と朝鮮に対する認識を見ようとしたからである。『亡国影』は伊藤博文という人物を中心に据えるものではなく、そのタイトルからして「朝鮮痛史・亡国影」であることからも分かるように、歴史小説の形をとりながら、壬午軍乱・甲申政変・東学乱（東学農民革命）・日清戦争・閔妃暗殺・日露戦争・俄館播遷・日韓併合といった実際の歴史を軸に展開されている。小説であるため虚構の人物も数多く混ざっているが、柳昌辰は、むしろ「歴史を扱った文学作品だからこそ、一般の史料からは読み取れない歴史認識と精神的志向性が提示されているテキストとして重視すべきである」と、この小説を研究する意義を述べている。[8] 中国で唯一『亡国影』を取り上げた徐丹は、テキストの価値について独自の見解を示さず、李滕淵・鄭栄豪・柳昌辰の研究結果を踏襲したため、中国人の視点を確認することは困難である。

一方、11篇の小説のうち、『朝鮮遺恨』と「藤花血」は韓国の研究では取り上げられていない。『朝鮮遺恨』は1932年の出版で、著者は沈紅桑である。これは朝鮮が滅亡に至る過程を時系列に沿って語った全2巻20回の長編小説である。『朝鮮痛史・亡国影』に登場する人物がここでも何人か登場するが、例えば閔星河は名前まで同じで、朴永漢は朴容漢に、漢喬叔は漢叔喬に名前が変わっている。『英雄涙』や『絵図朝鮮亡国演義』と同様に模倣または改作されたものとみられる。『朝鮮遺恨』が韓国で研究されていないのは、恐らく小説自体の特性ではなく、研究者グループの特性のためであろう。先述の通り、安重根を含む朝鮮を題材にした20世紀初頭の中国小説の研究は主に韓国研究財団の研究プロジェクトとして行われたが、これらは研究範囲を20世紀前半までと設定しており、具体的には「近代」を1840年のアヘン戦争から1919年の五・四運動までに限定している。[9] 1920年に発表された『絵図朝鮮亡国演義』を研究した論文は、著者は二度の国家研究プロジェクトにも参加した研究者であるのに謝辞がない点もこうした推論を裏付けている。

「藤花血」は1909年11月8日から14日まで『民吁日报』に連載された王鍾麒の作品で、戯曲脚本伝奇である。本来伝奇とは唐宋時代には奇妙な話を記録した文語小説を意味したが、宋元以降は諸宮調・南戯・北雑劇などの戯曲や説唱文学のジャンルを指すようになり、明清時代には長編戯曲を指す固有名詞となった。従って、「伝奇」とは明清時代において南曲系統の文人が創作した、文学的には規範的で、格律に従った音楽を用いる長編戯曲の脚本を指す。[10]「藤花血」は戯曲の脚本だったために韓国では研究対象から除外されたとみられる。やはり伝奇である「亡国恨伝奇」もまた、韓国では中国人研究者の孫皖怡が発表した「亡国恨と槿花の歌小考」でのみ扱われている。ここから推して、これまで韓国人の研究者は20世紀初頭の伝奇作品は、安重根または朝鮮滅亡史をテーマにしたものであっても研究対象から外してきたのであろう。しかし、統計上最も多く研究された『英雄涙』もまた、説唱文学の一種である大鼓詞の形式をとっている。つまり現在の『英雄涙』は、当時民間で上演された台本を鶏林冷血生が章回小説の形に整理した結果物ということである。これは研究を主導した韓国人の研究者たちが、現代的な意味での小説（novel）に属するもののみを研究対象として選んだことによるものであろう。そのために、「藤花血」と「亡国恨伝奇」が戯曲脚本の伝奇作品だという理由で韓国では積極的に研究されなかった点が惜しまれるのである。

3　小説を解釈する韓中研究者の視線

20世紀初頭に執筆された、安重根義挙を題材にした中国の小説に関して、韓国と中国の学者たちは共通の見解を持つ場合もあり、異なる解釈をすることもある。特に小説の創作意図や、安重根だけでなく伊藤博文をも英雄として描かれる理由、また安重根が日本やアメリカに留学したという設定について、韓中の学者たちは類似した見解を示している。

①小説の創作意図

20世紀初頭に、安重根の義挙を題材にした小説が中国でこれほど多く出された理由は何か？　韓中の研究者たちはこの独特な社会的現象の原因について探求した。

・朝鮮の滅亡を鑑戒として中国人に警告するため

早くも1966年に、稗秋が鶏林冷血生の『英雄涙』とポーランドの滅亡史である『国事悲』を紹介し、これらの小説を「愛国小説」と命名したことがある。著者は、冷血生が朝鮮とポーランドの滅亡を鑑戒としながら、中国の封建政府と権力を握っている奸臣たちに未来が暗いことを警告し、国を救うためには西洋の科学技術と政治経験を学ぶことが唯一の道であることを主張するために小説を書いたと捉えている。[11] 稗秋の言う「愛国小説」の「愛国」は、主人公安重根の愛国行為だけでなく、中国人の愛国心を呼び起こす目的をも指すものである。謝仁敏は小説『亡国涙』が1909年11月12日（1909年旧暦9月30日）、つまり義挙から一か月も経たない時点で小説『亡国涙』が『図畫日報』に連載された理由として三つを挙げる。まず日刊紙『図畫日報』は主に小説によって読者を集め、利益を追求していたため、商売のため最新の話題を題材にした小説を掲載したと考えられる。第二に、当時の日中両国はともに日本の残虐な行為に苦しんでいたため、安重根のハルビンの義挙は人々の大きな関心を引き、知識人たちにとっては民衆啓蒙のための絶好の機会であった。最後に、胡顯伯は小説創作に長けていたため、需要や流行に合わせて素早く作品を出すことができた。[12] このように謝仁敏は、『亡国涙』の創作意図を、経済的な動機や創作者の立場からも分析したが、それに加えて、朝鮮が直面していた危機と、それを克服するために命を捧げた安重根義士の義挙が当時の中国人に与えた影響を挙げている。

もちろん韓国の学者たちも、朝鮮の滅亡を鑑戒として中国人に警告することが小説の創作意図であったという指摘に賛同する。『朝鮮痛史・亡国影』の創作意図を分析した李滕淵などの研究者は、小説創作の動機が、隣国朝鮮が滅亡したことを悲しんで慰めることにあるのではなく、自国の国勢がますます傾いていくのを憂慮し、結局は朝鮮の前轍を踏むことに対する危機感から、滅亡した朝鮮を鑑戒として、外敵に対抗する力を養うために奮発しようとするものであると指摘する。[13]

・民族と近代国家の建設

韓中両国の学者が、20世紀初頭の中国で安重根のハルビン義挙を背景にした小説が大量に創作されたもう一つの理由として挙げるのは、「民族と近代国家の建設」という動機である。当時の中国は民族という概念を基にした近代国家を建設するために奮闘していた。

柳昌辰は、20世紀初頭の中国における「民族」の概念には憂患意識が内在していたと述べる。中国に民族主義の概念を初めて導入した梁啓超は、当時の世界を、帝国主義の中国侵奪とアジアにおける民族主義の勃興という二つの動きが競う状況ととらえていた。この危機的な状況において、伝統的な中華思想の代わりに国民国家（または民族国家）が新しい政治構造のモデルとして浮上し、国民国家の集団的主体である「国民（民族）」が注目された。弱肉強食の世界で生き残るためには、早く古い思想の呪縛から解き放ち、愚かな「百姓」を愛国的な「国民」に変えて、西洋や日本のように富国強兵への道を突き進むべきだとする梁啓超の社会進化論的な論理は、当時の中国知識人層のイデオロギーにもってこいだった。[14] こうして国民という概念とそれを基に近代国家を建設するという時代の課題を果たすために、中国の近代知識人は啓蒙の手段を模索して、このために朝鮮の滅亡の過程を選んだのである。そして、この意図は「小説」、とりわけ章回小説や伝奇といった民衆を対象に語りかけるジャンルを選んだことと密接に関連している。

日本の医科大学に進学したものの、授業中に無知な中国民衆のありさまを見た後、身体ではなく精神を覚醒させねばならないと気づいて「棄医従文（医を捨てて文に従う）」したという魯迅の逸話のように、19世紀末から20世紀初頭の中国では文学が啓蒙の手段として認識され、選ばれたのである。西洋の文学作品を翻訳して紹介すると共に、過去においては聖人の道を伝えるものではない「小さな説話」とされた小説は、啓蒙と救亡に最も緊要な手段として浮上した。柳昌辰は、20世紀初頭の中国で「亡国滅種」への警告をテーマにした一連の小説作品の登場は、知識人が社会的責任感と政治的参加意識を持ち、外国勢力によって強制された近代化に対応する過程において現われた現象とみる。[15] 徐丹は、安重根を題材にした民国時代の小説が、難しい文言文ではなく白話文だった点に注目して、このように通俗的でわかりやすい言葉が選ばれた理由は、より多くの人が小説の教訓に触れさせるためだったと分析した。究極的にはそれによって民衆の間で小説による宣伝効果をより高めることができたという。[16]

田野は、20世紀初頭に中国の小説界で安重根というキャラクターが脚光を浴びた理由について、次のように分析する。

「(小説では) 日本帝国、大清帝国、大韓帝国という三つの帝国の概念が交錯する。大韓帝国は独立国家としての意味を強調しており、現代的な資本主義的文明を代表する日本帝国は、もう一方では植民地主義と侵略を意味していた。伝統的な儒教の論理と朝貢システムによりかかっていたのが大清帝国であった。三重奏の「帝国」概念の中から安重根の核心を把握することができる。まず、彼は独立国家大韓帝国の一員として日本帝国主義に対抗する。第二に、彼の侠客精神には儒教の道徳論に立脚した観念を示している。第三に、彼は愛国心をその原動力とした。まさしく愛国心・侠客精神・反帝国主義はちょうどその時期に民族国家が必要としていたものであった。漢族・満洲族・モンゴル族・回族・チベット族の五つの民族の共同平和という旗幟の下に樹立された中華民国において、もっとも必要だったのは統一された精神・倫理・秩序に基づいた社会秩序によって一つの国家を築くことであった。そして安重根という人物は、国家の利益や理性的な原理に導かれる国家行動主義のヨーロッパモデルとは異なり、アジアモデル、すなわち道徳原則を中心に据えていた。それゆえに安重根のイメージは中華文化の品格、反帝国主義的な政治的需要に適合したアジアの英雄として生まれ変わることができた[17]」。

田野のこの分析は、現代の中国人が抱える問題意識をよく示している。安重根の義挙を題材にした20世紀初頭の中国小説が「民族と近代的国家の建設」という目的から生まれたことは、韓中の学者が共に同意するところである。ただし、20世紀初頭の中華民国が「漢族・満洲族・モンゴル族・回族・チベット族の五つの民族が共同平和という旗幟の下に」誕生させたとする田野の主張には議論の余地がある。よく知られているように、辛亥革命を起こして清朝を滅亡させ、中華民国を樹立した主役たちは、「排満」を叫びながら「漢族」という民族アイデンティティの確立に熱中していた[18]。梁啓超らの改革勢力や孫文らの革命勢力はおしなべて中華＝漢族と考えており、ここに満洲族・チベット族・モンゴル族・回族までも含めなかった。しかし、これはすなわち清朝の支配していた領土が分割されることを意味していたため、梁啓超はそのような事態が起こるのを防ぐために、立憲君主制にあたる虚君共和を提唱したりもした。辛亥革命後、懸念通りチベットとモンゴルが独立を主張し始めると、領土の分裂を防ぐために孫文を中心に五族共和という構想が抬頭したのである[19]。したがって、このような歴史的な文脈から目を背けながら、安重根義挙を題材にした小説が数多く創作されたのは五族共和という新しい共同体を建設するためだとする田野の分析は、恐らく「55の少数民族と漢族で構成される56の民族が平和共存する中華民族」という現代中国のイデオロギーを反映したものとみられる。

② 伊藤博文の英雄化

20世紀初めに執筆された安重根義挙を扱う中国小説の特徴は、わたしたちに馴染みの主人公安重根と悪役伊藤博文という構図ではなくて、伊藤博文の人生に安重根が助演として割り込んでくるという点である。小説は概して伊藤博文が日本を近代的国家へと導く過程に沿って展開され、彼の死を国家のための犠牲として描写し哀悼する。そのため安重根の比重が少なく、伊藤博文もまた「乱世の姦雄」として描写される。その理由について韓中両国の学者はみな似通った答えを提示している。たとえば『英雄涙』を分析した李利芳は伊藤博文、そして日本に対する近代中国知識人の両価的な感情について次のように説明する。

「一方では日本が世界的な強国として浮上して、政治・経済・文化などの諸方面において中国や韓国などの遅れた国を抜き去っていたので、中国は日本から学ばなければならないとする認識があった。しかし他方で、日本は中国や韓国に対して残酷な侵略と行為を行ったので、愛国的な革命家の立場からはこれに強く反対しなければならなかった。そこで伊藤博文という、日本を興したと同時に、対外侵略に核心的な役割をした政治的人物に対する作家の態度もまた二つに分かれたのである。伊藤博文のような侵略者たちが中国で行った侵奪行為に対して愛国的な革命家として反対しながらも、伊藤のこのような行為が日本やその国民にとって有益であると考えた。また一方で、表面上にのみそうしたのではなく、実際に伊藤を日本を興した民族の英雄であり、アジアの賢明で偉大な英雄と見做したのである。伊藤の生涯に対しては肯定的な態度を示し、彼が国事を己の任と為したことに賛辞を贈る。作家はこのような英雄が中国にも現れて、危機に瀕した祖国を救い、社会を改革することを念願した。これは国を救い、民を救おうとした作家の熱望と合致するが、時代刻印されていると評価せざるを得ない[20]」。

20世紀初頭の中国知識人たちは、中国が日本のように近代化に成功することを願いながら、また一方ではそれが思うようにならない現実において、安重根のような英雄が現れて、外勢の度重なる侵略を受ける状況を打開してくれるよう期待する二律背反的な感情を抱いていた。この点について、『英雄涙』、「愛国鴛鴦記」、『亡国影』の3作品を分析した韓国の学者文丁珍も概ね同様の見解を示している。

「三つの作品はいずれも中国の救国と啓蒙を目指して、作品内で安重根を新たに再現している。そして、この安重根が近代中国のために個人の命を捧げる多くの無名の英雄として昇華されるよう期待している。また、三作品はいずれも伊藤博文に対して否定的な語彙を用いているにもかかわらず、伊藤博文または近代国家日本に対する肯定的な視点を維持している。これは強力な指導者としての英雄に対する必要性と、近代国家に対する熱望とに起因するものである。もちろん、安重根ブームをもっともうまく活用していた革命派知識人たちと、これらの作品との関連性を考えることもできる。明らかなことは、これのために三作品が絶えず韓国の滅亡の原因が根本的には日本ではなく韓国自体にあることを強調しているという点である」[21]。

このように、韓中両国の学者が共に伊藤博文に対する近代中国知識人の両義的な評価を時代的限界として明示している点は共通しているが、細かな違いも存在する。それは、文丁珍が「明らかなことは、このために三作品が絶えず韓国の滅亡の原因が根本的には日本ではなく韓国自身にあることを強調しているという点だ」と指摘しているように、韓国の学者が朝鮮の植民地化の原因を全て朝鮮内部にのみ求める小説に違和感を抱いている点である。これは、中国の学者の研究には見られない点であり、これは亡国の当事者ではないために生じる違いと考えられる。

しかも、「無能な朝鮮王室」は他でもない日本が朝鮮侵略を正当化するために掲げた名分だった。例えば、1893年から1945年に日本の敗戦で帰国するまで朝鮮に留まり言論活動を繰り広げた菊池謙譲は、『朝鮮王国』『朝鮮最近外交史大院君伝　附王妃の一生』『朝鮮雑記』『近代朝鮮裏面史』『近代朝鮮史』といった歴史書によって、朝鮮王室の権力争いにより亡国は必然的な結果だったという主張を展開した。例えば1910年に出版した『朝鮮最近外交史大院君伝　附王妃の一生』で「韓国を清から離れて自由独立国にしたのは実に日清戦争の恩恵だが、王宮はこのような善隣の好意と恩恵を破棄するので、その責任を問うために三浦公使が本国の訓令なしに大院君の宮殿を庇護した」と主張しており、乙未事変の原因を明成皇后に帰している。[22]

もちろん、朝鮮が日本の植民地になった理由には朝鮮内部の問題もある。しかし、これは複合的な問題であって、朝鮮をめぐる国際情勢を併せて考慮してこそ、きちんと把握することができる。当時、朝鮮が日清戦争、日露戦争のように列強各国が角逐する戦場になった理由は、朝鮮半島が海洋勢力と大陸勢力がぶつかり合う空間だったからである。アメリカ・イギリス・日本といった海洋国家と中国・ロシアといった内陸地域を基盤にした大陸国家が覇権を拡張するには、その中間地帯を掌握しなければならないとされる。ヨーロッパにおける東欧地域、トルコやインドそして朝鮮半島が代表的な中間地帯であり、ここは戦略的重要性ゆえに紛争の中心地となりやすい[23]。これは朝鮮半島が依然として北朝鮮―中国―ロシアと韓国―日本―アメリカの構図に分断された状況をよく説明してくれる。朝鮮半島の地政学的位置といった重要な要素を考慮しなければ、植民地支配の原因を立体的に理解することはできない。だからこそ、これらの小説をきちんと分析するためには、朝鮮・ベトナム・ポーランドなど、各国の滅亡をテーマとした清末小説を共に扱った中国の先行研究の世界史的な見方がよりいっそう必要になる。しかし、こうした研究方法論が、小説にみられる朝鮮植民地支配の原因の分析にまで及んでいない点が惜しまれる。

③ 安重根の海外留学設定

安重根がアメリカや日本に留学するという設定は、『英雄涙』『絵図朝鮮亡国演義』「愛国鴛鴦記」など複数の小説に見られる。実際には安重根は留学経験がない。にもかかわらずこのような設定が大多数の小説に普遍的に見られる理由について、中韓の学者たちは皆、小説を創作した主体が留学派出身であったか、またはアメリカ・ヨーロッパ・日本への留学こそ救国の方便と認識していた知識人だったからだと捉えている。

「愛国鴛鴦記」は日本に対する肯定的な評価だけでなく、安重根に対しても「日本人すら（彼が）異国人であることに気づけないほどに」、「日本で長い間留学して日本語も堪能」な人物として設定している。文丁珍は、このような設定が1915年1月に作品が発表された時期に、反日運動が拡大する中で、日本留学生が多数を占める革命派系列の思想家がその運動の中心だったことと無縁ではないと考えている。[24] また『英雄涙』で安重根は、アメリカ留学に行って帰ってきて義挙に向かうように書かれているが、これについては中国の学者李利芳も作者のアイデンティティにその原因を求めている。

「アメリカ留学時代の学業成績が優れていて一等になったと描写されているが、安重根は海外留学経験がなかった。これはすなわち、作者が理想的に考えた国を救う方法であって、それを作品のキャラクターに付与して、国民に救国の道を示そうとしたからである。これは当時多くの人が認めていた救国の方法であった。国を守るためにはぜひとも先進知識と技術を身につけた若者層を育て上げなければならず、思想的に進んだ先輩たちが積極的に彼らを導かなければならないという考え方が支配的であった。作品の中では侯元首がまさにそうした、真っ先に海外に旅立って学問を求めて帰ってきた先覚者的キャラクターである。実際の歴史でも20世紀初頭の中国では海外留学して帰ってきた知識人たちが中国発展の礎を築いた。当時は革命派であれ維新派であれ競争の時代であり、強者が弱者に勝ち、多数が少数を支配することは天の法則だと考えていた。留学によって国を救うという観念は、その時代に蔓延していた進化論的な思考と弱肉強食の観念が作品に反映された結果である」[25]。

李利芳が言及する侯元首は、『英雄涙』第5回から登場する架空の人物で、17歳でアメリカに留学し、3年間陸軍士官学校で学んだ後で朝鮮に帰国する。彼は日本の盗賊に襲われていた幼い安重根の母子を救い、また後日、安重根や他の多くの若者たちのアメリカ留学を仲介する。柳昌辰もまた、侯元首というキャラクターがアメリカ留学こそ国を救う唯一の道だという中国近代の知識人の時代認識を反映しているとみた。

「侯元首は革新と啓蒙を提唱した典型的な知識人であり、特に教育を重視した。彼は雲在霄の家で家庭教師をしていた際、東学党の乱が起こったとの知らせを聞いて、学生たちに「お前たちは学問を求めねばならん。今、我が国はかくも軟弱で、日本は何度も悪事を働いている。今また内乱が起こったというから、将来は暗澹たるものだ。我が国家を守るのに、お前たちのような学生だけが頼みの綱だ」と語り、教育の重要性を力説した。これは優勝劣敗の世界秩序の中で、国家と国民が同じ運命にあるという認識から出たものである。したがって、「数万の民の意志を変え、国家を隆盛たらしめ」、国家の運命を自ら思惟する構成員を育んで彼ら全員に平等な責任と義務を分配する必要があり、そのためには教育が優先されなければならなかった。侯元首は根本的に新学問を受容し得なかったことが亡国の原因だと認識していた。そこで侯元首は、海外留学による新学問の受容というかたちで西洋的近代化を志向して、絶体絶命の国家的危機を根本的に解決する道を模索したのである」[26]。

朝鮮の愛国志士たちが海外留学を経験したという設定は、これらの小説が隣国である朝鮮が受けた暴力を再現し、その記憶を物語化してその苦痛を共有しようとする意図ではなく、まさに今、中国が外勢からの侵略を免れ、自国を守るために何が必要かを訴えるために執筆されたことを如実に示している。言い換えれば、これらの小説は安重根の義挙を契機に書かれたものの、その根底にあるのは朝鮮が受けた暴力に対する同情や共感ではなく、むしろ国家主義や民族主義であると言える。伊藤博文を「アジアの賢明な大英雄」として描き、彼の死に「日本およびその国民のため」という国家主義的な意味を付与できたのもこのためである。小説には事件をそのまま再現する義務はなく、いわゆる「リアル」に再現したとしても、それが被害者の経験そのものとなるわけではない。しかし、これらの小説はむしろ帝国主義の被害者である朝鮮を排除していると言える。小説における安重根をはじめとする朝鮮の愛国志士の扱いは限定的であり、彼らの声はほとんど記録されておらず、当時の中国知識人の国家主義的・民族主義的欲望のために歪曲されている。したがって、これらの小説は「朝鮮が受けた暴力の記憶を共有できるか」という観点から見れば、失敗したと言えるだろう[27]。さらに、「安重根など愛国志士の英雄的行為を描写し、韓国人の屈しない抗日救国闘争を表現し、韓国人の不屈の意志と祖国独立のための闘志を讃えた」という評価は成立しがたい[28]。

このように、国家主義・民族主義的な特徴から生じたもう一つの問題は、朝鮮と清国の関係に関する描写である。

④朝鮮と清の関係描写

『英雄涙』・『繪国朝鮮亡国演義』・『愛国鴛鴦記』など、ほとんどの小説では繰り返し「朝鮮は清の属国」、「清と朝鮮は唇歯の関係」という語句を用いて、本来清の領土だった朝鮮を日本が強奪していったものと受け止めている。これに対して中国の学者たちは概して、「朝鮮は清の属国」という表現をそのまま受け入れる。例えば『英雄涙』には、伊藤博文が朝鮮を併呑する計画を立てながら、高麗は本来中国の属国だが、中国がきちんと保護できなかったと述べる下りがあるが、朱紅娟は「朝鮮は当時中国の属国であり、日本の侵略を受けると中国に救援要請をせざるを得なかった。そのため朝鮮問題をめぐって中国と日本の間で激しい対立が起きた」と説明する。[29]また、『朝鮮遺恨』の研究を通して当時の中国知識人の自我と他者認識を考察した柴琳は、第3節の「複雑多変な他者認識」で、朝鮮とその滅亡についての中国の立場を次のように叙述する。

「過去に中国の属国だった朝鮮が日本の植民地に転落した後、少なからぬ人々は中国に幾許かの責任があると考えた。朝鮮の不幸を嘆きながらも、またその弱さに腹を立て、さらにより多くの人たちは、滅亡の内部要因を分析して中国の鑑戒とし、中国人たちが心を合わせて外部の敵と立ち向かい、国家主権と民族独立を勝ち取ることを願った[30]」。

このように柴琳も、20世紀初頭の中国知識人の立場をそのまま受容して繰り返し、朝鮮と清、ひいては前近代の韓国と中国の関係に対する認識が、小説が書かれた時から約120年が過ぎた今でも変わっていないことを示している。一方、田野はこのような認識が実際の安重根の立場とは食い違っていると指摘しながら問題を提起する。

「小説は繰り返し『朝鮮はもともと中華の属国』であることを強調し、日本の蛮行を描写しながら、友好的な朝鮮と清の姿を際立たせる。しかし、安重根はそのようには考えていなかった。彼の意識の中では清国人は古来より極めて傲慢で、中華大国と自称する夷狄であった。国内的には権臣戚族が国政を壟断し、上下の階層が互いに和合せず、庚子（1906）年に8か国連合軍に北京が蹂躙されたことを『東洋第一の恥辱』と呼んだ。半面日本に対しては『政治の策略が順調に実行されており』、ロシアに勝って『最高の傑出した大事業』を成し遂げたと評価した。清国と日本の国力と地位に関する安重根の考え方は以上の通りだったにもかかわらず、小説では『高麗は中華の属国』（『英雄涙』ではこのような描写が16回登場する）というセリフを繰り返して干渉するだけでなく、日本と清国の役割を逆転させて描写しさえした[31]」。

田野のこうした分析は、20世紀初頭中国知識人の朝鮮認識、そしてこれをそのまま継承した現代中国の学者の見解と一見異なって見えるが、実は彼は事態を安重根個人の問題に矮小化したのである。

彼が問題にしたのは、『英雄涙』などの20世紀初頭の中国小説で朝鮮を清国の属国として描く近代中国知識人の朝鮮認識そのものではなく、このような描写が安重根の個人の認識とは異なるという点であった。これは韓国の学者の間で共有される問題意識とは距離がある。中雲龍は、大韓帝国を黄帝と箕子の子孫とする観点から清の属国と見なす認識が小説全体に流れている『英雄涙』に対して、「帝国主義的な視点から脱し得ない清末知識人の限界をここで確認することができる」と批判する。[32] 文丁珍も「愛国鴛鴦記」の分析で、朝清関係の描写を以下のように説明している。

「しかしここで見逃せないのは、『箕子が建てた朝鮮』という認識のもと、韓国を依然みずからの自分の属国として残したがる作品内の歴史認識である。中国人の安重根、または韓国に対する異常なほどの親近感の表現の中には、箕子の鏡が『割れた』現実の認識よりは、依然として『大国』としての中国を確認したい欲望が横たわっているのである[33]」。

中国国籍の学者が中国語で書いた論文であっても、韓国で発表された場合にはこのような問題意識が示されることは特筆すべき点である。孫皖怡は、『中国小説論叢』に発表した中国語論文で、「亡国恨伝奇」に現れた朝鮮認識について次のように批判する。

「作家は中国人の立場に立ち、作品は絶え間なく大国主義の優越感をにじませる。行間には中国がいつも朝鮮を優遇し、朝鮮に恩恵を施してきたという上から目線の傾向が表れている。このような視点は他の作品でもたびたび見られ、当時の中国知識人の中国と朝鮮（韓国）との関係に対する普遍的な認識を示しており、大中華思想の弊害と限界を露呈している」[34]。

このような歴史に対する認識の違いにより、安重根義挙を題材にした20世紀初頭の中国小説に対する評価は、国籍によって明確に異なる。中国の学者たちはこれらの小説を「中韓文化を融合させた近代小説」と評価するが[35]、韓国の学者たちは「依然として中華意識にとらわれた視点を堅持している」や[36]、「特に朝鮮を属国と見なしていた中国はもちろん、帝国主義の道を歩んでいた日本をはじめとする外勢は、口では朝鮮のためだと言いながら、結果的には全て自国の利益を図る方便に過ぎなかったという事実の強調が曖昧であり、我々の立場からはこの視点の違いを見過ごすことはできない」と評価する[37]。

朝鮮半島に存在した王朝のほとんどが中国大陸に建てられた王朝と冊封・朝貢関係を結んだ歴史について、韓国と中国はこれまでも解釈を異にしてきた。「藩屬」「屬邦」「屬国」などの概念は定義が明確ではなく、時代によって意味が変わってきた。特に清末民初に民族と領土問題が浮上し、万国公法の登場によって伝統的朝貢関係が動揺するとともに、新しい意味の属国概念が受容されて混乱はより一層加重された。例えば19世紀末、李鴻章を代表とする清は朝鮮の「宗屬国化」政策を推進して、これを「宗藩關係の強化」「宗主權強化」などの美名でラッピングしたし、続いて誕生した中華民国が１９２７年に編纂した『清史稿』は、朝貢国を「外国傳」に分類してきた宋代から続く慣行を覆して「屬国傳」と改めた[38]。現代中国では、宗主国—藩属国の概念を植民地支配に類似した従属関係として捉えている。これによれば、「宗藩関係」とは「中国の優れた物質的・精神的文明に基づく」ものであり、「政治的・経済的統治の必要や国家間の闘争のために、周辺の小国が積極的に包摂されることを望み、自らを『夷狄』として認め、中国に朝貢する」方式で成り立っていたとされる[39]。

一方、韓国では、互恵的な関係を基盤とし、自治権が保障された形式的な関係であったという解釈を好む。韓国では冊封―朝貢制度を「宗藩関係」と称することはなく、理論と実際の間の乖離が大きい制度だったことを明らかにした研究が相当数にのぼる[40]。このように、伝統時期の韓中関係に対する交錯した解釈は、今日の両国の感情的距離が縮まらない原因の一つとなっている。例えば、2017年に習近平から「韓国が過去に中国の属国だったという話を聞いた」というトランプの発言で、韓国には大きな波紋が広がった。このような問題は、20世紀前後の韓中関係に対する異なる認識から始まったものである。安重根義挙のような歴史的事件を扱った文学作品が、その時代の政治的・文化的背景を反映しながらも、現代的観点で批判的に再解釈されなければ、歴史歪曲と国家間の葛藤を反復しかねない危険性がある。

4　おわりに

日本は1868年の明治維新以後、いち早く近代化を推進して軍事力と経済力を強化した。これを土台に日本は帝国主義的膨張を追求して、1894年の日清戦争で勝利して台湾を植民地にし、朝鮮に対する影響力を拡大する。続いて1904年に日露戦争で勝利した日本は、中国とロシアの朝鮮に対する影響力を遮断した。朝鮮は19世紀末から外国勢力の侵略によって混乱し、1905年の乙巳条約（第二次日韓協約）によって外交権を日本に奪われ、事実上の保護国となった。さらに1907年に軍隊が解散させられ、高宗が強制退位させられて、日本の統制がさらに強化された。清は19世紀末から西欧列強の侵奪を受けて国力が衰退した。日清戦争で敗北し、日本と西欧列強に多くの利権を奪われ、1900年の義和団運動の失敗によって列強国家の干渉はより一層深まった。1908年、光緒帝と西太后の死によって幼少の宣統帝が即位し、政局が混乱した。安重根のハルビン義挙が起きた1909年は、東アジアの近代史で重要な転換点になる年で、日本の帝国主義的膨張、韓国の独立運動、中国の政治的混乱が交差する時期だった。

20世紀初頭の安重根義挙を題材にした中国小説は、このような一連の事件を自ら経験した中国知識人の社会認識をありのままに表している。彼らは近代化に成功した日本を羨望の目で見ながら、その侵略の対象が自分たちがこれまで「属国」とみなしてきた朝鮮だった点には反感をおぼえていた。そこで、安重根関連小説を研究した韓中両国の学者は、20世紀初めに安重根義挙が中国小説界で歓迎されるテーマになった理由については、次の二点で見解が一致している。一つは朝鮮の滅亡を鑑戒として、中国の大衆に日本やロシアをはじめとする外国勢力に警戒すべきことを警告するためであり、もう一つは民族と近代国家の建設にあたって、小説という手段を用いて民衆を啓蒙し、「封建的百姓」から「近代的国民」に変えるためであった。また、伊藤博文が肯定的な人物として描写された理由や、安重根が近代化された国家に留学したと設定された理由について言えば、前者は日本が当時の中国近代知識人にとって理想的な国家だったからであり、後者はそれが当時注目されていた救国の手段だったからである、という見解で両国の学者は合意している。これらの小説の共通点は、結局のところ国家主義と民族主義というキーワードで貫かれており、これは国ごとに研究結果に大きな違いをもたらす二つの要素とも結びついている。大部分の小説では朝鮮が日本の植民地支配を受ける羽目になった理由を朝鮮王室内部の問題に帰す点と、また「朝鮮は清の属国」という描写が繰り返される点である。これに対しては伝統時代の韓中関係に対する理解の相違に伴って、中国側は小説の描写を文字通りに受け入れたり、または安重根の個人的な問題に矮小化したりするが、韓国側ではそれが小説の限界だと捉える。

そもそも小説は「事件」を完璧に再現することができない。さらに、安重根義挙を題材とした20世紀初頭の中国小説は、事件の真相に迫るよりは、これによって民衆を啓蒙しようとする意図に忠実だった。これらの小説は朝鮮人のためではなく、中国人のために書かれたものであり、そのため、韓中の研究者が指摘したように、小説にはさまざまな歪曲が存在している。そこで、これらの小説を解釈して読み出す今日の視線がよりいっそう重要になる。現代の韓国人と中国人は、20世紀初頭という時代背景のもとで再現された歴史を、それぞれが経験した現在に基づいて異なる理解をしており、そのため、同じテキストから異なる問いと洞察を引き出している。そして、20世紀初頭に隣国の滅亡を目の当たりにしながら自己を省みた近代中国の知識人たちのように、韓国と中国は依然として互いを照らし合い、理解し、省察している。もちろん、一人の研究者の意見がその国を全面的に代弁するわけでもないし、筆者のアイデンティティが本研究に影響を及ぼしている可能性も否定できない。にもかかわらず、20世紀初頭の安重根義挙を題材にした中国小説に対する現代の韓国の学者と中国の学者の認識について、初歩的でも総合的な検討を試みたことは意義があるといえよう。特に、伝統時代の韓中関係と20世紀の韓日関係に関する認識には国家ごとの隔たりが大きいことが明らかになったが、歴史に対する相反する理解は平和共生を妨害する障害として作用する。本研究は、この狭まらない隙間に関して、両国がより積極的に交流する必要があることを示唆している。

注

1 申雲龍「中国人執筆安重根小説II―英雄の涙」(『安重根資料集　第26巻』、チェリュン、2016、105頁)。

2 申雲龍「中国人執筆安重根小説I―英雄の涙」(『安重根資料集　第25巻』、チェリュン、2016、3頁)。

3 柳昌辰「韓国を素材にした中国近代小説の中での韓国認識と時代思惟」(『中国小説論叢』19巻、2004)、柳昌辰「『朝鮮痛史(亡国影)』小考」(『中国人文科学』29巻29号、2004)、文丁珍「清末民初韓国関連小説研究(2)―近代中国の国民国家形成と民族問題を中心に」(『中国小説論叢』19巻、2004)、李滕淵、鄭栄豪、柳昌辰「韓国題材中国近代小説『亡国影』研究1」(『中国小説論叢』20巻20号、2004)、鄭栄豪「韓国題材中国近代小説『亡国影』研究2―作家意識を中心に」(『中国語文論訳叢刊』14巻、2005)、鄭榮豪「韓国題材中国近代小説『亡国影』人物研究」(『中国語文学論集』第32号、2005)、柳昌辰「『絵図朝鮮亡国演義』小考」(『中国小説論叢』21巻、2005)、柳昌辰「『英雄涙』の人物類型を通した時代認識」(『中国人文科学』30巻、2005)、孫皖怡「亡国恨」与「槿花之歌」小考」(『中国小説論叢』第24輯、2006)、文丁珍「中国近代小説と安重根」(『中国語文論叢』第33輯、2007)、梁貴淑、金喜成、蒋暁君「中国近代关於安重根形象的文学作品分析」(『中国人文科学』第39輯、2008)、蒋暁君『韓国近代文学中の安重根形象研究』(全南大学校碩士学位論文、2009)、牛林傑、

劉恵瑩「中国近代章回小説『英雄涙』についての考察」(『古小説研究』第３０１輯、２０１０)、牛林傑、湯振「東アジア現代文学抗日英雄叙事」(『亜細亜文化研究』第45輯、２０１７)、孫興梅「黄世仲の近事小説『朝鮮血』に関する小考」(『中国人文科学』第70輯、２０１８)、李滕淵「歴史と虚構の交織様相と原因—朝鮮亡国に対する近代中国小説の認識」(『中国小説論叢』第57輯、２０１９)。

4 稗秋「吉林作家的兩部愛國小説」(『社會科學戰線』１９９６年6期、１９６６)、羅衍軍「『朝鮮血』芻論」(『海南第一師範學報』２００７年第7巻第4期、２００７)、謝仁敏「晚清小説『亡國淚』考證及其他」(『明清小説研究』２００９年第2期、２００９)、李利芳「小説『英雄淚』中異國形象分析—以安重根和伊藤博文爲例」(『南昌高專學報』２０１０年第6期、２０１０)、牛林杰、劉惠瑩「論近代珍本小説『英雄淚』及其藝術特色」(『韓國研究論叢』、２０１０)、徐丹『近代中國人的朝鮮亡國著述研究』(復旦大學碩士學位論文、２０１１)、朱紅娟『晚清國難小説研究』(上海師範大學碩士學位論文、２０１３)、呂誌國、謝萌萌「淺析『英雄淚』中的日本人形象」(『參花(上)』２０１４(08)、２０１４)、胡閩蘇『晚清小説中的域外亡國敘事(１９００-１９１１)』(蘇州大學碩士學位論文、２０１５)、陳秋婷『晚清域外題材戲曲研究(１８４０-１９１１)』(福建師範大學碩士學位論文、２０１７)、李滕淵(韓)、朴雪梅「中國作家對安重根敘事之變遷」(『延邊大學學報(社會科學版)』２０１８年第1期、２０１８)、柴琳「他者與自我:高麗亡國演義『朝鮮遺恨』考論」(『齊齊哈爾大學學報(哲學社會科學版)』第6期、２０２０)、崔一「建構、詮釋與〝轉用〟:百年中韓安重根敘事考略」(『現代中國文化與文學』34、２０２０)、張會芳「英雄、亡國、國賊:辛亥革命前後安重根題材戲劇的敘事轉移」(『抗日戰爭研究』２０２１年第1期、２０２１)、李政東『傳記・小説・電影—百年安重根的藝術形象研究』(黑龍江大學碩士學位論文、２０２２)、田野「被塑造的亞洲英雄:安重根形象的文學建構與情感賦義」(『延邊大學學報』第56巻第1期、２０２３)。

5 中雲龍「中国人執筆安重根小説I—英雄の涙」(『安重根資料集　第25巻』、チェリュン、２０１６、24-25頁)。

6　「雞林冷血生的『英雄涙』是第一部真正以安重根爲主人公的中国小説」(崔一「建構、詮釈与〝轉用〟:百年中韓安重根敘事考略」『現代中国文化与文学』34、2020、206頁)。

7　同上、29頁。

8　柳昌辰「朝鮮痛史(亡国影)小考」(『中国人文科学』29巻29号、2004、2頁)。

9　文丁珍「中国近代小説と安重根」(『中国語文論叢』第33輯、2007、346頁)。

10　左鵬軍『晩清民国伝奇雑劇考索』(人民文学出版社、2005、1-2頁)。

11　稗秋「吉林作家的両部愛国小説」(『社会科学戦線』、1996年6期、1966、22頁)。

12　謝仁敏「晩清小説『亡国涙』考証及其他」(『明清小説研究』2009年第2期、2009、201頁)。

13　李滕淵・鄭栄豪・柳昌辰「韓国題材中国近代小説　亡国影研究1」(『中国小説論叢』20巻20号、2004、277-278頁)。

14　柳昌辰「韓国を素材にした中国近代小説の中での韓国認識と時代思惟」(『中国小説論叢』19巻、2004、13頁)。

15　柳昌辰「朝鮮痛史(亡国影)小考」(『中国人文科学』29巻29号、2004、3頁)。

16　「小説均採用白話文撰写語言的通俗易懂与体裁的選用均是為了達到広泛伝閲的目的、以此増強在普通民衆中的宣伝作用」(徐丹「近代中国人的朝向亡国著述研究」、復旦大学碩士学位論文、2011、27頁)

17　「〝日本帝国〟〝大清帝国〟〝大韓帝国〟三個〝帝国〟概念交錯、作為独立国家的〝大韓帝国〟:代錶現代、資本主義文明的〝日本帝国〟另一面隱含了殖民和侵略;指嚮伝統儒家倫理和朝貢秩序的〝大清帝国〟。三重〝帝国〟交織中可見安重根具有的核心要素:其一、作為独立的〝大韓帝国〟的人民、反抗日本帝国主義;其二、所隱含的〝俠義精神〟彰顯了儒家的道德倫理観念体繋;其三、〝愛国心〟是其動力驅使。恰巧、〝愛国心〟〝俠義精神〟〝反帝国主義〟這三個特性正為〝民族国家〟所需。在〝漢滿蒙回藏〟五族共和的倡導下成立的〝中華民国〟、此時需要統一的精神、倫理秩序社会價値和政治導嚮促進国家統一、抵制分裂。不僅如此、塑造安重根形象還幫助建立了一種与〝国家利益和理性原則〟主導〝国家行動〟的歐洲邏輯不同的〝亜洲邏輯〟、即以〝道德原則〟為主。最終、安重根形象被塑造為帶有中華文化品格、反帝国主義的政治訴求的亜洲英雄。」（田野「被塑造的亜洲英雄：安重根形象的文学建構与情感賦義」、『延邊大学学報』第56巻第1期、２０２３、62頁）。

18　白光俊「清末、漢族表象の構築」（『東亜西亜文化研究』第58輯、２０１４、１０８頁）。

19　宋漢鏞「〝中華民族〟論の下での国民統合と葛藤：〝民族英雄〟岳飛を中心に」（『歴史学研究』第41輯、２０１１、７‐８頁）。

20　「一方面、作為新崛起的世界強国、日本在政治、経済、文化等各方面遠超出中韓等落後国家、中国応嚮其学習。但另一方面、日本対中韓等鄰国進行残酷的侵略与壓迫、作為一個愛国的革命者、対此無疑是強烈反対的。錶現在対伊藤這樣一個在日本振興和対外侵略擴張中都起著重要影響的政治人物、作者的態度同樣是分為両個方面的。一方面、対伊藤等侵略者対中韓等国所進行的侵略行為、他是站在一個具有愛国熱情的革命者的立場上、対其持反対態度、但併不是〝抑〟、因為作者認為伊藤這種做法是対日本及其国民有利的。另一方面、作者不是錶面上、而是確実認為伊藤是使日本振興的民族英雄。〝他（伊藤）亡年正在六十零九歳、也算是亜洲多智大英雄。〟対伊藤一生的行為持相当肯定態度、対他能以国事為己任的魄力錶示贊賞。作者渴望這様的英雄也能出現在中国、以改革社会、挽救処於危難之中的祖国。這与作者急切救国、鼓吹民気的意図相統一。這種認識無疑打上了時代的烙印。」（李利芳「小説『英雄涙』中異国形象分析：以安重根和伊藤博文為例」、『南昌高専学報』、２０１０年第６期、２０１０、32頁）。

21　文丁珍「中国近代小説と安重根」（『中国語文論叢』第33輯、２００７、３７５頁）。

22　河智妍『植民史学と韓国近代史―われわれの歴史を歪曲した日本知識人たち』（知識産業社、２０１５、66頁より再引用）。

23　ニコラス・ゾーン・スパイクマン著、金連芝、金台中、牟俊英、辛咏奐訳『強大国地政学：勢力均衡を通したアメリカの世界戦略』（クルハンアリ、２０２３、２１６-２１７頁）。

24 前掲本、３７１頁。

25 「在美国留学時学習成績非常優異〃榜上列了第一名〃（二十三回）、而史実中的安重根併無留学経歴。這正是作者的救国理想之一、将其附加在作品中人物身上、以為民衆指出一条救国之道、這是当時大家普遍認可的一条救国途徑、要想拯救国家、必須有掌握先進知識技能的青年一代、必須有思想先行的前輩們的積極引導、作品中的侯元首就是這様一位早年赴海外求学的先覚者形象。事実也証明、二十世紀初期中国留学国外的一批学人後来確実成為我国発展建設的中流砥柱。当時無論革命派還是維新派都普遍認為其時的世界是競争的世界、強勝弱、衆暴寡、乃天演之公例。這種留学救国観念就是時代進化、優勝劣汰的観念在作品中的反映。」（李利芳「小説『英雄涙』中異国形象分析：以安重根和伊藤博文為例」、『南昌高専学報』2010年第6期、２０１０、31頁）。

26 柳昌辰「英雄涙の人物類型を通した時代認識」（『中国人文科学』30巻、２００５、4-5頁）。

27 「暴力に対する記憶を共有する」という意識は、岡真理の『記憶・叙事』から借用したものである。彼女は戦争や自然災害のように、個人の力では抗えない暴力を経験した人々と連帯する方法について考察している。その方法とは、暴力という出来事の外部に存在する「他者」たちが、その出来事に関する記憶を共有することにある。これは国家主義や民族主義的な欲望から個人の記憶を守るという、決して容易ではない作業であるが、現代において必ず取り組まなければならない課題である。詳しくは、岡真理著、金海金炳九訳『記憶・叙事』（教友書架、２０２４）を参照。

28 通過對安重根等愛國誌士英雄行爲的描述來表現韓國人民堅強不屈的抗日救國鬥爭、謳歌韓國人民不屈不撓、尋求祖國獨立富強的奮鬥精神。羅衍軍「『朝鮮血』芻論」（『海南第一師範學報』２００７年第７巻第４期、２００７、89頁）。

29 朱紅娟『晩清国難小説研究』（上海師範大学碩士学位論文、２０１３、14頁）。

30　「而朝鮮作為中国曾経的属国、在淪為日本殖民地之後、不少人認為中国多多少少要負一定的責任、雖〝哀其不幸〟、卻也〝怒其不争〟、更多的是分析其滅亡的〝内因〟、想要以此作為中国的〝殷鑒〟、警醒国人一致対外抗敵、争取国家主権与民族独立富強。」（柴琳「他者与自我：高麗亡国演義『朝鮮遺恨』考論」、『斉斉哈爾大学学報』（哲学社会科学版）第6期、２０２０、１１１頁）。

31　「小説無時不忘強調〝朝鮮本中華属国〟、通過書写日本暴行来反襯朝清友好。但安重根卻併不如此認為、他的意識裏清国人自古極驕傲、自稱中華大国謂外邦夷狄、国内〝権臣戚族、擅弄国権〟、〝臣民結仇、上下不和〟、庚子一役敗北為〝東洋一大羞恥〟。而日本〝政略順序就緒〟、還勝了俄国、做著〝第一等魁傑之大事業〟。清日両国在安重根心裏的実力、地位不言而喩。反観文本創作、小説中不僅以〝高麗是中華属国〟（『英雄涙』一文中類似言論出現16次）的話語反復進行幹預、還通過敘事替換顛倒日清両国所扮演的角色。」（田野「被塑造的亜洲英雄：安重根形象的文学建構与情感賦義」、『延邊大学学報』第56巻第1期、２０２３、63－64頁）。

32　中雲龍「中国人執筆安重根小説Ⅰ：英雄の涙」（『安重根資料集第25巻』、チェリュン、２０１６、30頁）。

33　文丁珍「中国近代小説と安重根」（『中国語文論叢』第33輯、２００７、３７１頁）。

34　「作者站在中国人的立場上、作品不時還流露大国主義的優越性、字裏行間錶現出中国一嚮優待朝鮮、施与朝鮮恩恵的傾嚮。這個観点在其他作品中均已有所反映、説明了当時中国知識界対中朝（韓国）関繫的普遍認識、隠露出大中華思想的弊端和局限性。」（孫皖怡「亡国恨与槿花之歌小考」、『中国小説論叢』24輯、２００７、57頁）。

35　英雄涙就是這様一部融匯了中韓文化的近代小説。牛林杰、劉惠瑩「論近代珍本小説『英雄涙』及其藝術特色」（『韓國研究論叢』、２０１０、３５６頁）。

36　鄭栄豪「韓国題材中国近代小説『亡国影』研究２―作家意識を中心に」（『中国語文論訳叢刊』14巻、２００５、20頁）。

37 李滕淵、鄭栄豪、柳昌辰「韓国題材中国近代小説『亡国影』研究1」(『中国小説論叢』20巻20号、2004、288頁)。

38 柳鏞泰「四夷藩属を中華領土として―民国時期中国の領土想像と東アジア認識」(『東洋史学研究』第130輯、2015、201-206頁)。

39 侯博仁「傳統宗藩體系及其崩潰」(『文化集萃』2022年第30期、2002、57頁)。崔思朋「鼎盛與危機:明清東亞宗藩體系嬗變」(『貴州文史叢刊』2015年第4期、2015、68頁)。

40 詳細な議論は権善弘「伝統時代儒教文化圏の冊封・朝貢制度否定論に対する再検討」(『国際政治論叢』第57輯第1号、2017)参照。

参考文献

ニコラス・ゾーン・スパイクマン著、金連芝、金台中、牟俊英、辛咏奐訳(2003)『強大国地政学:勢力均衡を通したアメリカの世界戦略』、(クルハンアリ)
岡真理著、金炳九訳(2004)『記憶・叙事』(教友書架)
申雲龍(2016)『安重根資料集第25巻』(チェリュン)
河智姸(2015)『植民史学と韓国近代史―われわれの歴史を歪曲した日本知識人たち』(知識産業社)
権善弘(2017)「伝統時代儒教文化圏の冊封・朝貢制度否定論に対する再検討」(『国際政治論叢』第57輯第1号)
柳昌辰(2004)「朝鮮痛史(亡国影)小考」(『中国人文科学』29巻29号)
柳昌辰(2004)「韓国を素材にした中国近代小説の中での韓国認識と時代思惟」(『中国小説論叢』19巻)
柳昌辰(2005)「英雄涙の人物類型を通じた時代認識」(『中国人文科学』30巻)
柳鏞泰(2015)「四夷藩属を中華領土へ:民国時期中国の領土想像と東アジア認識」(『東洋史学研究』第130輯)
文丁珍(2007)「中国近代小説と安重根」(『中国語文論叢』第33輯)

白光俊（2014）「清末、漢族表象の構築」（『東亜西亜文化研究』第58輯）
孫皖怡（2007）「亡国恨与槿花之歌小考」（『中国小説論叢』24輯）
宋漢鏞（2011）「〝中華民族〞論下の国民統合と葛藤：〝民族英雄〞岳飛を中心に」（『歴史学研究』第41輯）
李騰淵・鄭栄豪・柳昌辰（2004）「韓国を題材にした中国の近代小説『亡国影』研究１」（『中国小説論叢』20巻20号）
柴琳（2020）「他者与自我：高麗亡国演義『朝鮮遺恨』考論」（『斉斉哈爾大学学報』（哲学社会科学版）第６期）
左鵬軍（2005）『晩清民国伝奇雑劇考索』（人民文学出版社）
崔一（2020）「建構、詮釈与〝轉用〞：百年中韓安重根敘事考略」（『現代中国文化与文学』34）
李利芳（2010）「小説『英雄涙』中異国形象分析―以安重根和伊藤博文為例」（『南昌高専学報』２０１０年第６期）
牛林傑・劉恵瑩（2010）「論近代珍本小説『英雄涙』及其芸術特色」（『韓国研究論叢』）
羅衍軍（2007）「『朝鮮血』芻論」（『海南第一師範学報』２００７年第７巻第４期）
稗秋（1966）「吉林作家的両部愛国小説」（『社会科学戦線』１９９６年６期）
田野（2023）「被塑造的亜洲英雄：安重根形象的文学建構与情感賦義」（『延邊大学学報』第56巻第1期）
謝仁敏（2009）「晩清小説『亡国涙』考証及其他」（『明清小説研究』２００９年第２期）
徐丹（2011）「近代中国人的朝向亡国著述研究」（復旦大学碩士学位論文）
朱紅娟（2013）『晩清国難小説研究』（上海師範大学碩士学位論文）
侯博仁（2002）「傳統宗藩體系及其崩潰」（『文化集萃』２０２２年第30期）
崔思朋（2015）「鼎盛與危機：明清東亞宗藩體系嬗變」（『貴州文史叢刊』、２０１５年第４期）

参考文献

구메 구니타케(박삼헌 역), 특명전권대사 미구회람실기 제3권 유럽대륙(상), 서울: 소명출판, 2011.(久米邦武/編著 水澤周, 特命全權大使米歐回覽實記 現代語譯 3, 慶應義塾大學出版會, 2008.)

고토쿠 슈스이, 『나는 사회주의자다: 동아시아 사회주의의 기원, 고토쿠 슈시이 선집』, 임경화 엮고 옮김, 교양인, 2011.

김정현, 「러시아와 일본에서 초기 니체 수용의 사회철학적 의미」, 『철학연구』 제161집, 2022.02.

김정현, 「20세기 초 중국의 니체 수용과 신문화운동」, 『니체연구』 제44권, 2023.

김봉진, 『안중근과 일본, 일본인』, 지식산업사, 2022.

남춘애, 「안중근 유묵에 담긴 중국 문화 형상 연구」, 『한국문학이론과 비평』 제55집(16권 2호), 2012.06.

노명환, 「유럽통합 사상과 역사에 비추어 본 안중근 동양평화론의 세계사적 의의」, 『안중근의사기념사업회 편, 『안중근과 동양평화론』, 채륜, 2010.

마키노 에이지(牧野英二), 「안중근과 일본인: 동양평화의 실현을 위해」, 『아시아문화연구』 제20집, 2010.12.

마키노 에이지, 「안중근 의사의 동양평화론의 현대적 의의: 새로운 '동아시아공동체' 구상의 선구자」, 이태진 외·안중근·하얼빈학회, 『영원히 타오르는 불꽃』, 지식산업사, 2011.

박지향, 『제국주의』, 서울대학교출판문화원, 2021.

박명림, 「안중근 사상의 해석: 세계시민, 아시아 지역통합, 그리고 근대적·공화적 영구 평화」, 『동방학지』 제198집, 2022.03.

박은식, 『한국통사』, 김태웅 역해, 아카넷, 2012.

백암박은식선생전집편찬위원회 편, 『白巖朴殷植全集 第III卷』, 동방미디어, 2002.

안중근, 『안중근의 동양평화론』, 안중근의사기념관, 2019.

안중근의사기념관, 『안중근 안쏠로지』, 서울셀렉션, 2020.

(사) 안중근평화연구원, 『안중근자료집 제9권: 안중근·우덕순·조도선·유동하

공판기록- 공판시말서』, 채륜, 2014.
야마무로 신이치,「미완의 '동양평화론': 그 사상적 흐름과 가능성에 대하여」, 이태진 외·안중근·하얼빈학회,『영원히 타오르는 불꽃』, 지식산업사, 2010.
이태진,「안중근의 동양평화론 재조명」, 이태진 외·안중근·하얼빈학회,『영원히 타오르는 불꽃』, 지식산없사, 2010.
이태진,「安重根과 梁啓超: 근대 동아시아의 두 개의 등불」,『震檀學報』제126권, 2016.06.
임종원,『후쿠자와 유키치: 새로운 문명의 논리』, 한길사, 2011.
장 훈,「안중근의 평화사상과 칸트: 칸트 영원평화론으로 조명하는 안중근 평화사상의 보편 가능성」,『동서연구』제34권 4호, 2002.
정상수,『제국주의』, 책세상, 2019.
천두슈,『천두슈사상전집』, 심혜영 옮김, 산지니, 2019.
현광호,「안중근의 동양평화론과 그 성격」,『아세아연구』통권 113호, 고려대학교아세아문제연구원, 2003.10.
현광호,「안중근의 동양평화론의 연구 현황과 연구 과제」,『한국민족운동사연구』제75권, 한국민족운동사학회, 2013.06.
龍谷大学社会科学研究所付屬 安重根東洋平和研究センター·李洙任教授退職記念發行委員会,『安重根·「東洋平和論」研究』, 東京: 明石書店, 2022.
鈴木貞美,『大正生命主義と現代』, 東京: 河出書房新社, 1995.
鈴木貞美,『'生命'で読む日本近代』, 東京: 日本放送出版協会, 1996.
勝村誠,「安重根の行動と思想が現代日本につきつけゐもの」, 李泰鎭+安重根ハルピン學會,『安重根と東洋平和論』, 東京: 日本評論社, 2016.

김수태,「안중근의 독립운동과 신문」,『진단학보』119호, 2013.
김영호a,「안중근의 동양평화론과 동북아 경제공동체론」,『안중근 의사 95주년 기념 국제학술회의 자료집』, 2004.
김영호b,〈북유럽에서 본 안중근〉,《경향신문》, 2009.08.03.
https://www.khan.co.kr/article/200908031755025 (검색일: 2024.01.07.)
고명섭,〈안중근의 동양평화론〉,《한겨레》, 2019.07.03.
고은빛,〈일본 유력 차기 총리 스가의 한 마디…"안중근은 범죄자"〉,《한국경제》,

2020.09.02. https://www.hankyung.com/article/2020090262817 (검색일: 2024.01.09)
김태식, 〈안중근은 블록 경제론 주창자〉, 《연합뉴스》, 2009.06.18. https://www.yna.co.kr/view/AKR20090618180800005 (검색일: 2024.03.12)
김태호, 〈한국 제조업 경쟁력, 4년 후 인도에도 밀린다〉, 《한국경제》, 2015.12.12. https://www.hani.co.kr/arti/opinion/column/900331.html (검색일: 2024.01.07)
문우식, 「안중근의 동양평화론과 아시아 금융통화협력」, 『안중근기념연구논집』 제4집, 2010.
박명림, 「안중근 사상의 해석: 세계시민, 아시아 지역통합, 그리고 근대적·공화적 영구평화, 『東方學志』 제189집, 2022.
박영준, 「러일전쟁 이후 동아시아 질서구상: 야마가타 아리토모(山縣有朋)의 전후경영론과 안중근의 동양평화론 비교」, 『한국정치외교사논총』 제30집 2호, 2009.
박승찬 (2023). 〈RCEP 발효 1주년… 3가지 활용법〉, 《한국무역신문》, 2023.01.13. https://www.weeklytrade.co.kr/news/view.html?section=1&category=5&item=&no=84992 (검색일: 2023.01.05.)
전병근, 「안중근의 「동양평화론(東洋平和論)」을 왜 지금 고쳐냈나: 안재원 서울대 인문학연구원 연구교수 인터뷰」, 『출판N』 5권, 2009. https://nzine.kpipa.or.kr/sub/inside.php?idx=167&ptype=view (검색일: 2023.01.07.)
정영인, 〈작년 세계 특허 출원 건수, 3년 만에 사상 최대치 경신…한국은 4위〉, 《이투데이, 2022.11.22. https://www.etoday.co.kr/news/view/2195092 (검색일: 2024.01.09.)
이민후. 〈'日 따라잡았다고? 꿈 깨'…韓 GDP 그래도 추월 못 했다〉, 《SBS BIZ》, 2023.12.25. https://biz.sbs.co.kr/article/20000149983 (검색일: 2024.01.07)
우훈식, 〈'미국, 국제특허 4년 연속 세계 2위…7만15건 출원 중국 1위〉, 《LA중앙일보》, 2023.03.03. https://news.koreadaily.com/2023/03/02/society/generalsociety/20230302210722654.html (검색일: 2024.01.03)
유영렬, 「안중근의 독립운동과 그의 위상」, 『한국민족운동사연구』 113호, 2022.
윤경로, 「안중근의거 배경과 「동양평화론」의 현대사적 의의: 동아시아의 평화와 미래를 전망하며」, 『한국독립운동사연구』 제36집, 2010.

윤병석,「安重根의 '同義斷指會'의 補遺」,『한국독립운동사연구』 32호, 2009.
이재봉,「20세기의 동양평화론과 21세기의 동아시아공동체론」,『평화학연구』 제12권 제1호, 2011.
이철호,「일본의 동아시아공동체론과 중국: 구상과 현실」,『일본비평』 6호, 2012.
이태진,〈'지식인' 안중근, 한·중·일 평화공존 사상 싹 틔웠다〉,《중앙 SUNDAY'》, 2023.10.21. https://www.joongang.co.kr/article/25201085#home (검색일: 2024.01.08.)
〈RCEP 수혜품목은 日 플라스틱·中 의료기기·아세안 문화콘텐츠〉,《연합뉴스》, 2022.01.28. https://www.kita.net/board/totalTradeNews/totalTradeNewsDetail.do;JSESSIONID_KITA=4B4803D5F3B8FB9CEC338ECC2BCC9CE4.Hyper?no= 66920&siteId=1 (검색일: 2024.01.09.)
조승우,〈평화를 향한 안중근 의사의 외침 안중근 동양평화론의 고찰 및 현대적 재해석〉,《안중근평화신문》, 2007.05.08. https://www.danji12.com/21 (검색일: 2024.05.23)
조정원,「중국의 일대일로와 카자흐스탄의 누를리 졸의 연계: 산업 협력을 중심으로」,『슬라브학보』 제35권 4호, 2020.
조은상,「동북아시아에서의 인재양성: 안중근의 동양평화론을 중심으로」,『평화학연구』 제17권 제3호, 2016.
채대석·김미정,「심층무역협정을 통해 본 안중근의 동양평화론의 조명」,『무역학회지』 제37권 제1호, 2012.
채욱,〈韓中日 FTA 신뢰구축이 우선〉,《대외경제정책연구원》, 2012.01.02. https://www.kiep.go.kr/board.es?mid=a10504010000&bid=0026&act=view&list_no= 2618&tag=&nPage=56 (검색일: 2024.01.05)
최종길,「동양평화론과 조선인의 인식: 안중근의 국제정세 인식을 중심으로」,『사림』 55호, 2016.
〈일본 지난해 GDP, 미·중 이어 세계 3위〉,《VOA》, 2023.12.25. https://www.voakorea.com/a/7412107.html (검색일: 2024.01.07)
Kim, K. I., "East Asian Intellectuals and the Historical Context of Asianism." Concepts and Contexts in East Asia, 2, 2013.
강동국,「동아시아의 관점에서 본 안중근의 동양평화론」, 안중근의사기념사업

회 엮음,『안중근과 그 시대: 안중근 의거 100주년 기념연구논문집 1』, 경인문화사, 2009.
국가보훈처·광복회,『21세기와 동양평화론』, 국가보훈처, 1996.
김경일,「동아시아의 맥락에서 본 안중근과 동양평화론: 열린 민족주의와 보편주의로의 지평」,『한국학』 통권 117호, 2009.
金正明 編,「伊藤特派大使禦親翰奉呈始末」,『日韓外交資料集成 6（上）』, 東京: 巖南堂書店, 1964.
나카노 야스오,『동양평화의 사도 안중근』, 하소, 1995（中野泰雄,『日韓關係の原像』, 東京:亞紀書房, 1984）.
남춘애,「안중근 유묵에 담긴 중국 문화 형상 연구」,『한국문학이론과 비평』 55집, 2012.
牧野英二（마키노 에이지）,「안중근과 일본인: 동양평화의 실현을 위해」,『아시아문화연구』 20집, 2010.
배영기,「충효사상과 평화사상: 안중근과 의리사상（義理思想）」,『청소년과 효문화』 13집, 2009.
사이토 타이켄,『내 마음의 안중근』, 집사재, 2002.
신운용,「안중근의 '동양평화론'과 伊藤博文의 '극동평화론'」,『역사문화연구』 제23집, 2005.
오영달,「안중근 평화주의의 기초: 칸트 영구평화론과의 비교 관점」,『한국보훈논총』 15-1, 2016.
안중근,『동양평화론（외）』, 범우사, 2015.
안중근,『안응칠역사』, 페이퍼문, 2016.
안중근의사기념사업회,『안중근과 동양평화론』, 채륜, 2010.
윤경로,「안중근의거 배경과「동양평화론」의 현대사적 의의: 동아시아의 평화와 미래를 전망하며」,『한국독립운동사연구』 36, 2010.
윤대식,「『맹자』의 새로운 정치적 인간으로서 대장부와 덕목으로의 용（勇）」,『글로벌정치 연구』 vol.9, 2016.
이기웅 편,『안중근 전쟁 끝나지 않았다』, 열화당, 2000.
이재봉,「20세기의 동양평화론과 21세기의 동아시아 공동체론」,『평화학연구』 제12권 1호, 2011.

이태진,『영원히 타오르는 불꽃: 안중근의 하얼빈 의거와 동양평화론』, 지식산업사, 2010.
이현희,「안중근 의사의 동양평화사상 연구」,『문명연지』2-1, 2001.
장덕환,『평화주의자 안중근 의사: 안중근 의사와 그 가문의 독립운동사』, 해맞이미디어, 2019.
현광호,「안중근의 동양평화론과 그 성격」,『아세아연구』제46권 3호, 2003.

朝日新聞デジタル,「「生きた日韓現代史」崔書勉さん死去裏から外交支える」, 2020.05.29.https://www.asahi.com/articles/ASN5X35GZN5WUHBI01L.html（접속일자: 2023.01. 15）
IZA,「黒鉄ヒロシ氏が真相激白!! テレ朝情報番組で「断韓」発言直後に韓国語？スタジオで何が…」. 2019.07.24, https://www.iza.ne.jp/article/20190724-K5G2BO2IONKU7CDRT6NITCQ4EU/（접속일자: 2023.01.15.）
李泰鎮 著／編集,『安重根と東洋平和論』, 安重根ハルピン学会, 勝村誠, 安重根東洋平和論研究会 監訳, 東京: 日本評論社, 2016.
外務省,「MagnetismofJapan ～日本のソフトパワーを追って～」https://www.mofa.go.jp/mofaj/annai/listen/interview2/intv_01. html（접속일자: 2023.01.15.）
広 報,『龍 谷』No 69, 2010. https://www.ryukoku.ac.jp/about/pr/publications/69/11_museum/index.htm（접속일자: 2023.02.01.）
斎藤充功,『伊藤博文を撃った男革命義士安重根の原像』, 東京: 中央公論新社, 1994.
佐木隆三,『伊藤博文と安重根』, 東京: 文藝春秋, 1996.
Joseph S. Nye Jr.（1991）, Soft Power: The Means to Success in World Politics Public Affairs; Illustrated edition, New York: Public Affairs, 2005.
高橋哲哉,『歴史／修正主義』, 東京: 岩波書店, 2001.
田中宏,「問われる日本の歴史認識と戦後責任」, 龍谷大学社会科学研究所付属機関安重根東洋平和研究センター学術シンポジウムでの基調講演, 龍谷大学, 2014.04.26.
田中宏,「日本人の戦争観·アジア観についての私的断想」,『アジア太平洋研究センター年報』, 2016 ～ 2017.

谷野隆,「首相談話から見えて来る, この国の歴史認識」,『共同研究安重根と東洋平和東アジアの歴史をめぐる越境的対話』, 龍谷大学社会科学研究所叢書 第116巻, 2017.03.
中央日報,「安重根義士の資料1000点を寄贈した崔書勉氏に「韓日フォーラム賞」」,『中央日報』 ／中央日報日本語版, 2017.08.30.https://japanese.joins.com/jarticle/ 232848?ref=mobile（접속일자: 2023.01.15）
テレビ朝日,『驚きももの木20世紀』,「伊藤博文を撃った男」, 1995.07.28 放送.
戸塚悦朗,「龍谷大学における安重根東洋平和論研究の歩み：100年の眠りからさめた遺墨（上）（下）」, 龍谷大学社会学研究所,『社会科学研究年報』第44号, 2014.
外村大,「日本における安重根への関心と評価：強権的帝国主義批判とその思想的継承」,『社会科学研究年報』第51号, 2021.05.
非営利シンクタンク言論NPO,「日中韓３カ国, 有識者調査結果〜日中韓の有識者は「安倍談話」をどう見たか〜」, 201.08.25. https://www.genron-npo.net/world/archives/5925-2.（접속일자: 2023.01.15.）
黄尊三,『清国人日本留学日記 1905 〜 1912年』, 実藤恵秀／佐藤三郎 訳, 東方書店, 1986.
平田厚志,「旅順監獄における安重根と二人の日本人教誨師」,『安重根·「東洋平和論」研究—21世紀の東アジアをひらく思想と行動』, 龍谷大学社会科学研究所付属安重根東洋平和研究センター , 李洙任教授退職記念刊行委員会, 明石書店, 2022.
Business Journal,「菅義偉新首相誕生に韓国が騒然…「安重根はテロリスト」発言が再燃, 日韓関係悪化懸念も」, 2020.09.14, https://biz-journal.jp/2020/09/post_179618.html（접속일자: 2023.01.15）
水野直樹,「「博文寺の和解劇」と後日談：伊藤博文、安重根の息子たちの「和解劇」·覚え書き」,『人文学報』第101号, 京都大学人文科学研究所, 2011.03.
村岡倫［編］,『最古の世界地図を読む『混一疆理歴代国都之図』から見る陸と海（龍谷大学アジア仏教文化研究叢書）』, 法蔵館, 2020.03.
山田朗,『歴史修正主義の克服』, 高文研, 2001.
歴史学研究会［編］,『歴史における「修正主義」』, 青木書店, 2005.

麻生多聞,『憲法９条学説の現代的展開—戦争放棄規定の原意と道徳的読解』, 法律文化社, 2019.
奥野恒久,「平和的生存権と憲法９条」（憲法研究所・上田勝美編『平和憲法と人権・民主主義』), 法律文化社, 2012.
奥野恒久,「1990年代以降の憲法学における平和主義論」（龍谷大学政策学論集第10巻第１号), 2020.
金容権,「安重根と千葉十七」(朴殷植・岡井禮子訳『安重根』), 展望社, 2022.
佐々木弘通,「非武装平和主義と近代立憲主義と愛国心」(憲法問題19), 2008.
司馬遼太郎,『世に棲む日日』II, 文春文庫, 2003.
田中彰,『小国主義—日本の近代化を読みなおす』, 岩波新書, 1999.
長谷部恭男,「平和主義と立憲主義」(ジュリスト1260号), 2004.
長谷部恭男,「憲法の未来」（長谷部恭男編『論究憲法—憲法の過去から未来へ』), 有斐閣, 2017.
長谷部恭男,『憲法第７版』, 新世社, 2018.
松元雅和,『平和主義とは何か—政治哲学で考える戦争と平和』, 中公新書, 2013.
本秀紀,『政治的公共圏の憲法理論—民主主義憲法学の可能性』, 日本評論社, 2012.
山室信一,「未完の『東洋平和論』—その思想水脈と可能性について」（李泰鎭＋安重根ハルピン学会編著・勝村誠＋安重根東洋平和論研究会監訳『安重根と東洋平和論』), 日本評論社, 2016.

由井正臣, 小松裕 編,『田中正造文集』, 東京: 岩波書店, 2005.
윤치호,『윤치호일기 11』, 국사편찬위원회, 1989.
吉野作造,「対外的良心の発揮」,『中央公論』1919년 4월호.
三浦了覺,『禅と武士道』, 1915.
室謙二,『踊る地平線 めりけんじゃっぷ長谷川海太郎伝』, 東京: 晶文社, 1985.

〈金芝河氏の権力風刺劇〉,《朝日新聞》, 1976.10.13. 석간.

戸叶武,『政治は足跡をもって描く芸術である』, 戸叶武遺稿集刊行会, 1988.
大江健三郎,『あいまいな日本の私』, 東京: 岩波書店, 1995.
朴裕河,『ナショナル·アイデンティティとジェンダー : 漱石·文学·近代』, 東京: クレイン, 2007.
都珍淳,「韓国の安重根と日本の知識人たちの平和論比較」,『安重根·「東洋平和論」研究』, 東京: 明石書店, 2022.
五味渕典嗣,「占領の言説, あるいは小市民たちの帝国」,『漱石研究』第17号, 2004.11.
秋月望,「沖野岩三朗文庫の安重根絵葉書」, 明治学院大学『国文学研究』, 2021.03.
吉岡吉典,「明治社会主義者と朝鮮」,『歴史評論』, 1965.06.
김정훈,「나쓰메 소세키와 식민지 지배: 안중근 화제 등과 관련해서」, 제8회 한일국제학술심포지움, 2022.02.
瀧井一博,『伊藤博文』, 東京: 中央公論新社, 2010.
中村直美,『パターナリズムの研究』, 東京: 成文堂, 2007.
黒川創,『暗殺者たち』, 東京: 新潮社, 2013.
夏目鏡子,『漱石の思ひ出』, 東京: 改造社, 1928.
石原千秋,『反転する漱石』, 東京: 青土社, 1997.
三好行雄,『森鴎外·夏目漱石』,『三好行雄著作集』第2巻, 東京: 筑摩書房, 1993.
竹中成憲,『簡易産婆学』(第三版), 半田屋医籍, 1909.03.
木下正中,『産婆学講義下』(第四版), 南江堂, 1910.03.
久米依子,「「残酷な母」の語られ方」,『漱石研究』제17호, 2004.11.
小森陽一,『ポストコロニアル』, 東京: 岩波書店, 2001.
小森陽一,『漱石探読』, 東京: 翰林書房, 2020.
金正勲,『漱石と朝鮮』, 東京: 中央大学出版部, 2010.

1. 資料

김훈,『하얼빈』, 문학동네, 2022.
복거일,『비명을 찾아서』, 동아출판사, 1995.
서세원,〈도마 안중근〉, 2004.

윤제균, 〈영웅〉, 2022.
이문열, 『죽어 천년을 살리라 Ⅰ·Ⅱ』, 알에이치코리아, 2022.
이시명, 〈2009 로스트메모리즈〉, 2005.
이호철, 『까레이 우라』, 한겨레, 1986.

2. 論著

김삼웅, 『안중근 평전』, 시대의창, 2023.
김훈, 『라면을 끓이며』, 문학동네, 2016.
김훈, 『연필로 쓰기』, 문학동네, 2019.
도진순, 「안중근: 우덕순의 정체성과 김훈의 『하얼빈』: '포수', '무직', '담배팔이' 對 '의병' '대한국인'」, 『한국독립운동사연구』 81, 2023.
민경원, 『뮤지컬 영화』, 커뮤니케이션북스, 2013.
손과지·유호인, 「안중근 의사가 이토 히로부미를 저격한 사건의 예술적 해석: 정기탁과 그의 영화 〈애국혼〉」, 『통일인문학』 95, 2023.
신광철, 「안중근을 보는 두 가지 시선: 남북한 영화가 재현해낸 애국적 인물의 궤적」, 『인문콘텐츠』 1, 2003.
신운용, 「한국 가톨릭계의 안중근 기념사업 전개와 그 의미」, 『역사문화연구』 41, 2012.
윤현명, 「영화 『남벌』에 나타난 일본 응징 정서-1990년대 한국사회 분위기와 관련해서」, 『열린정신 인문학연구』 23, 2022.
이호철, 『우리는 지금 어디에 서 있는가』, 국학자료원, 2001.
임지현, 『희생자의식 민족주의: 고통을 경쟁하는 지구적 기억 전쟁』, 휴머니스트, 2021.
전우용, 『민족의 영웅 안중근: 강자가 약자를 억압하지 않는 세계를 꿈꾸다』, 한길사, 2022.
조홍용, 「'테러'와 '저항권'의 구분 기준에 관한 연구: 안중근 의사의 하얼빈 의거를 중심으로」, 『한국군사학논집』 71, 2015.
최진석, 「1930년대 일본·조선에서의 안중근 서사: 「안중근」과 〈하얼빈 역두의 총성〉을 중심으로」, 『대동문화연구』 94, 2016.
황종연, 『비루한 것의 카니발』, 문학동네, 2001.

게오르크 루카치,『역사소설론』, 이영욱 옮김, 거름, 1987.
베네딕트 앤더슨,『상상된 공동체: 민족주의의 기원과 보급에 관한 고찰』, 서지원 옮김, 길, 2018.
사카이 나오키,『일본·영상·미국-공감의 공동체와 제국적 국민주의』, 최정옥 옮김, 그린비, 2008.
장 폴 사르트르,『상상계』, 윤정임 옮김, 기파랑, 2010.
장 폴 사트르트,『존재와 무』, 정소성 옮김, 동서문화사, 2012.
퀭텡 메이야수,『형이상학과 과학 밖 소설』, 엄태연 옮김, 이학사, 2017.
Jean-François Lyotard, Trans. Elizabeth Rottenberg, Lessons on the Analytic of the Sublime, Stanford, Calif.: Stanford University Press, 1994.

3. その他

국사편찬위원회,『사료로 본 한국사』, http://contents.history.go.kr/mobile/hm/view.do?levelId=hm_121_0120
김훈,〈안중근 순국 113주기,『하얼빈』작가 김훈에게 묻다〉,《월간중앙》4월호, 중앙일보사, 2023.
정경태,〈[취재파일] 안중근 의사 유해 발굴 멈춘 지 15년…남은 가능성은?〉,《SBS뉴 스》2023.05.23. https://news.sbs.co.kr/news/endPage.do?news_id=N1007203508
〈김 추기경, 안중근(토마) 의거 정당성 인정: 추모미사 강론에서 공식 선언〉,《가톨릭신문》1993.08.29., 1면. https://m.catholictimes.org/mobile/article_view.php?aid=299705

1. 資料

국가보훈처 편,『최신 창가집 부 악전』, 국가보훈처, 1996.
김대락,『국역 백하일기』, 안동독립운동기념관 편, 경인문화사, 2011.
김학길,『계몽기 시가집』, 문예출판사, 1995.
독립군가보존회 편,『광복의 메아리: 독립군가곡집』, 세계복음화운동본부출판부, 1982.
독립기념관한국독립운동사연구소 편,『韓末義兵資料集』, 독립기념관한국독립

운동사연구소, 1989.
민족학교, 『항일민족시집』, 영광도서, 2005.
박주 편, 『새로 발굴한 도마 안중근 의사 추모시』, 대구가톨릭대 출판부, 2019.
신운용 외, 『(안중근자료집11) 한국인 집필 안중근 전기1』, 채륜, 2014.
신운용 외, 『(안중근자료집13) 한국인 집필 안중근 전기3』, 채륜, 2016.
윤병석, 『안중근전기전집』, 국가보훈처, 1995.
鄭壽承, 『萬世仙話』.
한철수, 『배달의 맥박: 독립군시가집』, 독립군시가집편찬위원회, 1986.

2. 単行本

민경찬, 『한국창가의 색인과 해제』, 한국예술종합학교, 1997.
박찬호, 『한국가요사』, 현암사, 1992,
엄만수, 『항일문학의 재조명: 시가를 중심으로』, 홍익재, 2001.
조용만·송민호·박병채, 『일제하의 문화운동사』, 현음사, 1982.

3. 論文

권순회, 「신발굴 시조창 가집 三題」, 『고전과 해석』 제21집, 2016.
김보경, 「詩歌創作에 있어서 次韻의 效果와 意義에 대하여: 蘇軾의 詩歌를 중심으로」, 『중국어문논총』 45, 2010.
김수현, 「일제강점기 음악통제와 애국창가 탄압 사례: 신문기사를 통해」, 『한국음악사학보』 제66집, 2021.
김종철, 「김택영(金澤榮)의 〈안중근전(安重根傳)〉 입전(立傳)과 상해(上海)」, 『한중인문학연구』 제41집, 2013.
도진순, 「안중근의 근배 유묵과 사카이 요시아키 경시」, 『한국근현대사연구』 104집, 2023.
문대일, 「양계초의 尙武精神과 한국 근대문인의 관련 양상」, 『중국어문논역총간』 제39집, 2016.
박병훈, 「동학가사 『만세선화』 연구」, 『종교와 문화』 제44집, 2023.
박환, 「러시아 연해주에서의 안중근」, 『한국민족운동사연구』 제30집, 2002.
반혜성, 「국내에서 불린 애국창가의 전개 양상: 1910년을 전후하여 필사된 애국

창가집을 중심으로, 『한국음악연구』 제72집, 2022.
반혜성, 「손승용 수진본 창가집의 특징과 가치」, 『동양학』 제85집, 2021.
송영순, 「이광수의 장시와 안중근과의 연관성: 「옥중호걸」과 「곰」을 중심으로」, 『한국시학연구』 제35집, 2012.
송영순, 「이광수의 장시에 나타난 서사성 연구: 「옥중호걸」, 「곰」, 「극웅행」을 중심으로」, 『한국문예비평연구』 제37집, 2012.
신운용, 「안중근 의거에 대한 국외 한인사회의 인식과 반응」, 『한국독립운동사연구』 제28집, 2007.
梁貴淑·金喜成·蔣晓君, 「中国近代关於安重根形象的文学作品分析」, 『中國人文科學』 제39집, 2008.
양설, 「김택영의 중국 망명기 교유시 연구-장건과의 교유를 중심으로-」, 서울대학교 석사학위논문, 2017.
윤선자, 「중국인 저술 안중근 전기 연구」 『교회사학』 제9집, 수원교회사연구소, 2012.
이윤조·김형태, 「근대계몽기 시가에 구현된 인물(人物) 유형과 주제의식 연구: 『대한매일신보(大韓每日申報)』를 중심으로」, 『동양고전연구』 제88집, 2022.
이명숙, 「신흥무관학교의 노래로 본 항일노래의 창작·공유·전승」, 『역사와 현실』 제124집, 2022.
이명화, 「헤이그특사가 국외 독립운동에 미친 영향」, 『한국독립운동사연구』 제29집, 2007.
이은영, 「애제문의 특징과 변천과정」, 『동방한문학』 제31집, 2006.
조광, 「안중근 연구의 현황과 과제」, 『한국근현대사연구』 제12집, 2000.
최두식, 「한국영사문학연구」, 건국대학교 박사학위논문, 1987.
최영옥, 「김택영의 안중근 형상화 검토」, 『동양한문학연구』 제35집, 2012.
최원식, 「동양평화론으로 본 안중근의 「장부가」」, 『민족문학사연구』 제41집, 2009.
최형욱, 「안중근 의사를 제재로 한 중국 시가 연구 I : 시가 개관과 안중근 애도·찬양 내용을 중심으로」, 『중국문화연구』 제58집, 2022.
최형욱, 「안중근 의사를 제재로 한 중국 시가 연구II: 특별한 타자 및 제삼자적

인식과 감정의 표현을 중심으로」,『중국어문학논집』제137집, 2022.
최형욱,「안중근 관련 중국 시가 중의 인물 형상 연구」,『동양학』제93집, 2023.
최형욱,「량치차오 시문 중의 안중근 형상 연구: 조선 황실 및 지도층 인물과의 대비를 포함하여-」,『동아시아문화연구』제82집, 2020.
최형욱,「량계초(梁啓超)의「추풍단등곡(秋風斷藤曲)」탐구: 안중근 의거를 찬미한 중국 근대 대표 지식인의 노래와 그 속내-」,『동아시아 문화연구』제49집, 2011.
황위주·김대현·김진균·이상필·이항배,「일제강점기 전통지식인의 문집 간행 양상과 그 특성」,『민족문화』제41집, 2013.

４. データベース

국립중앙도서관 (https://nl.go.kr/)
경상국립대학교 고문헌도서관 남명학고문헌시스템 (http://nmh.gnu.ac.kr/service)
한국고전종합DB (db.itkc.or.kr)
한국역대문집DB (db.mkstudy.com/ko-kr)

권선홍,「전통시대 유교문명권의 책봉·조공제도 부정론에 대한 재검토」,『국제정치논총』제57집 제1호, 2017.
니컬러스 존 스파이크먼,『강대국 지정학: 세력균형을 통한 미국의 세계 전략』, 김연지, 김태중, 모준영, 신영환 옮김, 글항아리, 2023.
문정진,「중국 근대소설과 안중근」,『중국어문논총』33집, 2007.
백광준,「청말, 한족 표상의 구축」,『東亞西亞文化研究』58집, 2014.
孫皖怡,「亡國恨與槿花之歌小考」,『중국 소설논총』24집, 2007.
송한용,「'中華民族'論下의 국민통합과 갈등: '민족영웅' 岳飛를 중심으로,『역사학연구』41집, 2011.
신운룡,『안중근 자료집(제25권)』, 채륜, 2016.
오카 마리,『기억·서사』, 김병구 옮김, 교유서가, 2024.
유용태,「四夷藩屬을 中華領土로: 民國時期 중국의 領土想象과 동아시아 인식」,『동양사학연구』제130집, 2015.
유창진,「朝鮮痛史(亡國影) 小考」,『중국인문과학』29권 29호, 2004.

유창진,「한국 소재 중국 근대소설 속의 한국 인식과 시대 사유」,『중국 소설논총』 19권, 2004.
유창진,「영웅루의 인물 유형을 통한 시대 인식」,『중국인문과학』 30권, 2005.
이등연, 정영호, 유창진,「한국제재 중국 근대소설『亡國影』 연구 1」,『중국 소설논총』 20권 20호, 2004.
정영호,「한국 제재 중국 근대소설『亡國影』 연구(2)」,『中國語文論譯叢刊』 14집, 2005.
하지연,『식민사학과 한국 근대사: 우리 역사를 왜곡한 일본 지식인들』, 지식산업사, 2015.

左鵬軍,『晚清民國傳奇雜劇考索』, 人民文學出版社, 2005.
柴琳,「他者與自我:高麗亡國演義『朝鮮遺恨』考論」,『齊齊哈爾大學學報』(哲學社會科學版) 第6期, 2020.
崔一,「建構, 詮釋與 "轉用": 百年中韓安重根敘事考略」,『現代中國文化與文學』 34, 2020.
李利芳,「小說『英雄淚』中異國形象分析-以安重根和伊藤博文為例」,『南昌高專學報』, 2010年, 第6期, 2010.
牛林杰, 劉惠瑩,「論近代珍本小說『英雄淚』及其藝術特色」,『韓國研究論叢』, 2010.
羅衍軍,「『朝鮮血』芻論」,『海南第一師範學報』, 2007年, 第7捲 第4期, 2007.
稗秋,「吉林作家的兩部愛國小說」,『社會科學戰線』 1996年 6期, 1966.
田野,「被塑造的亞洲英雄: 安重根形象的文學建構與情感賦義」,『延邊大學學報』第56卷 第1期, 2023.
謝仁敏,「晚清小說『亡國淚』考證及其他」,『明清小說研究』, 2009年 第2期, 2009.
徐丹,「近代中國人的朝向亡國著述研究」, 復旦大學碩士學位論文, 2011.
朱紅娟,『晚清國難小說研究』, 上海師範大學碩士學位論文, 2013.
侯博仁,「傳統宗藩體系及其崩潰」,『文化集萃』, 2022年 第30期, 2002.
崔思朋,「鼎盛與危機:明清東亞宗藩體系嬗變」,『貴州文史叢刊』, 2015年 第4期, 2015.

外村大（とのむら・まさる）
1966年生まれ、早稲田大学卒業、東京大学大学院総合文化研究科教授。専攻は日本近現代史。著作に「在日朝鮮人の歴史学的研究―形成・構造・変容」（緑蔭書店、2004年）「朝鮮人強制連行」（岩波新書、2012年）、「〈負の遺産〉を架け橋に　文化財から問う日本社会と韓国・朝鮮」（長澤裕子との共著、ころから、2024年）。

田口律男（たぐち・りつお）
1960年生まれ。龍谷大学経済学部教授。日本近現代文学。主な著書に、『都市テクスト論序説』（松籟社、2006）、『漱石文学全注釈10彼岸過迄』（編著、若草書房、2005）、『日本文学を読みかえる12都市』（編著、有精堂出版、1995）、『鉄道―関西近代のマトリクス』（共著、2007、和泉書院）、『横光利一と関西文化圏』（編著、松籟社、2008）、『戦間期東アジアの日本語文学』（共著、勉誠出版、2013）などがある。

尹在敏（ユン・ジェミン）
1985年生まれ。東国大学校文化芸術大学院で教えている。韓国近現代文学と文化を東アジアの地平で解明する研究を行っている。2012年から文学評論家としても活動中。主な著書と訳書：福嶋亮大・張彧暋、『辺境の思想：日本と香港から考える』（共訳）。

朴秉勳（パク・ビョンフン）
1979年生まれ。ソウル大学宗教問題研究所 客員研究員。主な著書：『侍天教祖遺蹟圖志』（共著、モシヌサラムドゥル），『全羅北道の宗教と神話』（共著、ソウル大学出版文化院）、『神聖さを目指す世界の中心、全羅北道1』（共著、ソウル大学出版文化院）。

李定河（イ・ジョンハ）
1990年生まれ。 梨花女子大学ホクマ教養大学特任教授。中国神話およびその東アジアにおける受容、変容の様相について研究している。主な論文:「ヘテロトピアとしての東アジア伝統庭園の研究―三神山神話と宇宙亀神話を中心に」、「日本橋の翼のあるキリン：明治から現代日本社会における意味の変遷」、「中国神話をめぐる日中対立の様相とその原因」。

長・北東アジア人文社会研究所所長、世界標準版ニーチェ全集韓国版編集委員と韓国ニーチェ学会、大韓哲学会、汎韓哲学会会長を歴任。主な著書：*Nietzsches Sozialphilosophie*（K&N）、『ニーチェ、生命と癒しの哲学』（冊世上）、『哲学と心の癒し』（冊世上）、『消尽時代の哲学』（冊世上）、『北東アジア、ニーチェと出会う』（編著、韓国語版／日本語版／中国語版）ほか多数、訳書はニーチェの『善悪の彼方・道徳の系譜』ほか多数。

趙廷元（チョ・ジョンウォン）
圓光大学韓中関係研究院助教授。圓光大学韓中関係研究院院長・北東アジア人文社会研究所副所長。主な論文：「モンゴル - 中国経済協力：社会間接資本の構築とエネルギー協力を中心に」、「環境危機対応のための親和軽自動車と水素経済分野における日中経済協力」、「ロシア―ウクライナ戦争後の中国―ロシア経済協力」などがある。

金賢珠（キム・ヒョンジュ）
1971年生まれ。圓光大学哲学科副教授、韓中関係研究院事務局長。主な著書と訳書：『万国公法』（訳書、人間サラン出版社）、『老子道徳経と東アジア人文学』（共著、モシヌンサラムドゥル）、『北東アジア、ニチェと出会う』（共著、法政大学出版部）、『中国の近代 , 近代の中国』（共著、セチャン出版社）等。

小倉紀蔵（おぐら・きぞう）
京都大学大学院人間・環境学研究科教授。1959年生まれ。ソウル大学哲学科博士課程単位取得退学。専門は東アジア哲学および日韓関係。主な著書に『韓国は一個の哲学である』『歴史認識を乗り越える』（以上、講談社）、『朱子学化する日本近代』、『北朝鮮とは何か』（以上、藤原書店）、『入門　朱子学と陽明学』『新しい論語』『朝鮮思想全史』『弱いニーチェ』（以上、筑摩書房）、『韓国の行動原理』（PHP研究所）。

奥野恒久（おくの・つねひさ）
1967年生まれ。龍谷大学政策学部教授、龍谷大学社会科学研究所安重根東洋平和研究センターセンター長。憲法学・人権論専攻。主な著書として、『入門憲法学―憲法原理から日本社会を考える』（共編著）法律文化社、2020年、『人権論入門―日本国憲法から考える』法律文化社、2019年、『改訂版はじめての憲法』（共著）晃洋書房、2018年、『アイヌ民族の復権―先住民と築く新たな社会』（共編著）法律文化社、2011年。

初出一覧

金正鉉「文明激変の時代､安重根と東アジア平和探求と文明史的含意」『哲学研究』第170輯、大韓哲学会論文集、2024年5月、61頁 - 91頁。

李洙任「龍谷大学保管の安重根の歴史資料とその平和利用」
『研究紀要』第28号、世界人権問題研究センター、2023年6月2日、41頁–62頁。

外村大「日本における安重根への関心と評価：強権的帝国主義批判とその思想的継承」『社会科学研究年報』第51号、龍谷大学社会科学研究所、2021年5月、121頁–132頁。

田口律男「ハルビン事件と夏目漱石―『門』の内と外―」『社会科学研究年報』第54号、龍谷大学社会科学研究所、2024年5月、151–161頁。

朴秉勳　「安重根を歌う:安重根関連韓国詩歌研究」『国文学研究』第49輯、国文学会、2024年5月、5頁–36頁。

執筆者等紹介（本書掲載順）

李洙任（LEE SOO IM）
龍谷大学名誉教授、(教育学博士)、龍谷大学社会科学研究所付属安重根東洋平和研究センター初代センター長、現事務局長。国際文化会館 . Japan Foundation により Asia　Leadership Fellow Program（日本代表)、主な著書は『奪われた在日コリアンの日本国籍 ── 日本の移民政策を考える』(単著、明石書店, 2021年)、『安重根と東洋平和：東アジアの歴史をめぐる越境的対話』（重本直利と共編著、明石書店、2017)。

趙晟桓（チョ・ソンファン）
圓光大学哲学科副教授。韓国近代思想史研究者。
主な著書に『韓国近代の誕生:開化から開闢へ』､『韓国の哲学者たち』､『キーワードで読む韓国哲学』などがある。

金正鉉（キム・ジョンヒョン）
1960年生まれ。圓光大学哲学科名誉教授。元圓光大学韓中関係研究院院

This work was supported by the Ministry of Education of the Republic of Korea and the National Research Foundation of Korea (NRF-2017S1A6A3A02079082)

安重根の平和思想と人文学的想像力
——東洋平和論の遺産と現代

2025年3月31日　初版第1刷発行

編　者　李洙任・趙晟桓
発行者　大　江　道　雅
発行所　株式会社 明石書店
〒101-0021 東京都千代田区外神田6-9-5
電　話　03（5818）1171
FAX　03（5818）1174
振　替　00100-7-24505
http://www.akashi.co.jp
装丁　金子裕
印刷・製本　モリモト印刷株式会社

（定価はカバーに表示してあります）　ISBN978-4-7503-5929-8